WENN MAN MEHR ALS EINEN LIEBT

Felix Ihlefeldt

WENN MAN MEHR ALS EINEN LIEBT

Polyamorie und andere Formen, Beziehungen freier zu leben –
Frauen und Männer erzählen

Schwarzkopf & Schwarzkopf

INHALT

Treue heißt: Zueinander halten.
Nicht mehr, aber auch nicht weniger.

Einleitung

Die monogame Beziehung –
eine Lösung für alle?

M onogamie ist keine Lösung.« Dieser Satz des ehemaligen und damals jüngsten Parteiratsmitglieds der Grünen, Julia Seeliger*, ließ die Medien der Bundesrepublik aufhorchen. So radikal er klingt, sollte er doch im Wesentlichen dazu dienen, der Forderung nach einer gesetzlichen Gleichstellung aller gelebten Partnerschaftsformen Gehör zu verschaffen. Politische Folgen hatte dies – noch – nicht.

Dieser Satz ist provokant und sicher – in dieser Absolutheit ist er durchaus hinterfragbar. Denn natürlich gibt es, das würde ich niemals bezweifeln, Menschen, die jahrzehntelang eine monogame *und* glückliche Beziehung führen, oder solche, für die eine andere als eine monogame Beziehung eine glatte Überforderung wäre. Daneben aber gibt es viele, die nur vorgeblich monogam leben, tatsächlich aber heimliche Liebschaften haben, und viele, die eine monogame Beziehung nur so lange aufrechterhalten, bis einer von beiden nachweislich fremdgegangen ist, was meist zu schweren Krisen oder zur Trennung führt. Anschließend beginnt, oft nach einer Phase des Sich-Austobens, der nächste Versuch mit dem nächsten Partner. Man nennt das dann »serielle Monogamie«. Diese Menschen sind nun wiederum de facto mit der Monogamie überfordert, oft, ohne dass es ihnen wirklich bewusst ist. Dennoch halten sie am monogamen Konzept fest, in der Hoffnung, es, wenn nicht dieses Mal, dann das nächste Mal zu schaffen. In dieser Wirklichkeit, in der Ehen durchschnittlich 9,5 Jahre halten und sich die Scheidungswahrscheinlichkeit je nach Statistik um die 40% bewegt, entstehen

---

* Presseerklärung der Grünen Jugend vom 25.02.2006. Julia Seeliger war von 2006 – 2008 Vertreterin der Grünen Jugend im Parteirat von Bündnis 90 – Die Grünen.

dann neue Begriffe wie »Lebensabschnittspartner«, die resignativ beschreiben, dass lebenslange Beziehungen ohnehin als illusorisch empfunden werden.

Und die so genannte »Freie Liebe«? Vierzig Jahre ist es nun her, was sich als »sexuelle Revolution« anschickte, mit der verstaubten Moral des Nachkriegsdeutschlands aufzuräumen. Wer kennt nicht Sprüche wie: »Wer zweimal mit derselben pennt, gehört schon zum Establishment.« Nun, die Geschichte hat gezeigt, dass es bei Weitem nicht ausreicht, kaputtzumachen, was einen kaputtmacht, es muss schon etwas Besseres her. Die Versuche der 68er-Bewegung, freie Sexualität, mit oder ohne Liebe, als revolutionierendes Modell langfristig zu etablieren, mussten scheitern, weil Protest als Triebkraft allein nicht ausreicht, um nachhaltig etwas Neues in die Welt zu setzen. Denn eine »freie Sexualität« hat sich, sofern es um das rein sexuelle Vergnügen geht, als Basis für ein neues Beziehungsmodell einfach als zu wenig tragfähig erwiesen. Es reicht einfach nicht, nur das Gegenteil dessen zu leben, was man ablehnt. Deshalb landete die überwiegende Mehrheit der studentenbewegten Linken nicht nur in den Institutionen der bürgerlichen Gesellschaft, sondern über kurz oder lang auch in der Institution Ehe, zumindest in einer traditionellen Zweierbeziehung. Aber die Geister des Um- und Aufbruchs waren gerufen. Und sie sind auch heute noch sehr lebendig. Nur – für nachhaltige Alternativen braucht es ein Mehr an Bewusstheit, nämlich die Bereitschaft zu kritischer Selbstreflexion und bewusster Beziehungsgestaltung.

In der Tat hat die 68er-Bewegung aber etwas in Fluss gebracht: Über Sexualität wird seitdem freier, offener und unverblümter geredet. Sexualität kann ungenierter vermarktet werden, ohne dass ein Staatsanwalt gleich auf der Schwelle steht. Eine erotische Subkultur, die ohne den befreienden Effekt dieser Bewegung niemals denkbar geworden wäre, hat sich allseits etabliert: Swingerclubs, SM-Clubs, Tantra-Seminare, Erotik-Diskotheken, hedonistische Partys. Ganz zu schweigen von den Schattenseiten: Die Pornoindustrie und ihre virtuellen Ableger im Internet suggerieren eine

Art Pseudofreiheit, indem sie eine Welt abbilden, die nur künstlich und *neben,* aber kaum *in* der Realität existiert. Teilweise zum Glück, denn guter Sex ist nun mal kein Leistungssport. Insgesamt zeigt sich aber, dass etwas aufgebrochen ist und dass es neben dieser kommerziellen Szene auch wichtige Probier-Felder für ein Mehr an Freiheit gibt. Partiell ist die Gesellschaft also in der Tat freier geworden. Homosexualität wird in wesentlich breiterem Umfang akzeptiert als vor sechzig Jahren. Unverheiratete Paare können ungestraft zusammenleben. Prostitution gilt inzwischen nicht mehr als sittenwidrig. Aber wäre unsere Gesellschaft wirklich so frei, wie es oft den Anschein hat, dann würden Berichte der Boulevard-Presse über diverse, ach so weltbewegende Affären Prominenter aller Couleur bei den meisten Menschen nur noch ein müdes Gähnen hervorlocken. Und die Scheidung einer Bischöfin wäre kaum eine Pressenotiz wert.

Wir leben also in einer Gesellschaft, die sich vielfach freier gebärdet, als sie tatsächlich ist. In der einerseits Ehen leichter als früher geschieden werden, andererseits aber nach wie vor romantische Illusionen oder religiöse Dogmen zur Messlatte funktionierender Zweisamkeit erhoben werden. Das Gefühl der Unfähigkeit, diesen Idealen wirklich zu entsprechen, führt, wenn dies in den Beziehungen nicht offen kommuniziert werden kann, zur Flucht in Scheinheiligkeit und Doppelmoral.

In dieser Realität gibt es aber eine von den Medien wenig beachtete oder wenn, dann eher skeptisch karikierte Gruppe von Menschen, die an der Idee der »Freien Liebe« festhalten, auch wenn sie nicht alle diesen Begriff für sich reklamieren würden. Die, trotz aller Widerstände, die das im gesellschaftlichen Umfeld auslöst, erfolgreich und langjährig stabile *und* offene Beziehungen leben. Die Forschungsfrage für dieses Buch lautete also angesichts eines übermächtigen, von Kirchen, Medien, wertkonservativen Kreisen und vielen Psychotherapeuten propagierten Monogamie-Gebots: Wie können Menschen Alternativen ernsthaft und langfristig leben und wie bzw. warum funktioniert dies?

Um diese Frage zu beantworten, habe ich solche Menschen interviewt, die offenbar erfolgreich und längerfristig alternative Formen von Beziehung leben. Alternativ heißt: nicht ausdrücklich monogam oder nur auf einen Partner bezogen. Erfolgreich heißt: entwicklungsorientiert, aber nicht ohne Konflikte oder Spannungen, und, dass sie zusammenbleiben und sich in ihrer anderen, freieren Art, Liebe zu leben, sowohl einig sind als auch notfalls gegen die Umwelt behaupten. Dabei habe ich mich nicht mit Definitions-Grundsatzfragen aufgehalten, etwa in der Art: Ist das, was die Interviewpartner leben, jetzt »Freie Liebe« oder nur freier Sex? Ist es eine Beziehung, die der Definition von »polyamor« entspricht oder von allem etwas? Wichtig war mir, dass es offenbar für alle Beteiligten funktioniert. Anfangs dachte ich nur an Paare. Es hat sich aber schnell herausgestellt, dass es auch interessante Trios gibt, wobei die Zahl drei dann eine eher relative Begrenzung ist und mehr das »Kernteam« beschreibt. Diese und ähnliche Fragen hatte ich bei den Interviews im Hinterkopf:

- Welche Art der partnerschaftlichen Verständigung ist nötig, damit so etwas funktionieren kann?
- Wie gehen diese Menschen mit Eifersucht um?
- Sind sie glücklich?
- Ist »Freie Liebe« gleichzusetzen mit »freier Sexualität«?
- Welche lebensgeschichtlichen Erfahrungen trägt jeder in die Beziehung hinein?
- Wie ist das »Modell« der Beziehung entstanden?
- Was war vorher? Gab es eine entsprechende Erziehung?
- Warum keine »konventionelle« Beziehung?
- Was war der Anlass für das, was sie jetzt leben?
- Welche Übereinkünfte gibt es zwischen den Beteiligten?
- Wo lauern Konflikte?
- Wie gehen sie mit Eifersucht um?
- Wie bettet sich die Beziehung in das Umfeld ein: offen nach außen? Herrscht eher Heimlichkeit vor?
- Was wünschen sich beide, voneinander und miteinander von anderen?

Auf ein festes Frageschema habe ich dennoch verzichtet. Dem Fluss des Erzählten zu folgen, der oft in andere Richtungen lief, und ihn behutsam zu steuern, war mir wichtiger, als darauf zu dringen, dass ein normierbares Endergebnis wie bei einer wissenschaftlichen Vergleichsstudie entsteht. Um der Glaubwürdigkeit der Aussagen willen und auch, um Beziehungspartner nicht durch (scheinbare) Widersprüche im Erzählten gegeneinander auszuspielen, legte ich Wert darauf, dass alle an einer Beziehung Beteiligten bei den Interviews anwesend waren. Ich habe also nie getrennte Gespräche geführt. Und ich habe die Interviews überwiegend biographisch angelegt, da ich der Meinung bin, dass alle Einstellungen und Werte der Menschen im Laufe ihres Lebens in Auseinandersetzung mit Erziehung, persönlichen Erfahrungen und kulturellem Umfeld gewachsen sind.

Dieses Buch wird dem Leser zeigen, dass die oft totgesagten Modelle offener Beziehungen lebendig sind und erfolgreich gelebt werden. Dass sie *mögliche* Alternativen für Menschen sind, die sich eine andere Entwicklung im persönlichen und Beziehungsleben zutrauen. Dass in einer freien Beziehung Sexualität nach außen und mit anderen frei gelebt werden *kann*, aber nicht *muss*. Denn »Freie Liebe« ist nicht prinzipiell gleichzusetzen mit freier Sexualität. Es wird dem Leser aber auch zeigen, dass Alternativen zu leben immer eine Entwicklung bedeutet, die nicht spannungsfrei abläuft, die oft über Um- und Irrwege führt, bis schließlich ein für alle Beteiligten lebbares Konzept entsteht.

Die meisten Menschen, die ich in den letzten fünf Jahren interviewt habe, sind bereits länger, einige schon Jahrzehnte zusammen. Allesamt haben sie fast vorbildliche Formen der authentischen Kommunikation entwickelt, die ich persönlich in jeder stabilen Beziehung, besonders aber in freien Beziehungsformen für unabdingbar halte. Authentische Kommunikation heißt: Ich stehe zu meinen Bedürfnissen, zu meinen Gefühlen, meinen Wünschen und teile sie respektvoll mit. Ich bewerte den anderen nicht, wenn er sie nicht teilt. Ich sorge selbst dafür, dass es mir gutgeht und erwarte nicht, dass der andere es tut. Ich spiele keine Spielchen und bleibe mit meinem Handeln und Denken transparent. Ich teile aber auch mit, wenn ich etwas *nicht* weiß oder noch nicht entscheiden kann. Diese Form des respektvollen Umgangs miteinander ist niemandem in die Wiege gelegt, aber – sie ist erlernbar.[*]

Ich bin überzeugt: Auch Monogamie wird lebbarer, wenn der Druck durch die gesellschaftliche Normierung dieses Modells mehr und mehr entfällt und sich Menschen weniger automatisch und aus Gewohnheit für eine bestimmte Beziehungsform entscheiden, sondern bewusst und nach vielen Gesprächen mit dem jeweiligen Partner. Denn das ist die wahre »Freie Liebe«: genau das Maß an Freiheit zu wagen, das den Möglichkeiten und Wünschen derer entspricht, die eine Beziehung miteinander eingegangen sind. Sei es nun die tiefe, verbundene Liebe zu einem, zu mehreren oder einfach nur die Freiheit des erotischen Abenteuers von Fall zu Fall.

Leider ist es nicht ohne möglicherweise unangenehme Folgen für die Beteiligten möglich, sich zu den hier geschilderten Liebeskonzepten ungeschützt öffentlich zu bekennen, weil sie im Gegensatz zum gesellschaftlichen Mainstream stehen und die Beteiligen von daher möglicherweise berufliche und andere Nachteile befürchten müssen. Deswegen und auch wegen des notwendigen Schutzes erwähnter dritter Personen gibt es die Vereinbarung, dass alle Interviews weitgehend und in Absprache mit den Gesprächspartnern anonymisiert wurden. Scheinbare Übereinstimmungen mit dem Leser bekannten Menschen beruhen also auf reinem Zufall.

Allen Interviewpartnern möchte ich an dieser Stelle für das gezeigte Vertrauen und ihre Offenheit danken.

Felix Ihlefeldt

---

[*] Eine derzeit häufig propagierte Methode findet man in Marshall B. Rosenberg: Gewaltfreie Kommunikation, Junfermann 2007.

Seit 2008 dieses Buch das erste Mal erschienen ist, hat sich in der Wahrnehmung des Themas alternativer Beziehungsformen durch die Medien, hier besonders des Modells der Polyamorie, einiges getan. Viele Fernsehsender, viele Zeitschriften haben mehr oder weniger seriös berichtet. Wer heute im Internet sucht, wird an zahlreichen Stellen fündig werden. Ein »Polyamores Netzwerk« wurde als Verein gegründet*, bundesweite Treffen werden organisiert, in vielen Städten finden Gesprächsgruppen statt. Zahlreiche Rückmeldungen von Lesern und Leserinnen zeigten mir, dass auch dieses Buch ihnen den Mut gemacht hat, neue Wege in ihren Beziehungen zu gehen.

Das Bewusstsein, dass es lebbare Alternativen zur monogamen Zweierbeziehung gibt (die ich oft eher eine »monogam gemeinte Beziehung« nennen würde), greift immer mehr um sich. Je überzeugender diese gelebt werden, umso mehr wird auch die allgemeine Bereitschaft dazu wachsen. Dennoch möchte ich die in diesem Buch dargestellten Beziehungen nicht als »Modelle« verstehen, sondern als Beispiele. Ich glaube, dass die Zukunft verschiedenen, nebeneinander existierenden Beziehungsformen gehört. Eine Tatsache, die zu wirklicher Verständigung über die Wünsche, Möglichkeiten und Grenzen jedes Einzelnen geradezu zwingt, statt die sprachlose Glückseligkeit der Verliebtheit als Maßstab für die »ideale Harmonie« des sich wortlos Verstehens als Dauerzustand für ihre Beziehungen einzufordern.

»Was meinst du denn mit Treue?« Wenn es gelingt, diese Frage in einer Beziehung immer wieder wirklich ins Bewusstsein zu holen und auch zu stellen, um eine gemeinsame Antwort zu finden, haben Beziehungen, egal ob monogam, sexuell offen oder polyamor, eine ganz neue Chance.

Berlin, im Herbst 2012

Felix Ihlefeldt

---

* PAN e.V. siehe www.polyamory.de

»Durch die Freie Liebe lernten wir schätzen, was wir am Partner haben«

Leona (39, Studentin) und
Sebastian (39, Informatiker)

LEONA ERZÄHLT: Ich bin in der DDR, in Ostberlin, aufgewachsen. Meine Eltern waren in keiner Weise religiös. Urlaub am FKK war für uns normal. Ich habe noch eine Schwester, die ist zweieinhalb Jahre älter. Von ihrer Moral her war meine Mutter der Meinung, dass ein Mädchen so lange wartet, bis ein Mann sie aussucht. Zwar lief das praktisch so nicht, aber ihre Vorstellung war so. Wenn ich dann mit jemandem mal herumgekuschelt habe, gab das gleich total Stress. So hat sie mich, als ich sechzehn war, einmal als »Hure« beschimpft, nur weil ich mit jemand anderem, der schon ein bisschen älter war, geschmust hatte.

Wenn ich in der Erinnerung weiter zurückgehe, dann fällt mir ein, wie ich ihr, da war ich zwölf oder dreizehn, erzählt habe, dass so ein Typ mit mir geknutscht hat. Da hat sie gleich gedacht, ich hätte Sex gehabt und hat mich zum Gynäkologen geschleppt. Natürlich war nichts passiert. Aber sie hatte große Angst, dass ich auf die schiefe Bahn komme. Das lag sicher auch an meiner Verschmustheit. Meine Schwester war die Brave, die alles geplant hat – Job, Kind, Haus, Ehe. Aber trotzdem war sie eher die, die sich in ein sexuelles Abenteuer gestürzt hat. Sie war nämlich mit ihrem jetzigen Mann gleich am ersten Abend im Bett.

Meine Mutter war autoritärer als mein Vater und hat viel mit Liebesentzug gedroht: Wenn du nicht lieb bist, dann bin ich ganz streng. Geschlagen wurde ich fast nie. Ich denke, dass sie mit uns beiden Kindern überfordert war. Wir kamen einfach zu früh. Da war sie zwanzig. Sie war wohl sehr liebevoll und engagiert, aber musste sich zusammenreißen, weil sie in ihrer Jugend viel verpasst hat. Da schwang immer so ein Glaubenssatz mit: »Kinder bedeuten ganz viel Verantwortung und Entbehrung«, obwohl sie sehr lieb war und ganz viel mit uns gemacht hat. Ich erinnere mich, dass ich sehr abenteuerlustig war und Karl May las, immer am Gartentor stand und abhauen wollte, denn mir war es zuhause zu eng.

Heute spüre ich, dass ich zwei gegensätzliche Seiten in mir habe: Einerseits bin ich autoritär und möchte mich durchsetzen, andererseits habe ich eine Abneigung gegen Autorität. Ich dachte immer, das wäre ein Handicap, jetzt merke ich aber, wie gut das ist, weil man sich nie jemandem unter- oder überordnet. Da ist ein Gleichgewicht entstanden. Nur meine Mutter fand ich früher immer erschreckend dominant. Aufgeklärt hat man mich über die Sexualität nicht. Denn als meine Mutter bemerkte, dass ich mit elf Jahren meine Tage bekam, hatte ich schon genug Bücher darüber gelesen. Alles was biologisch wichtig war, wusste ich und alles andere hat mich nicht interessiert. Auch Jungs in dem Alter noch nicht, die waren mir einfach zu doof. Karl May zu lesen war interessanter. Ich war viel allein unterwegs, Kräuter sammeln im Wald, Fahrrad fahren. Mit den Kindern meines Alters konnte ich nicht viel anfangen. Auch Sebastian kenne ich ja schon seit der achten Klasse. Aber wir waren damals der Meinung, wir passen nicht zusammen. Wir sind viel zu verschieden. Das geht nicht. Aufgefallen ist er mir, als meine Freundin ihm mal die Schnürsenkel aufzog. Die fand ihn spannender als ich.

SEBASTIAN: Und dann ist ausgerechnet diese Freundin nicht mit auf die Klassenfahrt mitgekommen.

LEONA: Ich war einfach sehr, sehr verschmust. Das bin ich heute noch. Es bringt mich immer mal in komische Situationen, wenn ich schmusen will und der andere das ganz anders deutet, indem er viel schneller Sex will als ich. Ich war schon so ein Kind, das alle vier Stunden gefüttert wurde, als es im Kinderwagen lag. Die heutige Pädagogik würde sagen, es bauen sich Defizite auf, wenn Kleinkinder nicht genug getragen werden. Aber ich glaube nicht, dass ich als Kind ein auffällig großes Defizit erworben habe, dass ich das heute noch »nachkuscheln« muss.

SEBASTIAN: Leona war in der Parallelklasse und alle drei Klassen haben zusammen Klassenfahrt gemacht. Nur ihre Freundin, von der ich etwas wollte, war nicht mit. Die war mit ihren Eltern im Ungarn-Urlaub und kam wunderschön braungebrannt wieder. Und dann gab es da eine Leona, die, wie es mir schien, eindeutig etwas von mir wollte. Ich wollte das in dem Augenblick eigentlich nicht, obwohl ich anfangs mit ihr herumgeschmust hatte. Ich bin am dritten Tag etwas unfreundlich geworden, ein Freund sagte mir sogar, gemein. Daher war das nach kurzer Zeit wieder beendet.

LEONA: Außerdem war ich in meinen Nachbarn verliebt. Der wohnte in meiner Straße, zwei Häuser weiter. Den habe ich zwei Jahre lang umworben. Der war so süß. Er spielte Klampfe und wollte in eine Band. Als ich dann in der neunten Klasse war, habe ich ihn auch gekriegt, aber nur für zwei, drei Wochen. Und dann ging das nicht, weil meine Mutter immer so streng war und ich nicht abends wegdurfte. Ich war einfach überbehütet und wurde dadurch für ihn uninteressant. Insofern hat es mich auch nicht besonders getroffen, dass Sebastian damals nichts von mir wollte. Vieles war einfach die reine sexuelle Neugierde. Man hatte diesen Hunger in sich und der suchte ganz einfach. Es war also nicht ein romantisches Verknalltsein, sondern mehr die Suche nach einem potenziellen Sexpartner. Mehr unterschwellig. Nicht so nach dem Motto: »Ich reiße jetzt mal einen Typen auf.« Ich hatte allerdings damals noch keinen Sex gehabt.

Zu Sebastian gab es dann wieder eine Annäherung. Ich habe mich mit ihm auf Schuldiskos getroffen, wo wir miteinander herumgeknutscht haben und es erste, unbeholfene sexuelle Versuche gab. Das Vertrauen war da, und das Umfeld stimmte. Nur verliebt waren wir eigentlich nicht. Eher wie zwei gute Freunde, die sich aber in vielen Dingen nicht verstehen, weil wir so unähnlich waren, aber die sich genug mögen, um miteinander Sex auszuprobieren. Das klappte beim ersten Anlauf nicht, aber am Tag meiner Deutschprüfung am Ende der zehnten Klasse. Meiner Erinnerung nach trafen wir uns dann etwa alle halbe Jahre, das ging so zwei, drei Jahre lang. Irgendwie landeten wir immer wieder im Bett miteinander, ohne danach aber wirklich noch mal Sex miteinander zu haben. Bis zu dem Morgen, als er ganz früh aufstand, weil er seinen Wehrdienst antreten musste. Ich habe ihn noch im Bus in seine Richtung begleitet, und er hat mich nicht mal in den Arm genommen. Das war für mich der Punkt, an dem Schluss war. Dass er einfach so kühl wegfuhr, das ging nicht für mich, wo ich so emotionsgeladen war.

SEBASTIAN: Man muss dazu sagen, es war morgens um fünf Uhr.

LEONA: Danach haben wir uns nach meiner Erinnerung nicht mehr gesehen, bis er anrief, um von meinen Eltern zu hören: »Ja, die hat gerade ein Kind gekriegt.« Dazu muss man Folgendes wissen: Als ich neunzehn war und schon meinen Job hatte – ich war damals Sekretärin –, hatte ich einen Freund. Ich hatte auch angefangen, das Abitur auf der Abendschule nachzuholen. Meine Mutter wollte immer, dass ich nur einmal in der Woche bei ihm übernachte. Aber ich war der Meinung, ich bin jetzt selbstständig, ich habe meinen Job, mein Einkommen, und ich kann das allein entscheiden. Eines Abends meinte sie, wenn ich jetzt zu ihm ginge, ohne dass sie das genehmigen würde, dann müsste ich ausziehen. Da habe ich nur gesagt: »Okay, dann muss ich eben ausziehen.« Sie wurde daraufhin ganz panisch: »Willst du nicht bei uns im Bett schlafen? Fehlt dir irgendetwas?« Ich glaube, sie wusste nicht, wie sie uns beschützen soll, ohne uns zu bewachen. Andererseits waren meine Eltern auch nicht so asexuell wie die meisten anderen Eltern. Man hat immerhin noch gemerkt, dass sie miteinander Sex hatten. Zum Beispiel hatte mein Vater morgens keine Schlafanzughose an, obwohl er abends eine anhatte und meine Mutter nahm ganz offensichtlich die Pille. Bei anderen Eltern hat man so etwas gar nicht bemerkt, glaube ich jedenfalls.

Damals dachte ich, man hat halt einen Partner, und man ist dann monogam, wie das so vorgegeben ist, und das ist richtig so. Diesen Freund hatte ich auf folgende Weise kennengelernt: Ost-Berlin. Liedersommer, Konzerte, abendliches Sitzen am Lagerfeuer, Musik machen, mit Freunden quatschen. Das haben wir so Jahr für Jahr gemacht. Und dann war da ein Pärchen. Die hatten Probleme und wollten sich mit mir aussprechen. Erst drehte sie mit mir ihre Runden, dann er. Irgendwann haben sich beide getrennt, und ich hatte ihn an der Backe. Ich war damals so ein Weltverbesserertyp, nach dem Motto, mit Liebe kriegt man alles hin. Zu ihm wäre ich überhaupt nicht gezogen, wenn meine Mutter nicht dieses Theater gemacht hätte. So habe ich nach kurzer Zeit bei ihm gewohnt und war dann auch ziemlich schnell schwanger. Was ich an sich auch gar nicht problematisch fand. Nur nicht mit diesem Mann! Als ich merkte, dass ich schwanger war, wollte ich schon weg, denn in dem Moment wurde er fürchterlich besitzergreifend, so dass ich noch nicht mal abends mit meinen Eltern zusammen sein durfte. Das Kind wollte ich aber auf jeden Fall. Es war ja entstanden, und ich hatte kein Problem damit. In der DDR war es auch einfacher, als alleinstehende Mutter eine Wohnung zu kriegen, das Kind zu ernähren und einen Job zu bekommen. Und dass ich einen Mann finden würde, mit dem ich das Kind großziehen kann, daran hatte ich nicht den geringsten Zweifel.

Nach der Schule hatte ich Sekretärin gelernt und dann angefangen, im Krankenhaus zu arbeiten, weil ich Medizin studieren wollte, und habe nebenher an der Abendschule das Abitur gemacht. Die Abendschule habe ich aber abgebrochen, als ich schwanger wurde. Darum studiere ich erst jetzt, wo alle drei Kinder relativ groß sind und ich dadurch den nötigen zeitlichen Freiraum habe, diesen Traum wahrzumachen. Jedenfalls musste ich von dem Typen weg. Da gab es ein Schlüsselerlebnis: Als er sauer war, weil ich so spät vom Dienst nachhause kam, hat der den Kinderwagen, den uns die Nachbarn geschenkt hatten, quer durch die Küche geschleudert. Der war noch leer, aber ich sah in Gedanken das Kind darin liegen, und da wusste ich, dass ich von dort wegmuss. Ich hatte zwischenzeitlich einen siebzehnjährigen Freund, bei dem mir klar war, dass der nicht der Ersatzvater sein könnte, aber für mich war er hilfreich, um aus der Beziehung herauszukommen. Das war ihm auch bewusst. Und in dieser Situation erschien Sebastian wieder. Er hat das Kind gleich nach der Geburt gesehen. Mein Sohn machte bei allen die Augen zu, aber bei Sebastian hatte er sie offen. Ich habe übrigens damals im Wohnheim gewohnt, und da ging es recht offen zu. Es wurde viel miteinander geschmust, wir waren ziemlich erotisch, aber nicht sexuell miteinander.

SEBASTIAN: Vielleicht sollte man erwähnen, dass du aus diesem ganzen Umfeld deine 68er-Ideale hast.

LEONA: Stimmt, die Freie-Liebe-Idee habe ich in dieser Liedersommer-Szene entwickelt. Da hatte ich auch viel mit Leuten zu tun, die die alte 68er-Musik hörten, allerdings waren die vom Denken her alle monogam. Offene Beziehungen gab es nicht. Klar, wenn man Sex wollte, hatte man den halt, auch ohne Beziehung. Aber nicht etwa mehrere Beziehungen auf einmal. Im Wohnheim wohnte noch eine Freundin, Maria. Schlank, süß, ein bisschen verdreht. Freute sich, dass wir da waren. Ich fand sie süß, aber ich sehe mich nicht als bisexuell. Ich mag Frauen ein bisschen in den Arm nehmen und da ist dann eine klare Grenze. Als ich schwanger war, aber noch verbandelt und nicht so richtig frei, habe ich Sebastian mit dieser Freundin verkuppelt, an der er ja auch sehr interessiert war. Daraus ergab sich, dass ich beide zusammen mal verführt habe. Damit begann für mich überhaupt die Möglichkeit, zuzulassen, dass man mit ein paar Menschen mehr zusammen im Bett sein kann. Auch im Wohnheim gab es ja »Gruppenduschen«. Das hatte etwas körperlich Freies. Man hat sich aber nicht gegenseitig berührt, es hat auch so viel Spaß gemacht. Trotz alldem hatten wir alle noch das Leitbild »monogame Beziehung« im Kopf. Irgendwie war es so eine Art Herumirren. Was will ich eigentlich? Aber die Abenteuer waren einfach geil.

Nachdem ich Sebastian mit Maria verkuppelt hatte, war ich tieftraurig. Aber zum Glück hielt das nur eine Woche vor, denn sie meinte, dass er eigentlich zu mir gehört. Ich bin irgendwann raus aus dem Wohnheim und mit Sebastian nach Prenzlauer Berg gezogen, nachdem er aus dem Wehrdienst entlassen wurde. Nach einem Jahr und vier Monaten kam dann das zweite Kind, das war von Sebastian.

SEBASTIAN ERZÄHLT: Auch ich bin in Ostberlin, im gleichen Vorort, aufgewachsen. Ich war ja in der Schule immer der verschrobene, naturwissenschaftlich interessierte Unsportliche, der, der immer so ein bisschen komisch war. So eine Rolle ist bei den Mädels natürlich nicht immer besonders hilfreich. Man ist eben nicht Durchschnitt, und es gibt nichts Konservativeres als Kinder und Jugendliche. Alles was schräg und anders ist, ist tendenziell erst einmal unbeliebt. Später hat sich das auf der freundschaftlichen Ebene etwas gewandelt, denn ab der achten, neunten Klasse wurde Leistung plötzlich auch von den Mitschülern anerkannt.

So war ich ein ziemlicher Einzelgänger. Meine Eltern waren ja auch Naturwissenschaftler, für DDR-Verhältnisse relativ gut situiert. Als Kind war ich wohl behütet. Davon, dass sie ein Sexualleben oder überhaupt körperliche Nähe hatten, war für mich nichts zu spüren. Aber mir gegenüber waren sie tolerant. Als ich dann Freundinnen mitbrachte, fanden sie das eher positiv. Sie haben mir auch keinerlei Steine in den Weg gelegt. Die Mädels, die ich wollte, habe ich nie gekriegt. Mit einer Ausnahme, und die sitzt jetzt hier, auch wenn ich eine Weile dafür gebraucht habe, sie wirklich zu wollen. Wir hatten uns in der achten Klasse auf dem Schulhof kennengelernt und später auf der Klassenfahrt im Bett miteinander herumgeknutscht, wie man das eben so machte: Man ging halt klammheimlich zu den Mädchen oder umgekehrt sie kamen zu den Jungs. Das war es dann aber auch schon wieder, bis auf ein oder zwei Begegnungen in der Schuldisko. In der neunten Klasse hatten wir mal mehr oder weniger angezogen im Bett gekuschelt. In der zehnten Klasse hatte Leona dann beschlossen, sie will jetzt Sex. Das hat sie mir klargemacht. Aber es ging erst mal nicht, erst ein paar

Tage später klappte es. Ich fand es spannend. Zusammen waren wir deswegen aber noch lange nicht, und ich glaube, keiner von uns beiden hatte wirklich die Idee, uns als Paar zu sehen. Mehr als ein freundliches Experimentieren war das nicht.

LEONA: Aber ich war auch glücklich. Die Erfahrung mit dir war total schön.

SEBASTIAN: Wir waren eigentlich eher Freunde und haben uns danach auch wenig gesehnt. Ich weiß genau, dass wir erst mal keinen Sex mehr hatten, denn als ich Ende der zwölften Klasse eine Freundin hatte und die mich fragte, ob ich schon mal Sex gehabt hätte, habe ich gesagt: »Ja, einmal.« Außerdem hatte ich in der Zwischenzeit die eine oder andere Beziehung, zum Beispiel mit meiner Tanzpartnerin. Ich hatte ja Standard-Latein-Unterricht. Und beim Tanzen kommt man sich mit der Zeit nahe. Außerdem hatte ich mit ihr getanzt, weil ich etwas von ihr wollte. Ich hatte auch sehr viel körperliche Nähe zu Frauen, nur keinen Sex im eigentlichen Sinne. Mit dieser Freundin in der Zwölften hatte ich ein Schlüsselerlebnis. Am Abend, bevor wir den ersten Sex miteinander hatten, haben wir in einer Gaststätte einen kubanischen Studenten kennengelernt. Das hatte sich so ergeben. Kurz danach teilte sie mir mit, dass sie ihn wiedergesehen hatte. Da war ich so etwas von eifersüchtig! Ich habe die klassische Eifersuchtsshow abgezogen. Nicht ganz ungerechtfertigt, denn da war auch tatsächlich etwas. Das hat dann im Endeffekt zur Trennung geführt. Vielleicht hätte ich eine Chance gehabt, wenn ich anders mit meiner Eifersucht umgegangen wäre. Und für mich war es insofern ein Schlüsselerlebnis, weil ich seitdem beschlossen habe, Eifersucht ist Unsinn, das bringt alles nichts. Natürlich bin ich heute noch eifersüchtig, aber damals habe ich gemerkt, irgendetwas ist faul an dem System. Deswegen habe ich mich nie wieder von Eifersucht so beherrschen lassen. Da geht einfach viel zu viel kaputt.

An dem Abend, bevor ich zum Wehrdienst musste, habe ich mich mit Leona getroffen. Eigentlich wollten wir ja nur ins Kino gehen, aber wir sind dann doch im Bett gelandet. Morgens um sechs Uhr musste ich in der Einheit sein, und da will sie, dass ich ihr große Liebesbezeugungen mache! Wahrscheinlich habe ich falsch reagiert, aber um die Zeit war ich einfach dazu noch nicht in der Lage. Gegen Ende der dreijährigen Armeezeit habe ich mich wieder bei ihr gemeldet und sie im Krankenhaus besucht, als sie entbunden hatte. Kurz darauf waren wir offiziell zusammen. Aber dann hat sie per Telefon Schluss gemacht. Da kam die Geschichte mit Maria. Ich war natürlich völlig wütend darüber, zumal ich nicht wegkonnte von der Armee. Auch Maria hat eine Woche später mit mir Schluss gemacht, mit der schlichten Aussage, du gehörst nicht zu mir, sondern zu Leona. Hm, dachte ich, wenn sie das sagt, wird es wohl stimmen.

LEONA: Ich habe fürchterlich gelitten, als ich mich von ihm getrennt hatte und er mit Maria zusammen war.

SEBASTIAN: Natürlich haben wir uns dann kurz darauf wieder vertragen. Ich fasse das heute meist so zusammen: »Wir haben uns dreimal getrennt in diesem Leben und irgendwann eingesehen, dass das nichts bringt.« Wir waren jetzt also wieder zusammen. Ich wurde aus der Armee entlassen und meine Mutter sorgte dafür, dass ich eine eigene Wohnung hatte. Aber da habe ich nie wirklich gewohnt. Uns war auch schnell klar, nur ein Kind, das ist blöd, so dass bald das zweite entstand. Wir sind dann zusammen in eine kleine Anderthalb-Zimmer-Wohnung nach Prenzlauer Berg gezogen. Kurz nach der Geburt des zweiten Kindes haben wir auch geheiratet.

LEONA: Wir hatten aber beim Heiraten nicht die Illusion, dass das jetzt eine Entscheidung für immer wäre. Sondern eher: Wir *möchten*, dass es für immer ist, und wir werden uns alle Mühe geben. Es war damals, 1990, auch ein Bekenntnis zueinander nach außen.

SEBASTIAN: Entsprechend unserer DDR-Sozialisation war Heiraten irgendwie selbstverständlich. Trennungen aber auch, weil sie weder ein großes gesellschaftliches noch wirtschaftliches Problem darstellten. Wir haben den so genannten Ehekredit* bekommen,

---

* In der DDR bekamen junge Paare nach der Eheschließung einen zinslosen Ausstattungskredit von 7000 Mark, von dem für jedes Kind je 1000 Mark erlassen wurden.

haben aber nur den Teil ausgegeben, den wir für die Kinder und ohne Rückzahlungsverpflichtung bekamen. Das andere Geld haben wir gleich zurückgegeben, was die uns auf dem Amt ziemlich übelgenommen haben. Ich mochte aber noch nie Schulden. Und das war auch gut so, denn nach der Wende waren diese Kredite aus der DDR-Zeit plötzlich nicht mehr zinsfrei. Jetzt wäre eigentlich Zeit für ein trautes Familienleben gewesen.

LEONA: Wir hatten ein harmonisches Familienleben, solange nur ein Kind da war. Das erste Kind war auch ein ganz entspanntes Baby. Man konnte es überall mit hinnehmen, ich bin damit sogar allein verreist. Schwierig wurde es, nachdem das zweite Kind geboren war, das erste mit Eifersucht reagierte und dann bei mir eine Überforderung einsetzte. Das eine Kind war nörgelig und wollte auf den Spielplatz, während das andere trinken oder schlafen wollte. Das hat mich sehr aufgerieben. Sebastian war an der Uni und war mein einziger Sozialkontakt. Alle Freunde, die ich hatte, waren im Land verteilt und hatten keine Kinder. Und mit den Übermüttern in meiner Nachbarschaft konnte ich nichts anfangen. Da tappten wir in die typische Falle von: »Ich liebe dich nicht, wenn du mich liebst.« Ich liebte, klammerte zu viel und Sebastian wusste gar nicht, was er da machen sollte. Aus heutiger Sicht ist das die Ursache dafür, dass ich angefangen habe, »fremdzugehen«. Als Ventil. Als Stressabbau. Aber auch, um das Gefühl zu haben, lebendig zu sein. Ich hatte zum Beispiel einen Freund, Bernd, den kenne ich heute noch, der befriedigte mich sexuell überhaupt nicht, aber bei dem gab es Mittelalter-Musik und Räucherstäbchen. Er hat mich massiert. Das war für mich ein Verwöhnumfeld, was einfach sehr guttat. Sebastian und ich sind dann zum Teil allein verreist. Einer hat sich ein Kind genommen, der andere ist zuhaus geblieben, und wir haben es dann irgendwie gebacken bekommen, dass jeder seinen Freiraum hatte.

SEBASTIAN: Seit der Sache mit Maria war uns bewusst, dass wir eine offene Beziehung haben. Ohne dass wir dem ausdrücklich einen Namen gegeben haben. Aber es war klar, Sex außerhalb der

Beziehung ist grundsätzlich okay. Allerdings mit Bernd war es ein Sonderfall, weil mir nach einiger Zeit durch die Vielzahl der Treffen klar wurde, dass sie irgendetwas kompensiert. Und es tat ihr auch nicht gut. Das war so eine typische Fluchtreaktion, eine Flucht aus allem.

LEONA: Sebastian war verbittert. Er hat mich dann provoziert und gesagt, er brauche mich nicht mehr fragen, ob ich mit jemand anderem Sex hatte, sondern nur noch, mit wem. Es war ihm mit den verschiedenen Männern einfach zu viel, und er hat das dann auch eingeschränkt. Ich fand letztens dieses Buch wieder *Ich lieb' dich nicht, wenn du mich liebst**. Ich glaube, dass uns das gerettet hat. Damals fühlte ich mich eingesperrt und vereinnahmt durch die Kinder und nicht mehr als Frau, sondern nur noch als Mutter. Sebastian war überfordert, weil er für alles einstehen musste: reden, für mich da sein, Mann sein. Die sexuellen Außenkontakte haben uns gerettet, weil sie mich für ihn attraktiver gemacht haben und für mich waren sie ein Ventil.

SEBASTIAN: Das habe ich selbst nie so empfunden, es kann aber sein, dass es unterschwellig der Fall war. Eher fand ich einige der Männer abstoßend.

LEONA: Man muss dazu sagen, Bernd fand er zwar abstoßend, aber seine Freundin hat er trotzdem vernascht.

SEBASTIAN: Das war sozusagen die ausgleichende Gerechtigkeit.

LEONA: Ich glaube auch, dass es mich attraktiver gemacht hat, weil ich dadurch ein bisschen weniger geklammert habe. Denn ich konnte ja noch zu anderen gehen. Ich denke schon, dass uns das damals, wir waren ja gerade Anfang zwanzig, gerettet hat. Denn die Überforderung mit den beiden kleinen Kindern war so deprimierend, dass ich zum ersten Mal Selbstmordgedanken hatte. Ich hatte so etwas nie wieder und kann das heute auch nicht mehr verstehen, aber es war so, dass ich keine Freude an dem damaligen

---

* Delis, Dean C.; Phillips, Cassandra: *Ich lieb' dich nicht, wenn du mich liebst – Nähe und Distanz in Liebesbeziehungen*, Ullstein 2003.

Leben hatte. Dazu kam, dass ich als Stationshilfe der Psychiatrie tätig war und im Schichtdienst gearbeitet habe, was psychisch sehr belastend war.

SEBASTIAN: Mein Informatikstudium war auch nicht einfach. Ich musste sehr viel dafür arbeiten. Wenn ich zuhaus war, habe ich größtenteils gelernt. Geld hatten wir kaum, es reichte gerade so. Und die Enge der Wohnung war sehr belastend.

LEONA: Wir hatten nicht nur bloß anderthalb Zimmer, eins davon war ein Durchgangszimmer. Und wenn die Kinder wach waren, waren sie bei uns.

SEBASTIAN: So viel Affären hatte ich in der Zeit gar nicht. Ich erinnere mich an eine, das war eine Kollegin von Leona, die habe ich über ein Jahr alle paar Monate mal getroffen.

LEONA: Wenn wir mit anderen verabredet waren, hatten wir uns darauf verständigt, dass wir im Laufe der Nacht wieder nachhaus kommen mussten, bis spätestens früh um sechs. Damit der andere nicht beunruhigt ist, wenn er aufwacht.

SEBASTIAN: Es gab auch, allerdings selten, abgesprochene Ausnahmen.

LEONA: Ich möchte noch erwähnen, dass ich mich, bevor das erste Kind entstand, in einen Pfarrer in Thüringen verliebte. Den habe ich auch ein paar Mal getroffen und später besucht, als die Kinder da waren und Sebastian sie betreute. Ich dachte damals, ich will aus diesem ganzen Leben ausbrechen und will so einen Mann. Nicht unbedingt diesen Pfarrer, denn der war ein Workaholic, den hätte ich gar nicht gewollt, sondern einen, der für mich Zeit hat, aber vom Typ her schon so einen: älter, welterfahrener, spirituell gebildet. Dieser logische Realismus von Sebastian hatte mich irgendwie nicht mehr gereizt. Ich habe ja auch zwei Seiten in mir: eine eher mystische und eine naturwissenschaftliche. Damals hat Sebastian ganz toll reagiert, indem er meinte, ich müsse wissen, was ich tue, und hat mir einfach ein bisschen mehr Zeit gelassen. Und dann habe ich begriffen, dass ich gar nicht vor ihm weglaufen wollte, sondern vor der stressigen Situation mit der Enge und den

Kindern. Das hat uns auch gerettet, denn hätte er damals eine riesige Szene gemacht, wäre es wirklich das Ende gewesen. Aber da er ruhig geblieben war, konnte ich mich besinnen und dann wurde es insgesamt entspannter.

SEBASTIAN: Es wurde mit der Zeit sogar zu ruhig. Denn dann haben wir, interessanterweise trotz der Nebenbeziehungen, die auch immer seltener wurden, eine klassische Ehe entwickelt, mit immer weniger Sex. Die übliche Ehefalle: Man gewöhnt sich aneinander und findet sich immer weniger anziehend. Das dauerte etwa acht Jahre. Und die Nebenbeziehungen waren keine One-Night-Stands, sondern immer Leute, die wir länger kannten. Die meisten von Leonas Partnern lernte ich früher oder später kennen.

LEONA: Ich bin mit den Männern, die mir sexuell sehr nahestanden, gelegentlich in den Urlaub gefahren. Natürlich manchmal auch mit Sebastian. Aber einer musste ja bei den Kindern bleiben. Und ich hatte inzwischen noch das dritte Kind bekommen.

SEBASTIAN: Gelöst hat sich die Stagnation in unserer Beziehung erst während unseres Dänemark-Urlaubs. Ich weiß heute noch nicht, wodurch. Aber aus irgendwelchen Gründen hatten wir beide plötzlich wieder Spaß aneinander und am Sex gefunden. Leona hatte dann eine längere Beziehung zu Martin und Lutz. Und ich hatte mich zwischenzeitlich in meine Tanzpartnerin verliebt. Da habe ich das erste Mal im Leben zehn Minuten lang überlegt, ob ich Leona verlasse. Mir war aber klar, dass diese Tanzpartnerin ein klassisches Familienleben will. Sie ist auch die glücklichste Mutter, die ich in meinem Leben bisher kennengelernt habe, und ist längst brav katholisch verheiratet.

So habe ich mich dann das erste Mal wirklich bewusst für den Erhalt meiner Ehe mit Leona entschieden. Vorher war es eben einfach nur »irgendwie richtig«, dass wir zusammen sind. Ich glaube, es hat mir sehr viel Rückhalt gegeben, die Dinge nicht für selbstverständlich zu halten. Übrigens hatte ich mit dieser Frau nie Sex. Obwohl ich heute noch in sie verliebt bin und sie in mich. Nach sieben Jahren hat sie es endlich zugegeben. Ich war für sie immer die große weite Welt. Auf ihren Partys war ich, der ich früher der langweiligste Schüler war, der schrägste Vogel. Und bin es heute noch. Sie liebt zwar ihr kleinbürgerliches Leben, will aber trotzdem etwas anderes, auch wenn sie nicht völlig dazu stehen kann. Und das repräsentiere ich für sie. Außerdem bin ich derjenige, der ihr Ego als Frau aufgebaut hat. Weil ich ihr immer wieder klargemacht habe, was sie doch alles noch kann. Und nach einer Weile hat sie mir das auch geglaubt. Das macht vielleicht den Reiz des Kontaktes aus. Und es ist die so genannte Chemie. Ihr Geruch haut mich einfach um. Aber über ein bisschen Knutschen ist es zwischen uns nie hinausgegangen. Ich möchte auch noch mal betonen, dass ich damals, bis vor fünf Jahren, keine feste Nebenbeziehung hatte. Und bei Leona waren es ein oder zwei, die man aber nicht als »Beziehung« bezeichnet hätte.

LEONA: In Martin war ich total vernarrt, und wir waren auch zum Teil zu dritt im Bett. Am liebsten hätte ich von dem noch ein Kind gekriegt. Zu Lutz war es nie eine richtige Beziehung, weil er mich nie wirklich in sein Privatleben hineingelassen hat. Und Martin hat de facto kein Privatleben. Ich bin die dauerhafteste Freundin, die er je hatte. Und immer wenn er mal eine Partnerin hatte, dann musste ich auf Abstand gehen. Mit Jürgen war es auch keine Beziehung, obwohl ich verliebt war.

SEBASTIAN: Verliebt warst du öfters mal.

LEONA: Ja, ich verliebe mich gern. Und mit Martin wollte ich immer eine Beziehung, aber das wollte er nicht. Er würde mich mit Handkuss nehmen, er würde sogar einem gemeinsamen Kind zustimmen, aber ich bin nicht frei für so eine Beziehung. Das wäre ja eine zweite Hauptbeziehung, aber das wollen Sebastian und ich nicht.

SEBASTIAN: Wir haben diese Verhältnisse nicht ernsthaft als Beziehungen bezeichnet. Das kam erst später. Vor fünf Jahren hatte ich das erste Mal wieder wirklich eine feste Freundin. Katharina, eine Kollegin. Die anderen Kollegen wissen bis heute noch nicht, dass wir etwas miteinander hatten. Da hat sie sehr genau aufgepasst, was ich als unangenehm empfand, denn ich hätte dazu ehrlich stehen können. Wir haben uns mindestens einmal pro Woche gesehen und viel miteinander gemacht. Auffallend war, dass Katharina Leona komplett ausgeblendet hat. Ich sollte Leona nicht mal erwähnen, auch die Kinder nicht. Das war ihr unheimlich, denn sie ist eigentlich ein monogamer Mensch. Wir waren rund ein Jahr zusammen. Als ich dann mit ihr in den Urlaub fahren wollte, gab es eine Krise, denn da hat Leona ein Veto eingelegt.

LEONA: Sie war die einzige Frau, vor der ich mich gefürchtet habe, weil ich sie nicht kannte und vor allem, weil sie meine Existenz immer verdrängt hatte. Als ich sie mal kennenlernte, habe ich mich schlagartig in sie verliebt und fand sie toll. Hätte ich sie vorher kennengelernt, wäre das Problem nicht entstanden. Denn dadurch, dass sie mich und die Kinder ausgeblendet hat, hatte ich das Gefühl, wir dürften nicht existieren. Und ich glaubte von daher, dass sie auch keine Rücksicht auf mich nehmen würde. Ich wollte ihn zwar eigentlich fahren lassen, weil er mir das mit meinen Männern ja auch gestattet hat, wobei ich eigentlich nie verstanden hatte, wie er das aushalten konnte. Von daher hatte ich für mich auch nie einen Anspruch darauf abgeleitet. Nur bei Katharina war mir das zu viel, da habe ich mich in meine Angst so hineingesteigert, dass ich das nicht zulassen konnte.

Es tut mir bis heute leid, aber es war ganz klar eben auch ein Kommunikationsproblem. Sebastian konnte mir nicht vermitteln, dass ich keine Angst haben muss, und ich konnte ihm meine Angst nicht vermitteln. Ich habe ihn dann gefragt, ob er mir täglich eine E-Mail schreiben könnte, ob es ihm gutgeht, was er dann so verstanden hat, als hätte ich dem Urlaub bereits zugestimmt. Und ich war ständig mit mir am Arbeiten, wie ich mir den Rückhalt geben kann, dass ich mich nicht fürchten muss. Aber das hat er gar nicht realisiert. Wir hatten damals noch nicht die Erfahrung zu sagen, was wir eigentlich fürchten, und wie wir diese Furcht ausräumen. Man muss ja seine Angst zum einen wahrnehmen und zum anderen lernen, darüber zu sprechen. Bis dahin hatten wir nie über Angst gesprochen.

SEBASTIAN: Ich würde es nicht Angst nennen. Eifersucht? Ja. Aber die hatte ich verdrängt, weil sie mir unlogisch erschien. Das passte nicht in mein Weltbild und so war ich natürlich wegen ihres Vetos tödlich beleidigt und Katharina daraufhin noch mehr. Das hat ihr auch einen ziemlichen Schlag versetzt, weil ihr plötzlich ganz klar ihre Grenzen bewusst wurden. Allerdings wollte sie mich Leona nie »wegnehmen«. Dies und ein paar andere Dinge führten dann zur Trennung. Mit der Tatsache, dass sie Leona mal bei uns kennenlernte, als ich mit Katharina am Computer arbeitete und Leona nachhaus kam, konnte sie gar nicht umgehen. Und zwar deshalb nicht, weil sie Leona mochte. Sie meinte, sie hätte eher damit umgehen können, wenn sie ihr unsympathisch gewesen wäre. So fühlte sie sich, als wenn sie Leona betrügen würde. Was natürlich völliger Blödsinn war. Und sie wusste das eigentlich auch. Nur passte das nicht in ihr Weltbild. Letzten Endes haben wir uns getrennt. Inzwischen treffen wir uns immer mal wieder und sie erzählt mir auch von ihren anderen Beziehungen. Leona und ich haben danach übrigens mit dem Swingen angefangen.

LEONA: Aus purer Neugierde. Dazu muss man wissen, dass wir auch kaum gemeinsame Hobbys haben und es überhaupt nur wenige Dinge gibt, die uns beide gleich interessieren. Aber wir reden trotzdem viel miteinander. Wir sind sehr autonom und jeder erzählt eben, was er gerade so macht und denkt.

SEBASTIAN: Das macht auch nichts, weil wir sowieso vom Wesen her beide Einzelgänger sind.

LEONA: Das Swingen war dann mal ein gemeinsames Projekt.

SEBASTIAN: Das war am Anfang eine ganz neue, exotische Erfahrung, zumal wir ja beide nicht gerade superkommunikativ sind, besonders nicht, wenn es um Zwischenmenschliches geht. So saßen wir dann im Club recht einsam und mit großen Augen herum.

LEONA: Wir hatten ja vorher schon Sex in Gegenwart von anderen Paaren, in meiner alten Wohnung. Aber da war jedes Pärchen für sich auf seinem Bett. Das hatte zwar auch etwas Voyeuristisches, es war aber nicht so gedacht. Und wir trauten uns nicht, den anderen zuzugucken. Aber im Club, wo das Zuschauen dazugehört, war das noch mal eine ganz andere Qualität. Dieser Fleischmarkt ist aber auch irgendwie erschreckend. Dieses gegenseitige Abchecken. Ich kannte Sex immer nur im Zusammenhang mit Mögen, mit Gernhaben, mit einer gewissen Vertrautheit.

SEBASTIAN: Genau das hat uns nach einer Weile auch wieder vom Swingen weggebracht, nachdem die Faszination des Neuen weg war. Sex pur mit Fremden ist einfach nicht so unser Ding. Es ist uns in den Clubs ein- oder zweimal gelungen, die Leute besser kennenzulernen. Wir werden vielleicht noch mal hingehen, weil die Atmosphäre da so schön ist. Außerdem haben wir das Problem, dass wir eigentlich nie ein Paar finden, das zu uns passt. Die statistische Wahrscheinlichkeit, dass vier Leute aufeinander treffen, die sich auch noch vertragen, ist ja deutlich geringer als bei zweien oder dreien.

LEONA: Das Hauptproblem war, dass mir immer wieder schlecht wurde, weil mein innerer Widerstand so groß war. Ich habe mich nach dem Motto »Augen zu und durch« auf Dinge eingelassen, die ich besser hätte bleiben lassen sollen. Aber so macht man neue Erfahrungen. Wenn man nur das tut, wovon man schon weiß, dass es einem guttut, bleibt man immer auf demselben Fleck. Und manchmal hat mein Erlebnishunger auch eine Art Eigendynamik.

Vor kurzem habe ich erst den Begriff »Polyamory«[*] entdeckt und musste feststellen, dass andere Leute auch so leben. Da war ich erst begeistert und dann sehr enttäuscht. Wir dachten, wir hätten das erfunden, weil wir es für uns erarbeitet hatten. Ich war auf der Veranstaltung »Erotischer Salon« und habe dort Rainer und Karin[**] erzählen hören. Dadurch bekam das alles erst ein besonderes Gewicht. Auf einmal sahen wir uns als Teil einer Gruppierung, und

---

[*] Die Polyamory-Bewegung hat ihre Wurzeln in den USA. Ihre Mitglieder gestalten Mehrfach-Beziehungen untereinander nicht nur rein sexuell wie die Swingerszene, sondern ganzheitlich frei, den anderen als ganzen Menschen liebend und auf Dauer angelegt. Zunehmend wird, je nach Kontext, auch der eingedeutschte Begriff »Polyamorie« verwendet. Siehe auch www.polyliebe.de.

[**] Siehe S. 243.

die lebt eben so. Ich weiß, dass ich nie ein »Stino« sein wollte, also bloß nicht stinknormal. Ich wollte immer anders sein, und das ist auch eine wichtige Triebkraft für das, was ich geworden bin. Man will vielleicht Freunde haben und mit denen zusammen anders sein, aber dass es da ganze Webseiten gab und Foren, die sich alle irgendwie »polyamor« nannten, Leute, die das machten, was wir schon lange versuchten, das war mir fast ein bisschen zu groß. Keine Nische mehr, die wir besetzen konnten.

Aber seitdem wir zu den Poly-Treffen gehen, finde ich es schon spannend zu hören, wie andere das leben und was sie für Probleme und Lösungen haben. Ich finde es auch spannend, Dinge, die wir immer für selbstverständlich hielten, aus ganz anderen Perspektiven zu betrachten. Wir haben ja unsere Form von Polyamorie für uns allein entwickelt, einschließlich der Ansichten, was geht und was nicht. Zum Beispiel diese Netzstruktur, die manche leben, das geht für uns nicht. Damit meine ich mehrere gleichberechtigte Beziehungen nebeneinander. Das ist mir zu sehr ein Einheitsbrei, das gefällt mir überhaupt nicht.

SEBASTIAN: Und außerdem stellt der Begriff »gleichberechtigt« ein ernsthaftes Problem dar. Im Verhältnis zu uns ist überhaupt niemand gleichberechtigt. Wir beide sind die Nummer eins.

LEONA: Das ist uns auch ganz wichtig so. Martin fragte mal in der Polyamorie-Mailingliste: Was macht ihr, wenn ihr eine Dreiecksbeziehung habt und einer von euch muss beruflich wegziehen? Da antwortete jemand, wir ziehen eben beruflich nicht weg. Schwierig, finde ich. So einfach lässt sich das nicht immer lösen. Für uns ist wichtig, dass Beziehungen zu anderen Menschen Nebenbeziehungen sind. Die müssen nicht immer sexuell sein, viel wichtiger ist Freundschaft, und es kann durchaus auch Erotik dabei sein.

Ich finde es toll, wenn Sex nicht verboten ist, wenn beiden danach ist. Also die Freiheit, Nähe in jeder Form ausleben zu können, ist mir ganz wichtig. Aber es wirklich zu tun, wird mir immer unwichtiger. Die Tatsache, dass wir uns als Hauptbeziehung definieren, begrenzt natürlich die Möglichkeiten und die Tiefe anderer

Beziehungen: Man hat keinen Alltag, man kann keine großen Reisen machen, man kann keine Kinder miteinander haben, man muss Kondome benutzen. Das sind viele Dinge, die immer wieder kleine Barrieren in den Beziehungen aufbauen und die ich sehr deutlich spüre. Das hat mich ganz oft frustriert, so dass ich emotional nahe, körperliche Beziehungen, in die ich ja oft hineingeschlittert bin, gar nicht mehr so sehr möchte.

SEBASTIAN: Ich möchte schon eine richtig nahe, emotionale und körperliche Nebenbeziehung haben. Ich finde sie, so wie ich sie haben will, aber nicht wirklich. Das mag daran liegen, dass ich im Grunde das suche, was ich mit Katharina verloren habe. Und das macht es natürlich nicht wirklich einfacher. Die Frauen, auf die ich stehe, sind vom Typ her eher »niedlich«, was oft jünger heißt, aber nicht immer. Und die können meist mit meinem Lebensmodell nun gar nichts anfangen. Leider habe ich auch nicht die Angewohnheit, mir die Frauen in den entsprechenden Kreisen zu suchen, weil es diesen Typ dort auch nicht gibt. Katharina meinte, dass ich den Frauen eben einfach keine Perspektive biete. Da hat sie Recht. Leider. Aber da kann ich nichts machen. Interessanterweise waren unsere Nebenbeziehungen immer Singles.

LEONA: Ich biete ja den Männern auch keine Perspektive. Martin und Lutz akzeptieren, dass sie die mit mir nicht mehr haben können, obwohl sie sicher mehr wollen. Männer, die damit nicht klarkommen, sortiere ich vorher aus. Und da ich mich immer so verhalte, dass mich die Leute leicht durchschauen können, gibt es auch keine großen Überraschungen. Ich zeige halt, wie ich bin und wie ich lebe.

Was übrigens unsere Kinder betrifft, so haben wir ihnen gegenüber nie ausdrücklich erklärt, was wir mit anderen Männern oder Frauen haben. Natürlich kriegen sie mit, wenn wir mit anderen in den Urlaub fahren, aber das heißt ja nicht, dass wir erzählen müssen, was wir da genau miteinander machen. Ich umarme Leute, wenn ich sie lieb habe, sehr intensiv. Aber das kennen sie schon, so sind sie eben aufgewachsen, und das war für die Kinder von Anfang an normal. Wir wussten aber nicht, ob sie vielleicht merken, dass da auch Sex mit im Spiel ist. Und wir haben es nicht sagen wollen, weil wir dachten, die wachsen gerade heran, und sie bekommen die Leitbilder der Gesellschaft mit. Wenn wir ihnen jetzt noch unsere andere Sichtweise mitteilen, dann ist das ein bisschen viel auf einmal. Lasst sie also erst mal mit den üblichen Klischees aufwachsen, und wenn sie groß sind und Fragen haben, können wir ihnen ja unsere andere Haltung erklären. Wir würden ihnen mit unserer Einstellung ein Leitbild geben, das mit Partnern ihres Alters schlecht umsetzbar wäre. Ich weiß, dass andere da anderer Meinung sind, aber wir haben uns so entschieden. Auch unsere Eltern wissen nichts davon, und wir wollen das nicht anders, denn wir haben keine Lust auf die vielen Erklärungen und Diskussionen, auf die Ängste, die das auslöst. Die Kinder sollten sich bei ihnen auch nicht verplappern.

Seit zwei Jahren wissen die großen Kinder vom Swingen, die sind ja achtzehn und neunzehn. Schon wegen der Dessous auf der Wäscheleine. Und dann haben wir ihnen von Polyamorie und dem Berliner Stammtisch erzählt. Der Große sagte gar nichts dazu, der findet das wahrscheinlich nur »spleenig«. Unsere Tochter meinte, wir könnten das ja alles machen, aber es interessiere sie nicht, wer da noch mit beteiligt ist. Wenn hier jemand käme, und sie wüsste, dass das ein Liebhaber oder eine Geliebte ist, wäre ihr das sicher sehr unangenehm. Die Kleine, die ist jetzt zwölf, weiß es, glaube ich, nicht: Wir hatten aber neulich mal ein Gespräch über die Frage, warum soll man mit Leuten, mit denen man kuscheln möchte, nicht auch Sex haben. Und da meinte sie dann, dass sie das irgendwie auch nicht verstünde. Aber damit war das Gespräch beendet. Sie ist noch sehr Kind und nicht wirklich in der Pubertät. Ich glaube, sie geht an Beziehungen eher gefühlsmäßig heran, und da ist alles richtig, was sich gut anfühlt.

SEBASTIAN: Wir hatten nicht das Bedürfnis, unsere Kinder im Sinne einer freiheitlichen Lebensweise zu beeinflussen. Ich denke, das kann nur jeder für sich selbst entscheiden, und ich glaube, dass es nur funktioniert, wenn jeder seine eigenen Erfahrungen macht. Dass es noch andere als die »normalen« Liebesmodelle gibt, wissen sie nun. Sie haben auch mitgekriegt, dass es einen wesentlichen Unterschied zwischen uns und anderen Leuten gibt: Wir bleiben nämlich zusammen. Woanders gibt es immer gleich Katastrophen, Scheidungen. Das haben sie oft genug erlebt. Und da das bei uns nicht so ist, gehen sie damit ganz entspannt um. Ich glaube, dass sie erst mal ihre Erfahrungen machen müssen, auch mit dem Konzept: Du bist der oder die Einzige auf der Welt. Anders geht es nicht.

LEONA: Ich kann mich erinnern, dass in der alten Wohnung Martin bei uns übernachtet hat. Und mir war das gegenüber meiner älteren Tochter etwas unheimlich. Da war sie fünfzehn. Doch sie meinte nur, ist doch in Ordnung; wenn wir Feten machen, wollen auch immer alle bei einem übernachten. Nur als ich in dem Alter war, durfte ich nie woanders übernachten. Und für uns ist es ganz toll, dass jetzt die Eltern freier sind und die Kinder daher auch lockerer. So haben wir sie erzogen und so sind sie, was körperliche Nähe betrifft, viel freier.

SEBASTIAN: Wenn unsere älteren Kinder hier jemanden mitbringen, dann können sie so lange machen, was sie wollen, wie sie gesund bleiben und nicht schwanger werden. Sobald wir ihnen zutrauen konnten, eigene Entscheidungen für sich zu treffen, haben wir das so gehalten. Damals, als wir geheiratet haben, waren wir übrigens noch gar nicht sicher, ob das ein Leben lang hält. Inzwischen sind wir uns sehr sicher.

LEONA: Das ist das Tolle an der Freien Liebe: Dadurch, dass man vielen Leuten sehr nahekommt, lernt man sie schnell schätzen, aber man erkennt auch, was einen an ihnen stört, und so lernten wir wieder mehr schätzen, was wir am eigenen Partner haben. So dass wir, immer wenn wir eine Fremdbeziehung und dadurch vielleicht eine Krise hatten, hinterher fester zusammengewachsen sind als vorher. Weil wir klarer sehen, was wir aneinander haben, können wir die uns lieben Seiten unseres Partners bewusster genießen und wertschätzen. Wir können realistischer abschätzen, was die anderen uns nicht geben können. Das ist gut gegen das weit verbreitete Denkmuster »Der andere hat so viele tolle Eigenschaften, die der eigene Partner nicht hat«, was meiner Ansicht nach das Tor zur seriellen Monogamie ist. Wir vergewissern uns aber auch immer wieder: Wollen wir noch polyamourös leben? Und ja, wir wollen noch.

SEBASTIAN: Ich bin übrigens nach wie vor eifersüchtig, aber ich lasse mich davon nicht mehr beherrschen. Eifersucht ist eines der vielen negativen Gefühle, die man eben hat, wie Angst oder Trauer. Und wie bei allen negativen Gefühlen lernt man damit umzugehen. Da ich keine Angst haben muss, Leona zu verlieren, kann ich das auch.

LEONA: Ich bin überhaupt nicht mehr eifersüchtig, das war ich früher, aber irgendwann war es plötzlich weg. Das war mir am Anfang ein bisschen unheimlich, weil man ja Eifersucht in der Gesellschaft auch immer als Qualitätsmerkmal für Liebe betrachtet. Aber es war ein schönes Gefühl, nicht mehr eifersüchtig zu sein. Ich bin versöhnt damit, seit ich begriffen habe, dass ich trotz allem Verlustangst habe. Das ist immer der Fall, wenn Sebastian lange Dienstreisen macht und ich merke, dass ich Angst habe, dass er einen Unfall haben könnte. Da kann ich nervös werden wie ein Tiger im Käfig und ich bin dann total erleichtert, wenn er wieder da ist. Inzwischen kann ich mich richtig freuen, wenn er mit anderen Frauen Spaß hat, ich kann ihn auch mit Katharina verreisen lassen, was ja schon einmal passiert ist. Keine Eifersucht zu haben, ist einfach geil.

Nur bei meinem jüngsten Liebhaber bin ich eifersüchtig bei dem Gedanken, dass ihn mir jemand wegschnappen könnte. Die Betonung liegt aber hier auf »wegschnappen«. Ich hätte nichts dagegen, eine Nebenbeziehung für ihn zu sein. Aber meist sind die Beziehungen dann monogam und ich bin aus dem Spiel, so dass sich die Frage der Nebenbeziehung nicht mehr stellt. Das wäre sehr schade. Aber bei Sebastian bin ich überhaupt nicht eifersüchtig …

SEBASTIAN: … durch die Sicherheit, die wir miteinander haben.

LEONA: Irgendwann an einem Morgen vor drei Jahren war uns dann sonnenklar, dass wir uns nie verlassen werden.

TANTRA, LUST UND FREIE LIEBE –
»DIE IDEALE PARTNERSCHAFT«

Elisabeth (51, Sexualpädagogin),
Thomas (43, Beamter) und
Maike (47, Erzieherin und Clown)

ELISABETH ERZÄHLT: Ich bin in einer Weise aufgewachsen, dass es für mich alles, was ich mitbekommen habe, zu überwinden galt. Ziemlich verklemmt war ich, fühlte mich innerlich richtig verhindert, und wahrscheinlich hat mich das so unter Druck gesetzt, dass ich nach Auswegen gesucht habe.

Meine Eltern waren selbständige Handwerker am Rand Hannovers. Sie stammten aus gutbürgerlichen Verhältnissen, wo man als Tochter Klavierspielen und Fremdsprachen lernt, wogegen mein Vater eher der Handwerker ist. Ich habe mehr die Bildungsseite abbekommen. Eine ältere Schwester, die ich schmerzlich vermisst habe, ist schon vor meiner Geburt gestorben, und ich habe noch zwei Quälgeister von jüngeren Brüdern und eine kleine Schwester, die geboren wurde, als ich vierzehn war.

Die Brüder haben mir die Ungerechtigkeit der Mann-Frau-Verhältnisse vor Augen geführt, indem sie durften, was ich nicht durfte. Dafür musste ich im Haushalt helfen und war meine ganze Teeniezeit über stinkwütend und hilflos, weil mich niemand unterstützt hat. Die Jungs haben beim Bauern gespielt, und ich musste putzen. Ich fühlte mich von ihnen unterdrückt, wenn es hieß: »Wir sind jetzt fertig mit Essen, du kannst abräumen.«

Diese Wut hat dazu geführt, dass ich ziemlich früh, mit achtzehn, ausgezogen bin. Dann habe ich mich ins Nacht- und Liebesleben gestürzt, hatte ganz viele sexuelle Kontakte, aber so richtig genießen konnte ich das nicht. Ich war nicht wirklich bei der Sa-

che. Es war eher so eine Art Sammeltrieb oder der Versuch, mir
ein bestimmtes Image zu verschaffen. In dieser Zeit habe ich auch
angefangen zu meditieren, nach einem Buch, das war supergut.
Und dann bekam ich Kontakt zu TM*, habe dort weiter meditiert,
bis die mir auf den Geist gingen mit ihrer Bürgerlichkeit.

Ich war mit einem Mann fünf Jahre zusammen, bis ich ungefähr
fünfundzwanzig war. Damals habe ich Bauzeichnerin gelernt und
dann in dem Beruf gearbeitet. Aber es war auch die freiheitliche
Hippie-Zeit. Man konnte mal hier einen Job machen, mal da, und
es war eine gut bezahlte Arbeit, weil die Bauwirtschaft geboomt hat.

Sexuell war die Beziehung eine reine Katastrophe. Ich wusste
überhaupt nicht, wer ich bin, was ich wollte oder wie ich mich
abgrenzen konnte. Der Mann ist mir immer nachgeschlichen und
hat mir ganz alberne Kosenamen gegeben. Er war Künstler, ein
Rockmusiker, und ich konnte gar keine Eigeninitiative entwickeln,
ich war ständig am Fliehen. Dann sollte ich irgendwelche Sachen
anziehen, so schmusiges Zeug, er stand auf Satin. Bis ich das alles
mal in den Sperrmüll geschmissen hatte und er dann winselnd in
der Tonne herumgekramt hat, um die Blusen und Negligés wieder
herauszuholen. Dabei hatte er sie mir nicht einmal geschenkt, weil
er ja viel zu geizig war. Aber ich habe das nie wieder angezogen.
Mit dem war ich eigentlich nur zusammen, weil ich nicht »nein«
sagen konnte. Ich bin damals nie ungeschminkt aus dem Haus gegangen, so miserabel war mein Selbstwertgefühl. Ich habe mich
von diesem Musiker unterdrücken lassen und wusste gar nicht,
dass man sich dagegen wehren konnte. Ja und dann wurde ich
Feministin. Das hat er gleich zu spüren bekommen. Er war dann
der »böse Patriarch« und ich die Feministin. Er verdiente das auch
nicht besser, so wie ich mich von ihm sexuell ausgebeutet fühlte.
Hat natürlich alles wunderbar gepasst, da konnte ich meine Erkenntnisse gleich anwenden, der arme Kerl. Ich habe alle Bücher,
die es damals gab, gelesen und ihm die Erkenntnisse um die Ohren

---

* Abkürzung für »Transzendentale Meditation«.

gehauen. Aber masochistisch veranlagt wie er war, hat er nur herumgewinselt – mehr war da nicht. Das war schon eine traurige Angelegenheit. Ein Verdienst hatte er ja: Als ich die Beziehung mit ihm anfing, hat er mir meine Klitoris gezeigt, die kannte ich nämlich noch nicht. Vorher wusste ich gar nicht, wie man sich selbst befriedigt und ich war sehr frustriert, wenn ich geil war. Ansonsten hatte ich nur Spott für ihn übrig, das hat ein späterer Liebhaber mal bemerkt, und das stimmt auch bis heute.

Ich habe nach der Trennung noch ein bisschen herumgeflirtet, aber erst einmal hatte ich von Männern völlig die Nase voll, weil ich mir überall nur Frust einhandelte. Und die Männer sich mit mir wahrscheinlich auch, denn meine sexuellen Aktivitäten sahen so aus, dass ich es zum Beispiel unanständig fand, die Beine hochzuheben oder zu spreizen, wenn ich, wie meistens, auf dem Rücken lag, denn etwas anderes hätte ich mich sowieso nicht getraut. Es hat sich niemand von den Kerlen beschwert, dass ich so verhalten war. Ich fühlte mich beim Sex unter Stress und war nie wirklich gelöst. Irgendwann hatte ich die Faxen dicke. Ich habe dann beschlossen, so – ich bin jetzt asexuell. Da dachte ich, das wäre nun die Lösung. Ich wohnte damals in einer kleinen Gartenwohnung. Da zog dann eine Lesbe, Karin, bei mir ein, mit der ich in die Schwulen- und Lesbenkneipe gegangen bin. Die hat mich aber nicht missioniert. Wir saßen dort nur oft mit den anderen zusammen, ganz locker und gemütlich, so dass die Kneipe mit der Zeit unser Wohnzimmer wurde. Eines Tages erzählte ich ihr beim Bier, dass ich asexuell wäre. Da fragte sie mich: »Wie lange willst du das noch machen?« Das war echt eine gute Frage, die muss man sich merken! Und mir wurde klar, dass da etwas war, worüber ich noch gar nicht nachgedacht hatte.

Auf jeden Fall fand ich mich schließlich in der für mich peinlichen Situation wieder, mich in meine Mitbewohnerin verliebt zu haben. Ich fing nämlich an, mir Gedanken zu machen, wenn sie später als sonst nachhaus kam, und da dachte ich, verdammt, was ist denn mit mir los? Als sie dann mit einem Schulkameraden kam, um mit dem noch abends in die Disko zu fahren, habe ich mich gleich angebiedert, ob ich mitfahren kann und mich über mich selbst gewundert, dass ich so etwas mache, denn das war eigentlich nicht meine Art gewesen. Ich musste da also ums Verrecken mitfahren. Ja und dann habe ich mich analysiert und festgestellt, dass ich wohl verliebt bin. Jedenfalls habe ich mir gedacht, so geht das nicht weiter. Ich musste es ihr also sagen. Und Karin antwortete daraufhin, sie hätte versucht, es zu ignorieren. Das war eine absolut niederschmetternde Antwort. Und trotzdem ist daraus eine einjährige Liebesbeziehung geworden. Die war aber fürchterlich anstrengend. Karin war nämlich superfeministisch und fand zum Beispiel Penetration patriarchalisch. Damit hatte sie schon mal die möglichen sexuellen Aktivitäten erheblich eingeschränkt. Unser lesbischer Sex war also eher schwierig, da sie nicht weniger verklemmt war als ich.

Aber immerhin war ich das erste Mal ohne Einschränkungen in jemanden verliebt. Denn die Männer vorher hatte ich alle nicht so richtig ernst genommen. Deswegen war ich auch bei denen nie eifersüchtig. Aber bei ihr war ich höllisch eifersüchtig und war mit Herz, Leib und Seele dabei. Nur hat sie mich dann doch zu sehr eingeengt. Zum Beispiel hatte ich mit meinem Musiker-Exfreund mal das Auto repariert und eine Weile mit ihm unter der Motorhaube gesteckt: Das war für sie unverzeihlich, und sie hat mich damit dann gestresst. Ich fand das ziemlich lächerlich. Und so etwas kam öfter vor. So dass die Beziehung schließlich für mich sehr schmerzlich in die Brüche ging. Ich war danach überzeugt, ich wäre lesbisch.

Das hielt dann sechs Jahre an, in denen ich auch mit anderen Frauen zu tun hatte. In dieser Zeit habe ich den Feminismus und das Frauenzentrum zu verabscheuen gelernt. Ich fand, dass diese Männerfeindlichkeit einfach nicht gut sein kann. Es gab dazu ein Schlüsselerlebnis. Da hat mich eine Frau beim lesbischen Pfingsttreffen angebaggert, auf eine absolut freche Weise. Die hat mich sofort von hinten umfasst und an mir herumgetastet, um festzu-

stellen, ob ich einen Stringtanga anhabe. Das war wirklich ober-
frech. Und dann ist sie mir aufs Klo gefolgt, hat mich gegen die
Wand gedrückt und ist mir noch weiter unter die Wäsche gegangen. Und mir hat es gefallen. Das ging den ganzen Abend so weiter,
es war hochenergetisch und erotisch. Mir fiel ein, wie sauer ich
gewesen wäre, wenn das ein Mann mit mir gemacht hätte. Ich
dachte – da kann doch irgendetwas nicht stimmen. Wenn mir das
bei einer Frau gefällt, kann ich das einem Mann nicht übelnehmen.
Denn eigentlich ist es dasselbe.

Aber einstweilen blieb ich noch lesbisch. Nur ging mir diese
feindselige Haltung Männern gegenüber auf den Geist. Ich konnte
diese Klagen, wie schlecht es Frauen doch haben und wie benach-
teiligt sie sind, nicht mehr hören, was dazu führte, dass ich den
Feminismus irgendwann frauenfeindlich fand und schließlich die
Nase voll davon hatte. Auch von der Lesbenszene. Aber da steigt
man nicht so leicht aus. Sonst wird man ja wieder asexuell.

Der Ausstieg passierte dann anders. Und so freundete ich mich
mit dem sechzehnjährigen Bruder meiner besten Freundin an. Den
habe ich auf eine Lesben-Punk-Party mitgenommen, wo er dann
von den Hardcorelesben angegriffen wurde. Da musste ich ihn
noch in Schutz nehmen, aber ich hätte ihn auch nicht mitnehmen
müssen. Er war jemand, mit dem ich Klartext reden konnte. Jeder
hat verstanden, was der andere gesagt hat, und es gab nicht dieses
Kuddelmuddel, das sonst immer so leicht entstand. Daher war der
Kontakt mit ihm sehr entspannend. Wir haben auch in einem Bett
geschlafen, zumal er ja dachte, ich sei lesbisch und ungefährlich.
Und dann habe ich aus Spaß gesagt, dass ich ihn jetzt verführen
würde, darauf er: »Oh Schreck, ich habe doch gedacht, du bist
lesbisch.« Ich habe mich etwas an seinem Schreck geweidet, bis
ich gesagt habe, dass es ja nur Spaß sei. Und er: »Oh wie schade.«
Ja und dann haben wir gelacht und es wurde ganz entspannt und
witzig. Aber er hatte noch nie mit einer Frau geschlafen. Er meinte,
ob wir nicht noch drei Wochen warten könnten, bis er siebzehn
wäre. Das haben wir gemacht und dann hatten wir Sex. Ich muss

ja auch sagen, dass ich keine gute Initiatorin war. Ich war ja noch genauso verklemmt, aber für ihn war es trotzdem irgendwie toll.

Wir haben dann eine Verabredung getroffen, die lautete: Wenn du es mal brauchst, kannst du zu mir kommen. Und als dieser Fall eintrat, bin ich schwanger geworden. Da war er schon achtzehn. Ich wollte aber das Kind allein und keinen Mann dabeihaben. Ich hatte so viel Elend gesehen von verlassenen Müttern mit kleinen Kindern, das wollte ich nicht auch haben. So wollte ich das Kind dann ganz heroisch allein erziehen. Dass Männer überflüssig seien, war ja auch gerade in. In der Zeit der Schwangerschaft war ich extrem giftig. Die Einzigen, die noch vernünftig mit mir reden konnten, waren meine Mutter und ein schwuler Freund. Und zu diesem armen Jungvater war ich wie eine Giftspritze. Da gab es Telefonate, wo er echt geweint hat, denn er wollte mit einbezogen werden. Das hielt bis ungefähr zwei Monate vor der Geburt an. Erst da war ich, für mich selbst überraschend, wieder zu freundlichen Worten fähig. Ich habe mich daraufhin mit dem Vater verständigt, und er war bei der Geburt dabei, was auch richtig toll war. Von da an habe ich ihn mit einbezogen, wobei wir aber nie zusammengewohnt haben. Ich bin dann mit dem Baby aus der WG geflogen und wohnte wieder bei meinen Eltern.

Meditiert habe ich damals auch immer noch. Und dann bin ich über die Meditationsgruppe von TM zu Bhagwan, zu den Sannyasins gekommen.[*] Ich habe damals das Kind bei meiner Mutter gelassen und bin nach Oregon geflogen, wo sich das große Bhagwan-Zentrum befand. Und dort, in Amerika, habe ich mich in einen Mann verliebt und hatte mit diesem Althippie, Mikel, auch Sex. Das war total schön, ich war überhaupt sehr glücklich dort. Ich habe ganz intensiv meditiert, es war ein irres Gefühl. Ich wollte zwar drei Monate dableiben, aber wegen des Kindes blieb ich nur drei Wochen. Besser als gar nichts. Diese Zeit dort, in diesem Ashram zu sein,

---

[*] Die Schüler des spirituellen Lehrers Bhagwan/Osho (aus Poona, Indien, später aus Oregon in den USA) werden als »Sannyasins« bezeichnet.

war fast das Schönste, was ich je erlebt habe. Ich hatte auch einen tollen Kontakt zum Guru. Aber ich musste bald wieder nachhaus. Ich habe sehnsuchtsvolle Briefe geschrieben an Mikel. Und dabei fiel mir der Satz ein: »Alle Männer sind wie mein Vater.« Aber da dachte ich dann: »Stopp mal, Mikel ist nicht wie mein Vater.«

Sofort habe ich mit dem Briefschreiben aufgehört, bin in die Stadt gefahren, in die Kneipe gegangen, um Männer kennenzulernen. Ich dachte, jetzt müsste ich doch mal herausfinden, was mit den Männern los ist. Und da habe ich angefangen, mir die einmal genauer anzugucken. Ich habe mich dann ziemlich schnell verliebt, als mein Sohn schon zehn Monate alt war. Im Gegensatz zu früher habe ich aber nicht so schnell Sex gehabt. Jetzt konnte ich genauer hinschauen und war nicht mehr so ablehnend, habe die Männer ernster genommen. Bei dem Mann, in den ich mich verliebt hatte, bin ich dann eingezogen. Der war auch ein Sannyasin.

Er brachte eines Tages ein Tantra-Buch mit nachhaus. Von Tantra hatte ich bis dahin noch nie etwas gehört. Ich fand das total irre, dass man die Sexualität auch von so einer Seite aus betrachten kann. Und dass ich als Frau wichtig und gleichberechtigt war. Das hat mich völlig umgehauen. Dadurch inspiriert war der Sex mit diesem Mann schon ganz anders. Da sind echte Wunder geschehen, weil ich mich sehr viel mehr beachtet und mein Recht auf Lust erkannt habe. Dass es das überhaupt gibt, auf die Idee bin ich davor nicht gekommen. Vorher habe ich nur versucht, einen guten Eindruck zu machen. Jetzt entdeckte ich, dass es da auch etwas Heiliges, etwas Höheres, einen tieferen Sinn gibt, was sich auch mit meinen Meditationsaktivitäten traf. Vorher habe ich mich oft gefragt, ob der ganze Sex nicht eigentlich nur zur Fortpflanzung dient. Jetzt hatte ich die Antwort und erlebte, dass es da eine feinere Wahrnehmung gibt. Es öffnete sich eine Riesentür für mich. Ich habe dann viel mit mir und auch mit diesem Mann experimentiert und hatte ganz überraschende und intensive Erfahrungen, es war richtig wunderbar. Und es waren wirklich nur winzige Experimente. Ich hatte richtig Lust auf mehr bekommen. Passend dazu sah ich dann ein Plakat: »Tantraworkshop in Berlin«. Das war für mich mit dem kleinen Kind ja eigentlich zu weit und zu teuer. Außerdem brauchte man erst ein Gesundheitsattest, mit der Überprüfung war das in drei Wochen gar nicht zu schaffen. Irgendwie fügte es sich aber, dass plötzlich doch Geld da war, ich hatte nämlich jemandem etwas geliehen und hatte das vergessen, und es war genau die passende Summe. Kinderbetreuung war möglich und der Termin wurde verschoben. Plötzlich hat alles gepasst. Es war genau das, was für mich vorgesehen war. Seitdem glaube ich nicht mehr an Zufälle.

Und dann begann meine Tantrazeit. Womit sich für mich alles so richtig verändert hat. Da blieb kein Stein mehr auf dem anderen. Ich wusste überhaupt nicht, was da auf mich zukommt. Alle hatten die Augen geschlossen, wir haben gefühlt und getastet. Ich hatte total Angst, da unangenehm angegrapscht zu werden, aber das passierte nicht. Die Musik hat einen irgendwie mystifiziert und in eine andere Welt getragen. Wir sahen, als wir dann die Augen aufmachten, ein nacktes vereinigtes Paar. Mein Verstand hat sich erst einmal für die nächsten fünf Tage schlafen gelegt. Ich war während des Seminars nicht mehr in kontrollierten Verstandesbereichen unterwegs, sondern ich war irgendwie wahrnehmend, völlig wie ein Kind, neugierig. Ich konnte alles annehmen, konnte mitmachen, und es war alles absolut fremd, tabubrechend.

Am Anfang haben wir Selbstlieberituale gemacht, so dass das die anderen sehen konnten, zum Beispiel in Dreiergruppen. Das war bisher für mich absolut undenkbar. Seit ich meine Klitoris kannte, habe ich sie auch schon mal stimuliert, aber niemals durfte irgendjemand das Kleinste davon merken. Und nun plötzlich öffentlich! Da kam so ein Hammer nach dem anderen für mich. Wir haben über unsere sexuelle Geschichte nachgedacht, und es gab Schweigezeiten. Ich kam mir vor wie auf einem skurrilen Raumschiff außerhalb der normalen Welt. Alles war wie verzaubert. Dann gab es ein Vereinigungsritual, Shiva und Shakti, Mann und Frau, und da hat sich auch der letzte Rest von Verstand abgeschaltet, und ich habe angefangen zu sehen.

Seitdem weiß ich, dass wir normalerweise nur ein verschleiertes, traumartiges Sehen haben. Mir kam es so vor, als ob diese Schleier weggezogen waren. Es wirkte alles sehr vollkommen. Und auch mein Partner im Seminar, mein Shiva, war wie ich in diesem Wahrnehmungsraum. Wir haben uns angeschaut und gestaunt, gegrinst und gelacht, waren absolut präsent, in lustvoller sexueller Interaktion. Als der Übungsleiter sagte, dass wir zum Ende kommen sollten, fühlte ich mich gar nicht gemeint. Ich dachte, was redet der. Es war so wunderschön, dass ich nichts mehr ändern, nicht aufhören wollte. Alles war auf immer und ewig wunderbar. Dann hieß es, wenn es hier Leute gibt, die positive Erfahrungen gemacht haben, dann könnten die ja auch was sagen. Ich wollte gar nicht reden und nichts hören, um diesen zauberhaften Raum nicht zu zerstören. Aber der Prozess ließ sich natürlich nicht aufhalten. Nur habe ich erst einmal stundenlang nichts mehr gesagt. Ich war auf eine positive Art paralysiert. Gegen Ende des Workshops, nach fünf Tagen, bin ich noch einmal in diesen Zustand geraten, als ich mich im Kontakt mit einem Partner gewissermaßen wortlos unterhalten habe. Es kam mir so wunderbar und leicht zu erreichen vor. Fakt ist, dass ich das nie wieder geschafft habe. Vor allem, wenn man sich anstrengt, klappt es erst recht nicht. Das habe ich inzwischen, nach zwanzig Jahren, feststellen müssen.

So sah meine Tantra-Erfahrung aus. Und das hieß für mich, dass ich diesen Weg nie wieder verlassen wollte. Die Erfahrung mit meinem Shiva habe ich erst einmal für Verliebtheit gehalten, aber »zum Glück« ist der danach nach Indonesien gefahren. In dieser Zeit habe ich meinen zweiten Workshop gemacht, der dauerte drei Wochen und fand in Sri Lanka statt. Ich wollte dabei wieder in diesen herrlichen Zustand kommen – aber dann ging das nicht. Ich kam der Realität etwas auf die Spur und habe auch gemerkt, dass das mit meinem Shiva kein Verliebtsein war, sondern etwas anderes, was ich noch nicht kannte, so ein sehender, zeitloser Zustand. Ich habe dafür keinen Begriff. Von Sri Lanka aus habe ich meinen Arbeitsplatz gekündigt und beschlossen, dort zu bleiben. Es war

Winter und ich dachte, mit meinem anderthalbjährigen Kind muss ich doch jetzt nicht nachhaus. Ich hatte sowieso keine Wohnung, weil ich die gerade aufgelöst hatte und meine Sachen irgendwo im Keller standen.

Ich bin dann noch geblieben und anschließend nach Berlin, wo ich seitdem wohne. Weitere Tantra-Workshops folgten. Das war meine polyamore Tantrazeit. Wir haben in einer WG gewohnt, lauter Tantraleute, bis auf eine Frau, und waren so euphorisch, dass wir überall gevögelt haben, wo wir gingen oder standen. Und diese eine Frau traute sich kaum noch, jemanden mit nachhaus zu bringen. Ich habe auch nicht eingesehen, darauf Rücksicht zu nehmen. Inzwischen ist mir das peinlich, und ich denke, das hätte man auch anders machen können, aber wir hielten das für Freiheit. Sie fand uns völlig unmöglich, was ich inzwischen sehr gut verstehen kann, und entwickelte kleptomane Züge – es fehlten immer mal Handtücher, Ohrringe, Kleidungsstücke. Das war schon ein bisschen kriminell. Und ausgerechnet sie ist dann Kriminalbeamtin geworden und auch vorzeitig ausgezogen, obwohl sie die Hauptmieterin war.

Zu der Zeit hatte ich fünf Liebhaber, aber keinen festen. Ich hatte gelernt, mich zu entspannen, meine Verklemmungen abzulegen, die Beine zu spreizen und überhaupt alle möglichen sexuellen Praktiken auszuprobieren. Wobei, so ein bisschen zaghaft bin ich allerdings bis heute. Ich bin nie so eine Wilde geworden, jedenfalls wenn ich andere so sehe, denke ich manchmal, ich bin eine Zimperliese. Aber das ist auch in Ordnung so. Das Tantra hat mir einen Rahmen geboten, in dem ich Sachen ausprobieren konnte. Und es hatte nichts Rotlichthaftes, nichts Unanständiges, da hatte alles seinen Platz, ich brauchte einfach nicht mehr verklemmt zu sein. Es gab da keine wilden Orgien, es war eher gemütlich. Wenn ich zu der Zeit ein Frühstück gemacht und Leute eingeladen habe, dann ist das immer in ein großes Geschlängel ausgeartet, wo man Arme und Beine und Münder durcheinander fand, hier und dort gestreichelt hat. Es war überhaupt nicht so personenbezogen und dafür sehr, sehr lustvoll. Es hat einen richtig satt gemacht.

In diesen Kreisen wurde nicht geraucht. Wenn man mal gefeiert und für zwölf Leute drei Flaschen Sekt gekauft hat, dann sind am Ende anderthalb übrig geblieben. Denn alles war für sich genommen schon berauschend genug. Ich dachte, dies ist eigentlich *der* Luxus. Dieses viel Haut spüren und dieses viele Streicheln ist einfach köstlich und absolut sinnlich. Sekt und Kaviar dagegen eher ein Pseudoluxus. Manchmal fühlte man sich aufgehoben wie im Mutterleib und konnte rundherum sinnlich sein. Das waren paradiesische Zeiten! Die dauerten etwa, bis mein Sohn zur Schule kam und auch noch darüber hinaus.

Später wohnte ich dann in einer eigenen Wohnung, und einer der fünf Liebhaber wurde mein fester Freund, mit dem ich fast zehn Jahre zusammengelebt habe. Er hat den verlorengegangenen Vater für das Kind ersetzt. Das war natürlich nicht so nett, dass ich dem Vater das Kind so entzogen hatte. Dieser Mann, Thilo, war auch ein Tantrapartner. Ich hatte weiterhin Tantrarituale mit meinem ersten Shiva, er gehört irgendwie mit zur Familie. In dieser Zeit haben Thilo und ich eine Ausbildung als Sexualpädagogen im Tantrainstitut gemacht. Gearbeitet habe ich als Bauzeichnerin. Diese Tantrazeit dauerte bis 1990. Da war ich fünfunddreißig. Auf jeden Fall gab es in den Jahren eine Menge zu lernen, und ich war auch am Ende der Ausbildungszeit nicht am Ende meines persönlichen Lernens angekommen. Die Paarbeziehung mit Thilo war in dieser Zeit ganz schön angespannt. Es gab ziemlich viele Eifersuchtsgeschichten und wir haben uns gegenseitig mit Streit und Verletzungen bekriegt.

Das habe ich erst in den Griff bekommen, als ich das ZEGG* kennenlernte, eine Gemeinschaft, die sich speziell mit diesen Themen beschäftigte. Da haben wir diese Probleme nämlich eingebracht. Ich habe dort gelernt, dass vieles gar nicht nötig ist. Man muss sich nicht streiten und verletzen. Es war eine interessante Erfahrung, dass man sich ja auch unter Kontrolle haben kann und

---

* Zentrum für experimentelle Gesellschaftsgestaltung in Belzig bei Berlin.

dass man sich nicht gehen lassen muss. Wenn man eifersüchtig ist, braucht man ja nicht unbedingt herumschreien oder Schuldgefühle verursachen. Aber auf die Idee muss man erst einmal kommen.

Wir hatten uns im ZEGG mal im Streit mit Bier beschüttet, und dann kam eine Frau und ist dazwischengegangen. Das wurde Thema in einem Gruppentreffen. Es war zwar schrecklich peinlich, aber auch sehr nützlich. Nachdem ich beim Tantra den sachlichen Umgang mit Lust und Sexualität gelernt hatte, habe ich im ZEGG den sachlichen Umgang mit den Emotionen gelernt. Und beides zusammen ist einfach wunderbar. Da kann man nämlich daran arbeiten und lernen, dass nicht notwendigerweise aus einem bestimmten Gefühl wie Schmerz oder Eifersucht eine bestimmte Handlung folgen muss. Dass das zweierlei Dinge sind. Ich finde es auch nicht weiter schwierig, meine Emotionen und meine Handlungen auseinanderzuhalten, das ist einfach nur eine Entscheidungssache. Na gut, nicht immer, man wird auch schon mal weggefegt von Stimmungen, aber es kommt nicht dauernd vor, und ich kann es gut reflektieren und mich, wenn das mal passiert ist, dafür entschuldigen.

Während ich mit Thilo zusammen war, hatte ich eine Liebesbeziehung mit Joachim und habe bei dem eine Qualität kennengelernt, die ich sonst eher irgendwelchen Kitschromanen zugeschrieben hätte. Wir hatten eine bestimmte Art von Liebesgefühl, wesentlich intensiver und näher. Mit Thilo war die Beziehung vergleichsweise distanziert. Wenn wir zum Beispiel ein Tantraritual gemacht haben, dann ist zwischen uns eine Nähe entstanden, die wir nicht mehr ertragen haben und wo wir danach im Alltag wieder schmerzlich eine Distanz herstellen mussten. Durch Streit, was ich sehr schlimm fand, weil auch das Kind alles mitgekriegt hat. Wir hatten das Gefühl, dass wir diese Distanz nicht unterschreiten durften. Bei Joachim habe ich gemerkt, dass es eine andere Ebene gibt. Eine andere Liebesebene, ohne diese Distanz, das war etwas, was ich bis dahin noch nie kennengelernt hatte. Ich fühlte mich von ihm richtig angenommen. Diese gegenseitige Liebe habe ich einfach gefühlt, die musste man sich nicht ständig erklären. Ein intensives Gefühl, das ich vorher nicht hatte. Dass man sich sieht und liebt, das kennt man vielleicht aus Romanen. Für mich war es wie ein Quantensprung.

Das Witzige war auch, dass Thilo und ich immer die Frage hatten, ob wir füreinander richtig sind. Durch die Liebesgeschichte mit Joachim haben er und ich die Frage mit Ja beantwortet, denn durch unseren Weg konnten wir den Wert der Distanz zueinander und der gegenseitigen Freundschaft erkennen. Wir haben tolle Sachen gemacht – Reisen nach Indien und Sri Lanka, es war trotz der fürchterlichen Streite eine wunderbare Beziehung. Mit Joachim war das dann anders. Thilo hat die Beziehung zu Joachim trotz Eifersucht unterstützt. Aber Joachim war sehr unzuverlässig. Das, was wir miteinander hatten, war zwar da, aber er hat angefangen, es zu relativieren und zu negieren, und er war wohl auch sexsüchtig, denn er hat alles umgelegt, was ihm irgendwie in die Quere kam, besonders bedürftige Frauen, da war es für ihn immer am allereinfachsten. Irgendwann hat mich das angewidert, und es war einfach nur noch fürchterlich.

Ich habe mich dann von Joachim getrennt. Thilo wollte nach Köln gehen, und ich habe ihn darin unterstützt. Aber durch die räumliche Distanz ist unsere enge Beziehung langsam aufgelöst worden. Wir haben uns aber nicht ausdrücklich getrennt. Wir sehen uns heute noch, telefonieren oft und sind einander Ratgeber. So sind wir übergangslos zu Freunden geworden. Wenn ich mal wieder mit ihm länger zusammen war, merke ich, dass unsere alten Muster wieder gegriffen haben, und diese Muster habe ich jetzt nicht mehr, deswegen passt mir der Schuh dieser Beziehung auch nicht mehr. Und es ist so einfach in Ordnung, auch dass er mit einer anderen Frau zusammen ist. Ich hatte mich dann erst einmal für solo erklärt.

Dann hatte ich wieder eine Beziehung zu einem Mann, Eduard, für den ich die Nummer zwei war, denn er lebte mit einer anderen Frau zusammen. Das war eine schöne sexuelle Verbindung, aber er war nicht der Mann an meiner Seite. Er hat bei mir den Wunsch nach so einem Mann geweckt. Ich habe mir schließlich ein imaginäres Bild davon gemacht, wie der sein sollte. Aber ohne Gesicht und Alter. Kurz darauf habe ich Thomas kennengelernt, der war nun ziemlich jung, neun Jahre jünger als ich. Und tatsächlich war er der imaginierte Partner.

THOMAS ERZÄHLT: Ich bin 1962 in Berlin geboren. An meine Kindheit habe ich nicht so eine exakte Erinnerung. Aber es war eine behütete Kindheit, meine Mutter war zuhause, mein Vater war Zimmermann. Ich hatte noch einen älteren Bruder, durch den bestimmte Bahnen schon gelegt waren. Wir waren zwar sehr unterschiedlich, aber er war auch eine Art Orientierung für mich. Dieses Leitbild war natürlich manchmal ein Neidbild. Meine Entwicklung war aber ziemlich gradlinig. Schule und kurze Zeit darauf begann die Beamtenlaufbahn. Ohne Brüche. Auf der anderen Seite hatte ich schon seit der Grundschulzeit meinen Blick auf die Mädchen gerichtet. Aber mein Interesse war bis ins Erwachsenenalter hinein nie sexuell geprägt, sondern mehr kuschelig. Also wollte ich dann irgendwann eine Frau für mich haben und die möglichst schnell heiraten, was ich auch mit dreiundzwanzig umgesetzt habe. Wir hatten ziemlich schnell ein Kind. Ich habe über mich herausgefunden, dass meine Mutter mich oft als Kleinkind mitsamt Kinderbett in die Küche gestellt hat, damit sie nachts ruhig schlafen konnte. So dass es da vielleicht ein frühes Trauma für mich gab: Wo ist Mama? Ich denke, dass mir das immer noch etwas anhängt. Den Finger meiner Mutter bewusst loszulassen, war bei mir eine sehr lang dauernde Geschichte.

Auf der anderen Seite hatte ich ein sehr zärtliches Elternhaus, was mir an keiner Stelle den Grund geboten hätte, auch mal den Rebellen herauszukehren. Das Einzige, worin ich mich von meinen etwas biederen und bodenständigen Eltern unterschied, war, dass ich immer so ein bisschen herumgesponnen habe. Ich habe Gedichte geschrieben und gemalt, war also die Dichter- und Malerseele zuhaus. Aber das führte nicht dazu, dass ich mal wie Elisabeth gesagt hätte: »Jetzt mache ich alles anders.« Da haben wir völlig gegensätzliche Biografien, und ich hätte auch nicht gedacht, dass wir von daher zueinander finden.

Meinen ersten mehr versprechenden Kontakt zu einem Mädchen hatte ich mit siebzehn. Das dauerte zwei Monate und war schon mal mit Petting verbunden. Meine Eltern hatten ja einen hohen Anspruch an die Freundin ihres Sohnes, angefangen von gutem Benehmen und gutem Ausdruck bis hin zu der Hoffnung, dass mal etwas aus uns wird. Natürlich ging ich zur Tanzstunde und natürlich hatte mir mein Bruder das alles schon vorgemacht. Er war der Feger, ich eher die selbstunsichere Person. Ich hatte auch ständig Schwierigkeiten in Gruppen, ob in der Schule oder woanders. Ich war richtig dröge und hatte nicht begriffen, dass ich mal aus meinem Elternbezug aussteigen muss, um in diese andere Welt einzusteigen. Und weil ich keinen Gruppenbezug hatte, haben sich meine Frauengeschichten immer außerhalb dieser Cliquen abgespielt. Irgendwie habe ich die Mädels alle als weit weg erlebt, Urlaubsbekanntschaften, und es entwickelte sich nichts, was mal eine längere und tiefere Beziehung zugelassen hätte. Erst 1983 kam ich in einen Kreis, da waren mehrere Frauen. Da hatte ich ein etwas verschmustes Verhältnis zu vier Krankengymnastinnen. Eine von denen hatte mir auch angeboten, mit mir ins Bett zu gehen, aber so richtig wollte ich das noch nicht.

Ich möchte zu meiner Situation in der Zeit noch erwähnen, dass ich in den siebziger Jahren, als alle Welt gegen Krieg und Umweltschmutz demonstrierte, von meinem Vater, zu dem ich ein gutes Verhältnis hatte, gesagt bekam: »Bevor du da draußen für die Welt demonstrierst, musst du erst einmal schauen, ob du selbst richtig tickst.« Er hat mir dann Bücher über Positives Denken gegeben. Er ist selbst ein kluger Kopf und ist auch religiös. Aber nicht auf eine herkömmliche Weise, weil er sich immer für alle möglichen Richtungen interessiert hat. Er hatte eine ganze Bücherwand voll und hat mich langsam damit gefüttert.

Ende der Siebziger sind wir in christliche Kreise wie »Heim-Wohnungs-Werk« hineingekommen. Da habe ich eine Norwegerin kennengelernt, die war ein ziemlicher Feger, und mit ihr war ich dann ein paar Monate zusammen. Ihre beste Freundin Tanja ist später meine Frau geworden. Sozusagen ein fliegender Wechsel. Sie kam aus der Lüneburger Heide und war aus ihrem Elternhaus geflohen. Sie war eine Intelligenzbestie, konnte Sprachen gut und war als Kind einer Akademikerfamilie viel in der Welt herumgekommen. Aber statt Medizin zu studieren, ging sie erst nach Berlin in eine Krankengymnastikschule. Ich selbst habe eine Allgemeine Verwaltungsausbildung gemacht, so etwas, womit man dann nach zehn Jahren Amtsrat ist. Das war bei mir auch eine gewisse Hilflosigkeit, weil ich meine Fähigkeiten nicht richtig einschätzen konnte. Daher habe ich diesen Broterwerbsberuf gewählt, mit der Absicht, dann auch mehr Zeit für mich zu haben. Mit meinem guten Abitur wollten die mich erst gar nicht nehmen, weil sie Zweifel hatten, dass ich das auf Dauer will. Aber ich habe hartnäckig darauf bestanden, so dass ich bis heute noch Beamter in der Senatsverwaltung bin.

Sexuell bin ich schon gut aufgeklärt worden. Seitdem ich dreizehn war, habe ich alles an Informationen aufgesogen, was ich bekommen konnte. Trotzdem war Tanja mit einundzwanzig die erste Frau, mit der ich im Bett war. Ich fühlte mich in dieser Hinsicht auch nicht zurückgesetzt im Vergleich zu anderen Männern, denn ich verkehrte in anderen Kreisen. Das war mehr diese spirituelle Szene, wo es um ganz andere Themen ging und um Meditation. Ein Freund, der aus der TM kam, hat mir das Meditieren beigebracht. Ich war damals immer monogam, hatte immer die hochromantische Vorstellung von der einen Ehe bis zum Lebensende, immer mit dem Bild meiner Eltern vor Augen.

Mit einundzwanzig bin ich zu Tanja gezogen, denn die Norwegerin war ausgezogen und dadurch wurde in ihrer WG ein Zimmer frei. Die Beziehung war etwas problematisch, denn eigentlich passte die Frau gar nicht richtig zu mir mit meinen bürgerlichen Vorstellungen von Ehe. Sie hat mich wohl aus irgendeinem Reflex heraus geheiratet. Ich war anders als ihr muffliger Vater, ich war eben der nette Junge. Ihre Mutter hat mich noch am Tag der Hochzeit gefragt, ob ich dieses Biest wirklich heiraten wolle. Tanja hat sich dann von der Verwandtschaft losgesagt und war so drauf, dass sie keinen mehr von denen eingeladen hat und ist später nicht zur Beerdigung ihrer Mutter gefahren. Da war so ein richtiger Bruch. Und ich war die heile Welt für sie. Sie bekam ja auch von meinen Eltern Zuwendung. Das ging eine Weile gut.

In der Zeit haben wir zwei Kinder gezeugt, das erste unfreiwillig, das zweite, damit das erste kein Einzelkind ist. 1990, nach sechs Jahren, war dann Schluss. Da erzählte sie mir, dass sie einen Norweger kennengelernt hätte. Sozusagen der umgekehrte Weg wie ich – ich hatte eine norwegische Freundin, durch die ich sie traf. Und sie lernte durch ihre Exfreundin einen Norweger kennen. Sie war aber auch schon während unserer Ehe fremdgegangen, das erzählte sie mir dann mit Schuldgefühlen. Ich hatte aber auch kurz etwas mit einer Kollegin gehabt. Es gibt da zwei Seelen in meiner Brust. Die eine reagiert mit Schreck und der Angst, »jemand nimmt mir die Frau weg«, und auf der anderen Seite habe ich so etwas Freiheitsliebendes.

Trotz meines monogamen Fundaments habe ich schon darüber nachgedacht, ob es nicht auch etwas anderes geben könnte. Ich habe zum Beispiel mal arrangiert, dass wir nachts mit meinem Freund zu dritt im Bett lagen. Ohne Sex, dafür waren wir noch zu gehemmt. Aber da fing ich schon an, mich zu verändern und auszuprobieren. Mit ihr hatte ich sexuell sowieso alles durchprobiert, da war ich sehr interessiert und gar nicht bieder. Aber ich schien nicht so richtig der zu sein, den sich meine Frau gewünscht hatte. Wir hatten auch lange Gespräche darüber. Und daher kam diese Trennung nicht so plötzlich. Mir ging es ja auch nicht mehr so gut in der Beziehung. Meine Frau bestand dann auf dem Sorgerecht, so dass die Kinder bei ihr blieben. Ich war bestrebt, ein einvernehmliches Verhältnis zu ihr zu behalten, auch wenn es manchmal ganz schön anstrengend war, so dass die Kinder nicht so hin und her gerissen waren. Lange Zeit hatte ich sie jedes zweite Wochenende bei mir.

Als ich die Ehe hinter mir hatte, hatte ich das Gefühl, ich muss noch einmal etwas über mich herausfinden. Ich war eigentlich ein guter Liebhaber, aber nie so richtig mit dem Gefühl dabei. Und so fand ich die Telefonnummer von einem Tantra-Institut. Das war dann schon in vieler Hinsicht für mich ein Experimentierfeld. Zum Beispiel hatte ich ein paar schwule Begegnungen, die ich aus Neugierde zugelassen habe. Zu dieser Zeit war Elisabeth auch dort. Ich hatte im Institut ein paar sexuelle Kontakte mit älteren Frauen. Die hatten alle so etwas Emotionales und wussten, was sie wollten, im Gegensatz zu mir. Ich fand das teilweise etwas bedrohlich, denn ich ruhe nicht so in mir, Frauen können mich leicht aus der Fassung bringen. In diesem Institut hatte ich erstmals einen richtigen Freundeskreis, bekam meine Streicheleinheiten und auch Sex. Ich habe Workshops mitgemacht, aber es war mehr eine Art Zuhause. Von dem Modell der monogamen Beziehung habe ich bis in die Zeit mit Elisabeth hinein nicht Abschied genommen.

Meine Traumbeziehung hatte ich nicht verwirklichen können, so wie ich es mit meiner Ehefrau versucht hatte. Und dann war ich misstrauisch, ob es mit den Frauen überhaupt funktionieren könnte, in einer monogamen, lebenslangen, romantischen Beziehung. So dass ich beschlossen hatte, das Thema Beziehung erst einmal als erledigt anzusehen. Ich überlegte dann, was es noch für Möglichkeiten gibt, Frauen zu begegnen. Ich hatte ja meine eigene Wohnung als Rückzugsraum und unternahm viel allein. Ein Dreivierteljahr lang hatte ich eine Affäre mit einer Margarete. Und im Institut bekam ich immer die Rückmeldung, dass sich die Frauen mit mir wohlgefühlt haben. Ich hatte auch nie Sex mit einer Frau, mit der ich nichts anfangen konnte. Allerdings waren es nicht so viele, außer Margarete nur noch zwei andere. Als ich dann mit Elisabeth zusammenkam, erhielt ich die Möglichkeit, das Leben mal aus einer anderen Perspektive zu betrachten. Wir haben uns sehr viel gespiegelt, was wir übereinander denken. Und da hat sie mir einfach mal klargemacht, was ich doch bis dahin für ein Spießer war.

ELISABETH: Das habe ich doch nie gesagt!

THOMAS: Sie hat einfach meine Beweggründe, Dinge so oder so zu tun, in Frage gestellt. Sie fand, dass ich zu viele Dinge nicht aus Lust mache, sondern um irgendeinem Prinzip zu entsprechen. Ja und die Frage, wollen wir eine monogame oder nicht-monogame Beziehung, war von Anfang an unser Thema. Als wir uns begegnet sind, hatten wir eine schöne Nacht miteinander und wollten eigentlich erst mal nichts weiter daraus machen. Wir sind wieder auseinandergegangen, außerdem hatte ich zu der Zeit eine mögliche neue Freundin, Svenja, kennengelernt, war verliebt und hatte daher eine so positive Ausstrahlung, dass ich für Elisabeth interessant wurde.

ELISABETH: Dieser an sich so biedere Typ hatte eine freche Seite, fast so frech wie die lesbische Frau, die mich damals so angemacht hatte.

THOMAS: Nach meiner Ehe bin ich einfach den Frauen gegenüber mutiger geworden. Elisabeth traf ich bei einer Freundin bei einer Party in der engen Küche, es war wenig Platz, so dass man sich zwischen den Küchenzeilen gerade gegenüberstehen konnte. Plötzlich kommt Elisabeth mir mit ihrem Bein entgegen und stellt es in Tuchfühlung neben meins. Und dann habe ich angefangen, dieses Bein mal zu erkunden, immer weiter nach oben …

ELISABETH: … und das macht man bei der ersten Begegnung eigentlich nicht, dachte ich mir so. Fand ich ziemlich frech, dass der gleich überm Knie angefangen hat.

THOMAS: Aber ich war nicht wirklich übergriffig, sondern bin dann irgendwann ins Wohnzimmer gegangen. Da fläzten alle herum und ich habe mich dazugelegt. Die Gastgeberin legte ihren Kopf auf meine Brust und irgendwann kam Elisabeth und legte sich auf die andere Seite. Die Gastgeberin ging dann woandershin und es begann eine lange Nacht auf dem Teppich.

ELISABETH: Es wurden auch immer weniger Leute. Wir haben ungefähr um halb eins angefangen …

THOMAS: … und aufgehört morgens um halb zehn. Ich hatte mich aber eigentlich nicht in Elisabeth verliebt. Ich empfand das als schöne Nacht, hatte auch nicht nach ihrer Telefonnummer gefragt, da sie ja gesagt hatte, dass sie einen Freund hätte. Und ich war meinerseits in Svenja verliebt. Mit ihr war es aber vorbei, bevor es angefangen hatte. Da war ich wohl etwas voreilig, weil sie noch halb in einer anderen Beziehung steckte. Ich habe dann die Gastgeberin gefragt, ob sie mir nicht Elisabeths Telefonnummer geben könne, und die hat den Kontakt zwischen uns vermittelt.

Sukzessive sind wir uns in den letzten zehn Jahren immer näher gekommen. Und ich habe Elisabeth am Anfang der Beziehung erzählt, wie wichtig es doch sei, monogam zu leben, während sie das Gegenteil vertreten hat. Elisabeth hat mir klargemacht, wie schön das doch mit anderen Frauen sein kann, und ich habe es irgendwann geglaubt und ausprobiert.

ELISABETH: Ich habe ja auch wahrgenommen, welche Aufmerksamkeit er für andere Frauen hatte, dass er Telefonnummern getauscht hat, aber es dann auf sich beruhen ließ. Und da habe ich ihn schon ermuntert, daraus etwas zu machen.

THOMAS: Meine Erinnerung ist, dass ich eine Frau traf, die mit einem anderen Mann liiert war. Ich war deswegen eifersüchtig, wollte aber mein Ideal der monogamen Beziehung auf der anderen Seite nicht aufgeben. Denn bevor ich Elisabeth kennenlernte, hatte ich mir vorgenommen, dass ich wieder eine Freundin wollte, aber für mich allein. Da habe ich nicht gedacht, dass Elisabeth das wäre. Es war zwischen uns am Anfang auch sexuell nicht ganz leicht. Da hatte ich noch meine Verspannung, war unsicher, erlebte Elisabeth als dominant, denn sie wusste, was sie wollte. Das verunsicherte mich, und ich war mir gar nicht sicher, was daraus wird. Durch sie habe ich aber gelernt, noch einmal anders über die Dinge nachzudenken. Teilweise habe ich mich wie ein Schüler gefühlt. Ich fragte mich, warum will die Frau so viel von mir, wenn sie so viel an mir zu kritisieren hat? Deshalb habe ich mich auch erst viel später innerlich auf sie einlassen können.

ELISABETH: Ich habe doch erwähnt, dass ich bei Joachim eine bestimmte Liebesqualität erlebt hatte, und die hatte ich eben bei Thomas auch gefunden. Deshalb habe ich mich so stark zu ihm hingezogen gefühlt. Und da hat mich dann sein klischeehaftes Denken total genervt. Deswegen hatte ich viel an Thomas zu kritisieren, habe ihn aber auf der anderen Seite total geliebt, weil er diese Liebesqualität, dieses Nahsein und sich bei mir Richtig-Fühlen eben auch hatte. Aber bei den Klischees haben wir inzwischen ganz viel aufgeräumt.

THOMAS: Ich hatte natürlich auch ein Auge für andere Frauen, zumal ich mich anfangs mit Elisabeth noch gar nicht richtig zuhause gefühlt hatte. Ich wusste nie, wie das mit ihr weitergehen würde, ob ich wirklich ihr Partner war, oder nur so eine Zwischenphase. Und ob ich es auf Dauer mit ihr aushalte. Elisabeth hatte dann irgendwann keine Lust mehr, mit anderen Männern ins Bett zu gehen.

ELISABETH: Ja, weil mir das eingeleuchtet hatte, was er mir über Monogamie erzählt hat. Ich habe zugehört und habe davon gelernt. Und dann fand ich es ganz erleichternd, nicht mehr so viele Männer zu brauchen und habe mich in seine Arme geworfen. Was mir einleuchtete, war, dass er sagte, wenn er mit einer Frau sexuell zusammen ist, dann möchte er auch für die Frau da sein. Denn etwas Sexuelles wäre etwas Intensives zwischen zwei Menschen. Nicht nur wie zusammen mal ein Bier trinken. Das wäre etwas, was tiefer geht. Und daraufhin habe ich mir meine sexuellen Abenteuer angeschaut und dachte mir – ja – genau. Er hat Recht. Das, was ich mit ihm habe, geht tiefer, und bei den anderen konnte ich mich gar nicht mehr richtig einlassen.

Monatelang haben wir geredet und uns wirklich zugehört. Und dann war ich irgendwann richtig erleichtert. Die Selbstverständlichkeit, mit der zum Beispiel im ZEGG oft auf einen Tanzabend ein sexuelles Zusammensein folgte, hat mich eigentlich belastet. Ich wollte das gar nicht immer miteinander verbinden. Da musste ich ziemlich viel »nein« sagen, das hat dann auch nicht jeder eingesehen, aber irgendwann war das Thema mal durch. Dann habe ich mit den anderen nur noch getanzt und es war auch gut.

Ja und dann bin ich mit Genuss »bürgerlich« geworden. Mit einem Mann ein Schlafzimmer zusammen zu haben! Das konnte ich mir nie vorstellen! Ich bin zu Thomas gezogen und fand das total toll, so ein bürgerliches Leben. Immer in einem Bett schlafen und andere Dinge, die ich zuvor abgelehnt hatte. Und dann habe ich die Schönheiten dieser Art zu leben entdeckt. Flüchtige Kontakte wollte ich überhaupt nicht mehr haben, die habe ich alle im ersten Dreivierteljahr abgebaut. Einem Lover aus dem ZEGG habe ich zum Beispiel gesagt: »Alex, wir können allen Spaß miteinander haben, aber keinen Sex.« Da waren er und andere erst mal sauer. Aber mit der Zeit haben sie sich daran gewöhnt. Denn wenn ich mit einem anderen Mann im Bett war, habe ich Sehnsucht nach Thomas gehabt. Das war der ausschlaggebende Punkt für diese Veränderung. Da gab es schon einige Dramen, und ich hatte auch ein schlechtes Gewissen, wenn ich mit dem einen oder anderen nicht mehr ins Bett wollte. Es ging aber nicht mehr. Mein Herz war monogam. Nur mein Körper hat mich noch ein bisschen getestet, ob das jetzt wirklich so ist.

THOMAS: Die Zeit war ganz spannend, weil ich irgendwie einen Weg finden musste, damit umzugehen. Denn es war zuerst mein Part, mich auf ein nicht-monogames Leben einzustellen und mich von meiner konservativen Einstellung zu lösen. Der geile Kerl in mir war aber mein Verbündeter gegen meine romantische Seite. Ich wollte ja eigentlich immer so ein »sauberes« Bild von mir haben. Als geiler Kerl gesehen zu werden, fiel mir anfangs schon etwas schwer. Aber das habe ich dann akzeptiert und wenn Elisabeth kam, sind wir erst einmal im Bett gelandet, so dass ich gemerkt habe, die anderen Männer sind keine Konkurrenz. Und da habe ich angefangen, sie zu fragen, was sie denn Schönes mit den anderen gemacht hat. Mir wurde bewusst, dass ich ihr das plötzlich gönnen konnte. Das hat eine Weile gebraucht, aber dann habe ich gemerkt, das ist ein Geschenk, wenn da ein Mann ist, der sie will, und das hat mich innerlich befreit. Ich konnte zulassen, sie nicht auf mich festzulegen. So dass das für mich irgendwann zu einer Überzeugung geworden ist. Und ich konnte mir auch meine Lust auf andere Frauen zugestehen.

Damit war für mich vieles geklärt, was als wesentliche Seite in mir schon lange Zeit vorhanden war, aber ein Schattendasein geführt hatte. Was es für mich seriös macht, ist, dass ich es dann auch ernst mit den Frauen meine. Ich hatte Angst, dass es mich zerreißt, wenn ich mit Elisabeth zusammen bin, aber das Gefühl habe, dass mich eine andere Frau braucht. Sie hat mir dann gesagt: »Weißt du, es gibt ein Resonanzprinzip – du wirst genau die Sachen erleben, die richtig sind und nicht dauernd irgendwelche Katastrophen.« Und das habe ich mir irgendwann zur Maxime gemacht. Ich habe dann auch Frauen kennengelernt, die mehr von mir wollten, aber alle haben unsere Beziehung respektiert. Denn für die anderen war erkennbar, dass wir eine intakte Beziehung leben. Eher war es so, dass sich die Frauen verabschiedet haben, als dass sie versucht hätten, mich auf ihre Seite zu ziehen. Die Frauen waren auch in einem Zwischenstadium – selten in einer festen Beziehung, sondern sie hatten gerade eine beendet oder wussten noch nicht so richtig, wo sie hinwollten. Da hab ich sie dann inspiriert, indem sie gesehen haben, wie wir zusammen sind und dass so etwas für sie vielleicht auch erstrebenswert sein könnte. Dadurch waren das nur kurze, vorübergehende Begegnungen. Mit Maike ist es die erste Beziehung, die sich so anfühlt, als wäre sie auf Dauer angelegt. Ich habe sie 2001 in einem Pärchenclub kennengelernt.

MAIKE: Da gab es sehr schöne familiäre Partys mit einer vertrauten, angenehmen Atmosphäre und ausgesuchten Menschen. Und irgendwann bin ich Thomas im Pool begegnet. Da waren wir zu dritt in einer Umarmung, aber Elisabeth ist dann gegangen. Ich dachte noch »Oh schade«.

THOMAS: Damals war es so, dass Elisabeth eine geschäftliche Beziehung zu diesem Clubbesitzer hatte und sich noch ganz gern in solche erotisierenden Situationen begeben hat. Anfangs verging die Zeit dort etwas zähflüssig. Dann gab es eine Tanzaufführung, die Maike und eine andere Frau dem Clubbesitzer geschenkt hatten. Da habe ich sie das erste Mal gesehen. Ich habe Maike im Pool getroffen und habe mich ihr genähert, indem ich sie einfach durch das Wasser getragen habe. Wir haben uns zwei Stunden auf diese Weise amüsiert. Ich dachte erst, dass das wieder eine schöne Begegnung würde, die dann aber bald vorbei ist.

Maike wollte zu dem Zeitpunkt auch nicht mehr. Aber sie tauchte dann wieder auf, als sich die Vorzeichen geändert hatten und ich mich, entgegen meiner Überzeugung, dass man mit zwei Frauen nicht eine gutgehende Beziehung haben kann, da einfach drauf einlassen konnte. Ich musste nicht viel kämpfen oder baggern, es löste sich auch nicht, wie sonst immer, schnell wieder auf. Es stellt sich heraus, dass Maike zwei Straßen weiter entfernt wohnt. Und es fühlte sich ganz leicht an. Dadurch, dass Maike und Elisabeth sich gut verstehen, ist es einfach ein Leben mit zwei Frauen, wobei Maike ihr eigenes Liebesleben mit einem anderen Mann hat. Ich habe gemerkt, dass es wichtig ist, in der Nähe einer intensiven Liebesbeziehung zu leben, aber auch etwas Eigenes zu haben. Und ich war froh, dass sich das weder für mich noch für sie ausgeschlossen hat.

MAIKE: So habe ich mir das auch gewünscht und habe das vorher schon mal ausprobiert. Aber es gab einfach ganz viel zu lernen. Es hat nicht immer so gut funktioniert. Da gab es schon Schmerzen und Enttäuschungen. Als ich vierzig geworden bin, habe ich mich von meinem Mann getrennt. Mit dem bin ich zehn Jahre lang monogam gewesen, und wir haben vier Kinder. Dann fing ich an, mich auf eine Entdeckungsreise zu machen. Ich wollte alles wissen über meinen Körper, über alle Facetten des Sex und habe ganz viel erkundet. Den tantrischen Weg, den Sadomaso-Weg. Performance. Alles Mögliche habe ich gemacht. Und dabei habe ich entdeckt, dass ich mit vielen Menschen gleichzeitig zusammen sein möchte, aber auch eifersüchtig bin, wenn jemand anderes das Gleiche tut. Das ist gar nicht so einfach. Denn es geht ja nicht, wenn ich mir das herausnehme, dass ich dann dem anderen sage: »Ich will aber nicht, dass du das auch machst.« Es war ganz schön viel zu lernen, wozu ich ja auch bereit war. In meiner zehnjährigen Ehe lief ja nicht viel. Und die Lust war mein Antrieb, die Freiheit, sie zu bejahen, hatte ich eigentlich schon immer vor. Ich bin ein sehr lustvoller Mensch, ob das nun heißt, lustvoll ein Eis zu schlecken oder lustvoll mit jemandem im Bett zu sein – es ist alles mit ganz viel Lust verbunden und einfach eine Riesenantriebsfeder für mich. Wenn man mal hinschaut, was die Menschen aus Lust machen, es ist unglaublich. Man unterschätzt das vermutlich. Natürlich habe ich mich gefragt, ob das richtig ist, wie ich bin, angesichts der vielen Privilegien, die auf der männlichen Seite ausgelebt werden durften, ob die auch für mich gelten können, ob es andere Frauen gibt, die auch so sind, die Männliches und Weibliches in sich haben und das leben wollen. Da sind schon verrückte Sachen passiert, wie zum Beispiel, dass ich eine Zeit lang meine männliche Seite ausgelebt habe und dann nur Männern begegnet bin, die von mir mit Umschnalldildos gevögelt werden wollten. Oder es gab Frauen, mit denen ich verschiedene Dinge ausprobieren wollte. Und auch ganz viele Gespräche. Denn es war mir nicht nur wichtig, viel auszuprobieren, sondern genauso wichtig, mit den Leuten zu reden. Es gab Konstellationen mit drei Frauen oder zwei Frauen und einem Mann, die ich ausgelebt habe. Eine Geschichte war zum Beispiel, dass ich Silvester von einem Liebsten eingeladen wurde, und der hatte noch zwei andere Frauen dazu eingeladen – und so waren wir drei Frauen und ein Mann! Ich dachte, es wäre eine große Silvesterparty, und nun das. Ich meinte, das ist ja wie ein Harem hier, das will ich ja gar nicht. Ich möchte eigentlich Hauptperson sein. Er hat mich gefragt, warum ich denn die Hauptperson sein will und warum es so, wie er sich das dachte, nicht geht. Da habe ich dann die Form des Zwiegesprächs[*] kennengelernt, in der wir so lange miteinander geredet haben, bis alles ausgesprochen war.

---

[*] Nach Michael Lukas Moeller: *Die Liebe ist das Kind der Freiheit*, Rowohlt 1998.

Das hat zweieinhalb Stunden gedauert und daraufhin hat sich eine der Frauen verabschiedet und gesagt, sie könne das nicht. Die andere ist geblieben, und wir hatten eine sehr schöne Silvesternacht zu dritt. Da konnte ich ohne Eifersucht und Konkurrenzgedanken sein, und es hat mir sehr gefallen. Ich bin viel auf Swingerclub-Partys gegangen, um Menschen zu finden, die ähnlich denken oder fühlen und alles austesten. Teilweise habe ich solche Menschen auch gefunden. Mit einem hatte ich eine anderthalbjährige Partnerschaft, wo ich wirklich praktiziert habe, dass er offiziell zu anderen Frauen gehen konnte oder im Club, dass man sich da vergnügt und eine andere Person ist dabei. Wie fühlt sich das an, wenn ich eine Frau im Arm habe, und er vögelt diese Frau? Total schön, irre! Aber man muss erst einmal mit sich selbst im Reinen sein. Das Selbstbewusstsein, dass ich richtig bin, so wie ich bin, das ist der Ausgangspunkt. Sonst geht das nicht. Sonst kommen immer wieder Zweifel, ob ich dem Partner nicht genug bin, oder: Warum ist die andere bei ihm, was fehlt da? Sondern das Gefühl zu haben, es ist alles in Ordnung, ich muss nämlich nicht alles können, was andere können. Die andere Person kann ruhig etwas haben, was ich nicht haben muss. Ich kann weder alles haben noch alles machen, das geht nicht.

Und genauso finde ich bei einem anderen Dinge, die ich vielleicht mit meinem Partner oder meiner Partnerin nicht machen kann, weil die einfach so einmalig, so unterschiedlich und toll sind. Jetzt, seit einiger Zeit, habe ich wieder einen festen Partner, unabhängig von dieser Dreierbeziehung, und das ist wunderbar, das fühlt sich total gut an. Und dem habe ich gleich gesagt, dass ich diese Beziehung hier mit Thomas behalten möchte und dass sie weiter wachsen soll. Er hat dafür ganz viel Verständnis und weiß, dass auch er nicht alles können muss, nicht alles hat, nicht alles geben kann. Ich möchte mit ihm eine Verbundenheit spüren, aber nicht an ihn allein gebunden sein. Eigentlich könnte er jetzt in diesem Moment auch hier sein. Im Grunde ist es eine Viererbeziehung, nur ist er heute bei einer anderen Frau und wird mich nachher anrufen. Wir beide sind ein Kern, genau wie Elisabeth und Thomas. Und daneben gibt es eben diesen Dreierkern, der noch nicht sehr gewachsen ist. Es ist ein ganz vorsichtiges Annähern, und wir wissen noch nicht, wie das wird. Es kann wachsen, in welche Richtung auch immer.

ELISABETH: Maike hat ja vor einer Weile den Umarmungs-Test gemacht. Wir waren da zu viert zusammen, und Maike meinte, sie möchte, dass wir uns jetzt mal zu viert umarmen. Dann haben wir das gemacht, und es hat gestimmt, es war toll! Und Maike weiß jetzt, dass wir alle auch zusammenpassen, obwohl es anders ist – das ist eben Maikes Freund, und wir finden ihn nett und können ihn umarmen, aber das ist etwas anderes, als bei uns integriert zu sein. Wer weiß, wo es noch hinführt. Aber ich will mich gar nicht weiter verzweigen in die männliche Richtung.

MAIKE: Das ist auch völlig okay. Ich bin einfach froh, dass es so sein darf. Dass ich von Elisabeth und Thomas ganz viel lernen kann. Ich bin zufrieden und weiß einfach, da wird noch ganz viel wachsen, das ist so lebendig und offen. Wir sind auch zu dritt sexuell zusammen oder zu zweit, je nachdem. Ich bin eher seltener mit Elisabeth allein, weil sie lange arbeiten muss, aber das kann passieren, und ich bin dankbar dafür, dass Thomas mich besuchen kann. Ich finde das total schön und achtsam. Manchmal war es ja klar, dass er bei mir bleibt, aber wenn es nicht vorher klar war, dann hat er angerufen und gefragt, wie es Elisabeth damit geht. Da habe ich etwas gelernt, was ich weitergebe, in meine andere Beziehung hinein. Dass man einfach den Partner fragt, wenn ich jetzt bei der anderen Person bin, ob es für ihn stimmig ist oder ob es ihm heute vielleicht nicht so gut damit geht. Also dass man da keine Selbstverständlichkeiten etabliert, sondern auch zulassen kann, wenn es einem selbst oder dem anderen mal nicht passt. Das darf auch sein. Ich muss nicht immer cool und stark sein, ich darf auch schwach sein und zugeben, heute geht es nicht, heute möchte ich dich allein für mich. Einmal hatte ich mir gewünscht, dass Thomas dableibt. Da ging es aber Elisabeth nicht so gut und sie wollte, dass er nachhause kommt. Ich dachte im Stillen, ich verstehe es, aber eigentlich ist er doch nur einmal die Woche bei mir, er könnte doch bei mir schlafen, heute Abend will ich ihn haben. Und das konnte ich aber später auch sagen und auch verstehen, warum das so ist. Ich finde es einfach gut, dass immer nachgefragt wird, ob es stimmig ist.

ELISABETH: Das finde ich toll, dass auch Maike sagt, was ist. Und das ist nicht immer das Bequemste, aber ich weiß dann Bescheid.

THOMAS: So eine Situation wie zwischen uns ist eigentlich nur möglich, wenn unbedingte Sympathie zwischen allen Beteiligten herrscht. Ich weiß nicht, wie das bei anderen Paaren ist. Meine Erfahrung ist, es geht nur, weil sich Elisabeth mit der anderen Frau versteht. Es ist einfach sonst zu eng, gerade bei Interessenkonflikten. Was mache ich denn, wenn eine der beiden sagt, sie möchte mich gern bei sich haben und die andere vor Eifersucht vergeht?

MAIKE: Und für mich muss das Einverständnis der anderen Frau da sein, damit ich das auch wirklich genießen kann. Ich weiß, dass Elisabeth einverstanden ist und sich freut, sich allein einen schönen Abend macht und dass es von ihr aus wirklich ein Ja ist. Unterhalb dessen möchte ich nichts mehr. Ich möchte nicht mit einem Mann oder einer Frau zusammen sein, wenn ich weiß, da gibt es jemand anderen, der darunter leidet.

Das hatte ich vor einiger Zeit auch erlebt. Da gab es ein Pärchen, die sind seit zwanzig Jahren zusammen und der Mann hatte sich das erste Mal mit einer anderen Frau eingelassen – das war ich. Er meinte, er lügt seine Frau nicht an, er sagt es ihr. Es gab dann sehr viel Tränen und Schmerz. Sie wollte es vom Kopf her, aber sie konnte es nicht wirklich. Sie hat einfach nur darunter gelitten. Wir haben uns dann zu dritt getroffen und das Ende war so, dass ich diese Frau in meinen Armen hielt. Ich hatte sie um Erlaubnis gefragt, ob ich sie halten und trösten darf. Es war nichts Erotisches dabei. Ich fühlte mich sehr beschenkt und sie hat sehr geweint.

Aber ich habe dann beschlossen, diese Beziehung abzubrechen. Denn ich mochte dieser Frau nicht wehtun. Ich wollte auch keine gestohlene Zeit genießen und den Mann in die Lügerei hineindrängen. Er hat zwar gesagt, er möchte nicht lügen, aber es wäre darauf hinausgelaufen. Ich will auch nicht lügen und will nicht, dass sich jemand betrogen fühlt. Hier dagegen darf ich sein. Wenn irgendetwas unstimmig ist oder sich komisch anfühlt, fragt Elisabeth sofort nach, solange bis es geklärt ist. Das finde ich toll. Und ich mache es auch. Niemand muss sich davon persönlich betroffen fühlen, wenn einer lieber nachhaus geht oder wenn man ihn darum bittet zu gehen. Es ist einfach in Ordnung, es ist okay so, wie es ist. Das ist einfach befreiend, mit Menschen zusammen zu sein, die so einen Weg gehen wollen.

Wenn ich mich frage, woher ich diese Bereitschaft und Fähigkeiten habe, dann fällt mir ein, dass ich als Erzieherin zwanzig Jahre lang Kinder erzogen habe. Kinder sind total direkt. Da habe ich ganz viel gelernt, und es hat sich manches bei mir verändert. Dann habe ich eine Ausbildung gemacht als Pantomimin und Clown. Dabei habe ich auch sehr viel über mich und die Menschen erfahren, habe gelernt, zu provozieren, direkt zu sein, keine Angst zu haben, einfach mutig zu sein. Dadurch ist das alles so gewachsen. Ich bin ziemlich frech und total neugierig. Lust und Neugier sind bei mir ganz stark.

ELISABETH: Liebesmäßig fühle ich mich wie im Paradies. Ich habe gelernt, so zu sein, weil ich es wirklich lernen wollte. Ich hatte mir mit zweiunddreißig mal das Ziel gesetzt: Ich erschaffe die ideale Partnerschaft. Und dann habe ich diesem Satz nachgespürt. Bücher gelesen. Paare befragt. Habe geschaut, wie es andere machen. Und siehe da – es klappt jetzt!

MAIKE: Wenn man so eine Vision im Kopf hat, dann ist schon einmal die Hälfte davon da.

THOMAS: Es gibt noch einen anderen Begriff – »in der Fülle leben«. Und das heißt für mich, nicht mehr in der Angst zu sein, dass mir etwas weggenommen wird, sondern grundsätzlich einverstanden zu sein mit dem, was da ist.

Zwischen den Geschlechtern

Carmen (25, Studentin)
und Stefan (32, Computerhacker)*

CARMEN ERZÄHLT: Ich wurde in der ehemaligen DDR, in Berlin, geboren. Meine Mutter und mein Vater waren nicht verheiratet, und wir lebten in Prenzlauer Berg. Dort bin ich aufgewachsen. Mit drei oder vier Jahren nahm mich meine Mutter mit zu einer Turnvorführung. Die fand ich so toll, dass ich unbedingt Turnerin werden wollte. So habe ich mit vier Jahren angefangen, Geräteturnen zu trainieren. Als ich sechs Jahre alt war, hat der Verein mich aber rausgeschmissen, angeblich, weil ich die geforderten Leistungen nicht mehr erbrachte. Ich bin dann zum Wasserspringen gegangen, auch als Turmspringen bekannt. In der ersten Klasse war ich die Anführerin, weil ich durch den Sport ziemlich stark war, und hatte meine eigene Gang, hauptsächlich Jungs, die ich alle unter meine Kontrolle gebracht habe. Auch meinen großen Bruder, der in der gleichen Schule war, aber zwei Jahre älter ist, habe ich beschützt.

Damals haben sich meine Eltern getrennt. Mein Vater ist nämlich in den Westen abgehauen und meine Mutter hatte es nicht gewagt, mit uns zwei Kindern zu fliehen. Seitdem wurden wir von unserer Mutter allein erzogen und haben sie uns als starke Frau zum Vorbild genommen. Sie war damals Programmiererin in einem großen Betrieb, der später von einer Westfirma übernommen wurde. Sehr schnell hat sie dann angefangen, sich politisch zu engagieren, indem sie sich in den Betriebsrat wählen ließ. Sie kämpft bis heute dort für die Rechte der Arbeitnehmer und ist eine der

---

*   Besonders qualifizierter Programmierer mit hohem Ansehen in der IT-Szene.

großartigsten Frauen, die ich kenne. Als ich in der dritten Klasse war, kam ich, weil ich so gut im Wasserspringen war, auf eine spezielle Sportschule in Prenzlauer Berg. Da war ich in einem völlig neuen Klassenverband mit den Leuten aus meiner Trainingsgruppe. Aber ein Jahr später kam die »Wende«, mit der Folge, dass die Sportschule zu einem Gymnasium umstrukturiert wurde. Weil Gymnasien aber erst ab der Fünften zugänglich waren, musste meine gesamte Klasse noch ein Jahr auf eine normale Schule gehen, bevor wir geschlossen wieder zurückkehrten. Jedenfalls ging ich ab der fünften Klasse auf dieses Sportgymnasium und habe mich anfangs sehr gut mit den Leuten verstanden. Ich hatte auch Freunde. Aber dann merkte ich mit der Zeit, dass ich intellektuell nicht so gut mit den anderen Schülern zusammenpasste. Ich war immer an allem interessiert und habe darum auch aktiv mitgearbeitet, was den anderen überhaupt nicht gefallen hat. Da wurde ich dann als Streberin ausgegrenzt, und man lästerte über mich.

Als die Mädels in die Pubertät kamen, fingen sie mit irgendwelchen Boygroups an und turtelten, hysterisch wie die Hühner, mit ihren Liebschaften herum. Das war alles überhaupt nicht meine Sache, denn ich hatte über so etwas noch gar nicht nachgedacht. Es interessierte mich schlichtweg nicht. Damit die anderen keine blöden Fragen stellen, habe ich immer erzählt, ich hätte einen Freund. Irgendwann dachte ich aber, ich müsste etwas ändern. So ging es einfach nicht weiter. Zu dieser Zeit hatte meine Mutter auch ihren jetzigen Freund, sozusagen meinen Zieh-Papa, kennengelernt, der von Beruf Bassist ist. Der hatte, als ich zwölf war, erkannt, dass ich ein musikalisches Talent habe. Mein Bruder hatte damals nämlich eine Orgel in seinem Zimmer und obwohl ich meistens mit Leistungssport beschäftigt war, habe ich auf dieser Orgel heimlich ein paar Stücke gespielt. Meine Mutter hat mich daraufhin gefragt, ob ich Klavierunterricht nehmen wolle. Das fand ich toll. Ich hätte mich nie getraut zu fragen, denn in meinen Augen war ich die Sportlerin und die Musik die Domäne meines Bruders. Ich habe dann durch das Klavierspielen meine Liebe zur Musik entdeckt.

Mir wurde immer mehr klar, wie wenig ich mit den Mitschülern an der Sportschule gemein hatte und dass mir der Leistungssport zwar Spaß macht, aber mich die Musik viel mehr reizt. So bin ich dann nach der zehnten Klasse auf ein anderes, musikalisch orientiertes Gymnasium gewechselt. Da habe das erste Mal Leute getroffen, denen ich erzählen konnte, dass ich ein Buch gelesen habe und die dann nicht komisch geguckt haben, sondern sogar meinten, sie hätten dasselbe Buch gelesen. Endlich konnte ich mich darüber richtig unterhalten! Zu diesem Zeitpunkt hatte ich auch schon mehr über meine Sexualität nachgedacht, habe aber bemerkt, dass Jungs nicht so mein Ding sind. Die waren alle so einfach gestrickt und viel zu leicht zu beeindrucken. Irgendwie waren sie keine Herausforderung und für mich allenfalls geeignet, meine Interessen leichter durchzusetzen, wenn ich zum Beispiel im Baumarkt ein bestimmtes Regalteil nicht fand. Ein simpler Augenaufschlag genügte und schon boten sie mir an, das gesuchte Regal auch noch aufzubauen.

Aber ich hatte damals eine beste Freundin, mit der ich mich prima verstand. Dummerweise war sie weggezogen und veränderte sich immer mehr. Dadurch drohte unsere Freundschaft zu scheitern. Durch meine Angst, sie zu verlieren, habe ich irgendwie gemerkt, dass ich mich in diese Freundin verliebt hatte. Ich konnte mit diesen Gefühlen nicht so richtig umgehen, hielt es aber für eine sehr gute Erklärung, weshalb ich mich nicht so für Jungs interessierte. Von da an versuchte ich herauszufinden, ob ich vielleicht lesbisch bin, und begann, mich intensiv mit solchen Fragen zu beschäftigen. Auf dieser Musikschule verliebte ich mich viel später in eine andere Freundin, der ich das dann auch gestanden habe. Das war quasi mein Outing. Aber sie begriff entweder die Ernsthaftigkeit meiner Gefühle nicht oder wollte sich nicht so sehr darauf einlassen. Jedenfalls sagte sie von sich selbst, dass sie nicht lesbisch sei, und ich fühlte mich mit meinen Gefühlen unverstanden. Entsprechend war ich eifersüchtig, als sie dann einen Freund hatte, und habe durch beklopptes Benehmen auch unsere platonische Beziehung kaputtgemacht.

Ich hatte angefangen, ihr Briefe mit Liebesgedichten zu schreiben, weil das irgendwie in mein Selbstbild von der ungeliebten Liebenden passte. Klar, wollte ich meine Enttäuschung kompensieren. Früher hatte ich schon Tagebuch geschrieben und wusste, dass mir Schreiben hilft, meine Gedanken zu ordnen und mich selbst besser zu verstehen. Diesmal wollte ich aber auch eine »schöne Sprache schaffen«, ein Kunstwerk. Ich selbst fand Dichtung schon immer beeindruckend und mit meiner Dichtung wollte ich ihr nun imponieren. Obwohl meine Rechnung nicht aufging, hatte ich meine Texte irgendwie ins Herz geschlossen. Ich fing an, sie in einem lesbischen Internetforum zu veröffentlichen, um Gleichgesinnte kennenzulernen. Ich habe mich dann nacheinander mit drei verschiedenen Frauen verabredet. Aber irgendwie war das nicht so toll. Ich fand, dass die zum Miteinander-Schreiben ganz nett waren. Aber ich konnte mir nicht vorstellen, mit solchen Frauen eine Beziehung zu haben, denn die kamen mir auch irgendwie oberflächlich vor. Ich habe dann immer überlegt: »Bin ich wirklich lesbisch?«, aber fand keine schlüssige Antwort darauf.

Ich merkte irgendwann, dass ich mich in Gegenwart von Intellektuellen sehr wohl fühlte und mich mit denen super verständigen konnte, auch wenn alle Welt sie für sozial inkompetent hielt. Auf der anderen Seite fühlte ich mich sofort unterfordert, wenn ich merkte, dass mir Menschen auf meinem Niveau nicht folgen konnten, so dass ich mich in deren Gesellschaft immer als Außenseiterin gefühlt oder mich auch bewusst als solche inszeniert habe. Aus diesem Grunde konnte ich mir überhaupt nicht vorstellen, eine klassische Beziehung zu haben. So exzentrisch und kompliziert wie ich bin, dachte ich, kann das überhaupt mit niemandem klappen. Es gab zwar Jungs, die sich für mich interessiert und mich angebaggert haben. Aber die langweilten mich eher, und ich ließ sie abprallen. Ich hatte während meiner gesamten Pubertät weder Sex noch eine Beziehung, denn nie traf ich jemanden, der in mein Muster passte, das ich aber selbst nicht genau hätte beschreiben können.

Ich habe dann die Anna kennengelernt. Die hatte mich getröstet, als ich so unglücklich in meine Freundin verliebt war, und irgendwie hatte sich Anna dabei wohl in mich verliebt. Damit hatte ich kein Problem, denn Anna ist geistig auf meiner Höhe, wir verstehen uns prima, und sie gehört noch heute zu meinen besten Freundinnen. Dummerweise ist sie nicht die Frau, mit der ich gern ins Bett steigen würde, sonst hätte es mit uns beiden ja prima klappen können. Abgesehen davon hat Anna einen Freund, den Edwin, der ist zwar auch nicht mein Typ, aber dafür schlau und individuell und überhaupt ein prima Kerl. Edwin verkehrt in der Computerhackerszene und beide nahmen mich im Sommer auf verschiedene Festivals mit, unter anderem auf dieses große Hackerfestival in Holland vor zwei Jahren. Abgesehen davon, dass ich angefangen hatte, meine Gedichte im Internet zu veröffentlichen, hatte ich damals noch nicht viel Ahnung von Computern, aber die Leute waren irgendwie alle total verrückt, so dass ich mich unter ihnen wohlfühlte.

STEFAN: Immerhin hattest du deine Webseite schon selbst programmiert.

CARMEN: Ja, und auf dem Festival habe ich dann Stefan kennengelernt. Der stand da, mit langen Haaren und einem Rock, so dass ich, als ich ihn sah, erst mal nicht wusste, ob es ein Mann oder eine Frau ist, mit einem rosa Armbändchen um, und ich fragte ihn: »Du sag mal, sind die rosa Bändchen für Schwule?« Ich hatte das irgendwo so gelesen, und er wohnte ja in seinem Festival-Bus auch zusammen mit einem anderen Jungen. Er sagte mir aber, dass das eine andere Bedeutung hätte, und lud mich auf einen Milchkaffee ein. Das Festival hat mir sehr gefallen und nachdem wir wieder zuhause waren, habe ich Stefan öfter mal über Internet-Chats »hallo« gesagt. Da haben wir uns über das Frausein unterhalten, weil er fasziniert davon war und viel über Transgender und ähnliche Dinge nachdachte. Ich meinte dann: »Nur dumm, wenn man sich für das Frausein entscheidet und einem nach zwei Wochen einfällt, dass man doch lieber ein Mann sein will.« Über solche Themen haben wir sehr locker gesprochen, als wir uns dann wieder persönlich trafen. Irgendwann waren wir gemeinsam auf einer Finissage und später noch bei Anna und Edwin. Aber als die beiden schlafen gehen wollten, waren wir noch nicht müde. Wir standen schließlich vor der Tür, weil wir hinauskomplimentiert worden waren, und da fragte mich Stefan, ob wir nicht kuscheln gehen wollen, und ich sagte einfach ja. So hat das damals mit uns angefangen.

STEFAN ERZÄHLT: Ich stamme aus Magdeburg, bin aber im Wesentlichen in Berlin-Köpenick groß geworden und habe noch einen Bruder. Es stellte sich relativ früh in der Schule heraus, dass ich ziemlich schlau bin. Das hat glücklicherweise aber nicht zu Ausgrenzungen geführt und war von daher sehr erträglich. Ich habe mich immer schon für Technik interessiert und früh mit Elektronik beschäftigt. Irgendwann hat mein Vater mir einen Computer hingestellt, da war ich zwölf Jahre alt. Das war einer aus dem Westen und insofern schon etwas ganz Besonderes in der DDR. Ich kannte damals wahrscheinlich alle anderen Leute in meinem Alter in Ostberlin, die auch einen Computer besaßen, und traf mich mit denen wöchentlich regelmäßig. 1991, nach dem Mauerfall, wurde die Firma, in der mein Vater arbeitete, von einer West-Firma übernommen, und er wurde nach Stuttgart versetzt, so dass ich mit dorthin ziehen musste. Ich habe dann am Technischen Gymnasium ein Technisches Abitur gemacht. Da waren nur Jungs in der Klasse. Ich hatte natürlich schon gemerkt, dass ich auch ein Interesse am anderen Geschlecht hatte, aber ich bin nie dazu gekommen, mich damit auseinanderzusetzen, weil ich mich viel zu viel mit Computern und ähnlichem Kram beschäftigt habe. Mir fehlte einfach auch der Kontakt zu Kreisen, in denen überhaupt die Gelegenheit bestanden hätte, mich zu verlieben. Es hätte ja jemand sein müssen, mit dem ich mich unterhalten konnte, denn die populäre Kultur habe ich zwar wahr-, aber nicht besonders ernst genommen. Ich fand den Computerkram viel zu spannend. Es gab damals Mailboxnetze, das war sozusagen der Vorläufer des

Internets. Da hat man sich von Modem zu Modem angerufen und konnte auf dem angerufenen Computer eine Nachricht hinterlassen. Die waren auch untereinander vernetzt, weltweit. Als ich fünfzehn war, hatte ich schon zu einer Zeit, als das absolut unüblich war, Kommunikation mit Gleichgesinnten aus anderen Ländern. Im Vergleich dazu war es in Schwaben natürlich nicht besonders spannend. Als ich dann mein Abitur in der Tasche hatte, bin ich wieder zurück nach Berlin gegangen. Ich wusste ja, da gab es einen größeren Kreis von Leuten als in Stuttgart, die sich wie ich für Computer interessierten. Nicht nur zwei oder drei, sondern zehn bis zwanzig. Mittlerweile wuchs unser regelmäßiger Donnerstags-Treff mit dem Chaos-Computer-Club aus dem Westen zusammen. Das war eine der am schnellsten stattgefundenen Wiedervereinigungen nach der Wende, die ich überhaupt erlebt habe.

Als mein Vater einmal meinte, dass wir uns »mal unterhalten müssten«, er mich also über Sex aufklären wollte, meinte ich nur: »Ich kenne euren Bücherschrank.« Da standen mehrere Jahrgänge der Zeitschrift *Das Magazin* und Aufklärungsbücher wie *Mann und Frau intim*.[*] Ich bin als Jugendlicher auch viel in Bibliotheken gegangen und habe mir öfter mal vier Bücher auf einmal ausgeliehen und die dann bis zur nächsten Woche ausgelesen. Meinem Vater erklärte ich also, dass ich schon umfangreich informiert sei. Schon damals hatte ich interessante Träume, die zum Beispiel mit Fesselungen zu tun hatten. Im Nachhinein würde ich sagen, dass ich, was Sex betrifft, eine von dem in den Medien vermittelten Bild »normaler« Sexualität abweichende Prägung hatte. In den Mailboxnetzen gab es natürlich Frauen, wenn auch wenige. Es gab erotische Texte, die das komplette Spektrum von abgefahrenen Dingen präsentierten: SM, Transgender-Geschichten, Gruppensex und auch die illegalen Dinge wie Inzest, Zoophilie. Da habe ich

---

[*] *Das Magazin* war lange Zeit in der DDR die erste und einzige Zeitschrift, die Aktfotos veröffentlichen durfte und in der offener als üblich über erotische Themen geschrieben wurde. Siegfried Schnabls *Mann und Frau intim* (Rudolstadt 1969) war das erste ernstzunehmende Aufklärungsbuch in der DDR.

viele komische Sachen gelesen. Normaler Zugang zu Mädels, so dass ich mit ihnen intim werden konnte, war einfach nicht drin. Meine Erklärung war, dass ich für die Mädels durch das Standardsuchraster »Jungs« gefallen bin. Ich entsprach einfach nicht dem männlichen Attraktivitätsklischee.

In Berlin fand ich dann in der Hackerszene Leute, die auf Technopartys gegangen sind. Ich fand die Musik interessant, weil sie neu war und nicht das, was andere Leute hörten. Außerdem waren die Partys ziemlich gut, und ich interessierte mich damals auch für Drogen, was, wie ich dann feststellte, durchaus eine tolle Sache war. Während eines Drogentrips lernte ich tatsächlich Mädchen kennen, die nett waren, mit denen ich mich unterhalten konnte, die ich danach wiedergetroffen habe. Dadurch lernte ich Sibylle kennen, die später Mutter meines Kindes wurde. Das ist mittlerweile sieben Jahre alt und lebt die halbe Zeit hier bei Carmen und mir. Mit Sibylle funktionierte es endlich auch mal mit dem Sex. Die Beziehung lief aber irgendwann auseinander, als sie etwas mit meinem besten Freund anfing, es erst nicht erzählte und dann doch, denn sie war schwanger und wusste nicht, von wem das Kind war. Ich habe darüber nachgedacht, ob es mich stören würde, wenn ein guter Kumpel mit meiner Freundin Sex hätte. Problematisch daran war, dass sie mal sagte, sie macht es nicht mehr, und es dann aber doch tat. Auf der anderen Seite war sie aber schon eifersüchtig, wenn ich mich mal mit anderen Frauen traf, selbst ohne mit ihnen im Bett zu landen. Fünf Jahre lebten wir zusammen, bis es nicht mehr ging. Wir verstanden uns nicht mehr, und bestimmte Sachen funktionierten einfach nicht. Obwohl sich nach der Geburt herausgestellt hatte, dass das Kind von mir war, zog Sibylle zu einem anderen Typen, und ich war erst mal wieder Single.

Die paar Jahre Sex mit ihr hatten viele Bedürfnisse zu experimentieren bei mir offengelassen. Aber es funktionierte auch menschlich nicht mehr. Aber dann habe ich über Hackerkreise Leute aus Amsterdam kennengelernt, die waren selbsternannte Hippies. Von denen hieß es hinter vorgehaltener Hand, dass sie eine Orgie veranstalten würden. Klingt doch gut, dachte ich mir. Ich wurde dann immer wieder auf deren Partys eingeladen. Dort fand ich mich zum Beispiel auch mal mit dem Hausherrn und einem jungen Mädel in der Badewanne wieder, während sich seine Frau einen Mathematiker geschnappt und aufs Sofa gezerrt hatte. Das hat mir einfach Spaß gemacht. Ich fand es gut, dass es Leute gibt, die sich mit ihren Bedürfnissen keinen Stress machen. Die offensichtlich in der Lage waren, in ihrer Beziehung mit Sex auf eine Weise umzugehen, die den Spaß für alle Beteiligten mehrt.

Ich war mit Alexandra, meiner nächsten Freundin, auf einer dieser Partys gewesen, außerdem mit Ina, ihrer Schwester, und Kurt, mit dem ich damals gut befreundet war. Ich hatte mit vielen Hackern gute Männerfreundschaften. Das waren Beziehungen, in denen man ein paar Jahre viel miteinander gearbeitet hat und wenn die Umstände günstig gewesen wären, dann wäre man sicher auch miteinander ins Bett gestiegen. Vorausgesetzt man hätte sich eingestanden, dass das da eine Lust ist, die man ausleben könnte. Mit Kurt hatte ich später tatsächlich einmal Sex. Damals klagte ich ihm aber mein Leid, wie schlimm es wäre, keine Freundin mehr zu haben, und er arrangierte dann, dass ich mitkommen konnte, als er mit Alexandra und ihrer Schwester auf diese besagte Party nach Amsterdam fuhr. Er kannte die beiden aus dem Internet, aus einem Chat, obwohl das damals noch nicht so normal war wie heute. Heutzutage ist ja der Geschlechteranteil bei den Teenagern im Internet ziemlich ausgewogen, und es ist das Haupt-Dating-Medium. Das war damals noch nicht so.

Jedenfalls war Kurt in die Alexandra verknallt. Aber auf der Party wollte Alexandra dann lieber mit mir auf der Couch schlafen, statt mit Kurt. Sie ist eine ganz liebe und intelligente Frau. Wir haben uns hervorragend verstanden. Das funktionierte einige Jahre sehr gut, auch im Bett. Natürlich war ich in sie verliebt. Aber nach den Erlebnissen in Amsterdam habe ich ihr gesagt, dass ich gern eine offene Beziehung führen würde, woraufhin sie meinte: »Okay, wir gucken mal.« Später meinte sie dann aber, dass sie das nicht kann und ob es für mich ein Problem wäre, wenn wir monogam lebten. Zu diesem Zeitpunkt war es keins. Am Anfang war alles toll, was den Sex angeht, da gab es keine anderen Bedürfnisse, es war einfach geil. Im Verlauf der folgenden Jahre stellte sich aber heraus, dass ich mit ihr überhaupt nicht experimentieren konnte. Mit ihr zu reden, dass ich bestimmte Bedürfnisse jenseits des Normalen hatte, die ich gern umsetzen wollte, war absolut unmöglich. Sie war schon bereit, sich mal von mir ans Bett fesseln oder von mir kitzeln zu lassen. Aber sie meinte dann, dass das nichts für sie wäre. Oder auch mal in der Öffentlichkeit aneinander herumfummeln, das ging halt nicht, da war sie zu zurückhaltend.

Zusammen mit ihr, ihrer Schwester Ina und ihrer besten Freundin Marianne bin ich auch auf Technofestivals gefahren. Wenn wir zusammen Ecstasy genommen hatten und miteinander kuschelten, stellte ich fest, dass es bei aller Liebe zu Alexandra schön wäre, mit ihrer Schwester und ihrer Freundin zu kuscheln. Durch die Wirkung der Droge hatte ich mit Ina über Dinge gesprochen, über die ich normalerweise nicht redete, unter anderem über meine Sexualität. Wir unterhielten uns über das, was ich so gelesen hatte in Bezug auf SM, Dominanz, Fesseln, Transgender, Gruppensex, dass das alles Sachen seien, die ich faszinierend fände und die ich gern ausprobieren würde. Ich hatte immer mehr das Gefühl, dass ich dem nachgehen müsste. Je weniger ich bekam, was ich wollte, desto stärker wurde meine Sehnsucht danach. Weil ich mit Alexandra nicht darüber reden konnte, stand das dann so unausgesprochen im Raum und die Situation wurde immer schwieriger. Auf den Festivals hatte ich mich auch ein bisschen in die Marianne verliebt. Es wäre aber total indiskutabel gewesen, mit ihr etwas anzufangen. Sie war die beste Freundin meiner Freundin und lebte selbst in einer monogamen Beziehung mit ihrem Freund. Auch hatten Alexandra und ich abgesprochen, monogam zu bleiben, und solange ich mit ihr zusammen war, hielt ich mich an diese Absprache.

Treue hat inzwischen für mich nichts mehr damit zu tun, ob ich mit jemand anderem ins Bett steige. Vielmehr geht es um Ehrlichkeit. Ich weiß auch, dass ich nicht gut lügen oder mich verstellen kann. Mit Carmen ist es heute möglich, Absprachen zu treffen, die mir ein erfüllendes erotisches Leben ermöglichen. Irgendwann waren Alexandra und ich uns einig, dass es mit unserer Beziehung auf Dauer nichts wird, weil sie diese Bedürfnisse eben nicht verspürt, und wir haben uns einvernehmlich getrennt. Ich bin mit ihr heute immer noch ziemlich gut befreundet.

Einen Monat nach der Trennung konnte ich dann endlich mal als Mädchen verkleidet in den KitKatClub gehen. Damit habe ich mich sehr wohl gefühlt. Ich konnte mir danach eine Beziehung nur noch unter der Bedingung vorstellen, dass jeder die Freiheit hat, sich auszuleben. Und dass es nicht nur erlaubt sein muss, mit anderen Sex zu haben, sondern auch eine andere Person zu lieben. Denn dadurch wird ja die Liebe zum eigentlichen Partner nicht geschmälert.

CARMEN: Das glauben die meisten anderen Menschen leider nicht.

STEFAN: Ich lernte dann Achim kennen. Er war einer der wenigen, die sich mit den speziellen Programmierfragen, mit denen ich mich beschäftige, auskennen, und es hat unheimlich Spaß gemacht, mit ihm zu arbeiten. Wir haben vor zwei Jahren zusammen einen bedeutenden Preis gewonnen. Ich bin mit ihm, Alexandra und ihrem neuen Freund dann auf das Fusion-Festival* gefahren. Da habe ich den Achim zum ersten Mal geküsst. Das hat Spaß gemacht, dennoch hatten wir keinen Sex miteinander. Mit ihm bin ich später in meinem Bus für zwei Monate auf das Hackerfestival gefahren. Ich habe so einen uralten DDR-Bus, sieben Meter lang und zwei Meter breit. Und weil er mein bester Freund ist, bekam er natürlich den Schlafplatz an meiner Seite. Direkt neben uns tauchte eines Tages der Bus von Edwin auf, und zwei Mädels sprangen heraus, eines davon war Carmen. Sie sprach mich an, und ich lud sie auf einen Milchkaffee ein. Ich stellte fest, dass sie mit Anna und

---

* Das Fusion-Festival ist ein Festival für Musik, Theater, Performance-Kunst und vieles mehr. Es findet seit 1997 jährlich Ende Juni auf dem ehemaligen Militärflugplatz in Lärz (Mecklenburg-Vorpommern) statt.

Edwin als Trio unterwegs war. Ohne etwas über die tatsächlichen Verhältnisse zu wissen, sah man den dreien eine Art symbiotischer Beziehung an. Das fand ich sehr interessant. Und dass sie eine Regenbogen-Fahne an ihrer Tasche hatte.

CARMEN: Ich dachte am Anfang, Stefan wäre mit dem Achim zusammen, weil er so ein rosa Bändchen am Arm hatte und die beiden im gleichen Bus schliefen, ein Schwulenpärchen also. Ich fand den Stefan irgendwie anziehend, auch nach dem Festival, und als er mich zu einer Finissage einlud, wollte Anna, die uns vorher immer begleitet hatte, nicht mehr mitkommen. Sie wollte nicht zwischen uns stehen, weil ja offensichtlich sei, dass wir aufeinander fliegen, sagte sie. Ich meinte nur, sie solle nicht albern sein, wir könnten schließlich auch aufeinander fliegen, wenn sie dabei sei. Sex hatten Stefan und ich an unserem ersten gemeinsamen Abend noch nicht, denn ich hatte keine Kondome im Haus. Schließlich war ich damals ja nicht auf Männer eingestellt. Aber wir haben die Nacht zusammen verbracht und am nächsten Morgen zusammen gefrühstückt. Anna war dann mindestens ein halbes Jahr lang eifersüchtig auf Stefan. Dadurch konnte ich meine noch nie erlebte Verliebtheit in einen Mann gar nicht mit meiner besten Freundin besprechen. Das war ganz schön blöd, aber inzwischen funktioniert wieder alles super. Nun ist Stefan ja nicht der Prototyp von männlich, an den man denkt, wenn man das Wort »Mann« hört, und das ist auch ganz gut, denn sonst hätte es vermutlich überhaupt nicht gefunkt zwischen mir und ihm. Am Anfang war ich von seiner femininen Seite mehr angezogen als von der maskulinen. Inzwischen finde ich die männliche aber auch ganz spannend. Er war so unsicher, dass er mich nach zwei Wochen sogar gefragt hat, ob er sich in mich verlieben dürfe.

STEFAN: Ich war wirklich sehr unsicher.

CARMEN: Da habe ich ihn angeblinzelt und gesagt: »Ja, du darfst dich in mich verlieben.« Für uns war von vornherein klar, dass wir beide sehr offen denken und uns mit unserer Sexualität auseinandergesetzt haben. Auch was Treue betrifft, waren wir einer

Meinung. Von daher sind wir sehr nüchtern damit umgegangen und haben nie gedacht, wir wären auf immer und ewig zu Einem verschmolzen, sondern haben entschieden, einfach mal zu probieren, wie das so miteinander ist und wie lange es gutgeht.

STEFAN: Das war einige Monate, nachdem ich als Mädchen verkleidet im KitKatClub war und nachdem ich zum ersten Mal einen Jungen geküsst hatte. Ich denke, da greifen bei uns auch die Prägungen ineinander: Ich bin eben ein bisschen transsexuell und sie lesbisch. Komfortablerweise habe ich einen Schwanz, da brauchen wir dann nicht so viel Spielzeug.

CARMEN: Ich glaube nicht, dass du wirklich transsexuell bist, ich glaube, wir nähern uns beide der Mitte an. Ich habe schließlich auch sehr viele männliche Anteile in mir, wenn auch nicht äußerlich. Jedenfalls konnte ich mich nie mit diesem ganzen Mädchenkram identifizieren. Aber auch nicht mit den lesbischen Frauen, mit denen ich mich getroffen hatte, weil die alle sehr verklemmt waren. Ich habe z.B. erlebt, dass in ein lesbisches Café ein Rüde nicht hineingelassen wurde, weil es ja ein männlicher Hund ist. Meine Frauenliebe beruht nicht auf Männerhass, sondern auf echtem Hingezogen-Fühlen. Und weil ich offenbar immer die falschen Frauen traf, war mir lange Zeit nicht klar, ob ich nun lesbisch bin oder nicht.

STEFAN: In der Schule hatte ich immer mit den Mädchen auf dem Schulhof herumgegangen, während sich die anderen Jungs irgendwo geprügelt haben, weit bevor irgendwelche sexuellen Interessen da waren. Einfach weil ich mich unter ihnen wohler fühlte. Ich denke, dass ich entsprechend sozial geprägt bin. Ich habe noch eine beste Freundin, die Lisa. Das ist, denke ich, ein typisch weiblicher Zug, eine beste Freundin zu haben. Ich bin auch für sie die beste Freundin. Die Lisa habe ich kennengelernt, da war ich noch mit der Alexandra zusammen. Wir waren beide ineinander verknallt. Ich konnte mit ihr über alles reden, nur keine Beziehung anfangen, da sie meine sexuellen Sehnsüchte nicht teilt. Es ist mehr platonisch zwischen uns.

CARMEN: Ich habe ja auch Marianne, die beste Freundin von Alexandra, kennengelernt. Die hat bei mir alle Sinne angesprochen. Ich habe mich mit ihr getroffen. Dann unterhielten wir uns die ganze Nacht über Gott und die Welt, auch über offene Sexualität, haben aber nichts miteinander angefangen. Aber wir hatten festgestellt, dass wir uns beide sehr attraktiv finden. Zum Abschied haben wir uns geküsst. Das war sehr schön und mein Anfang mit Marianne. Denn wir mochten uns sehr und dachten, dass wir mehr miteinander anfangen könnten, was dann auch passierte. Aber da kommt erst mal die Fahrt nach Wien.

STEFAN: Wir sind als Gruppe gefahren, bestehend aus Carmen, Achim und mir – das war das eine Trio – und Lisa und ihrem Freund Max und einem anderen, neuen, dem Caesar. Lisa steht auf den aufregenden Sex der ersten drei Monate, weshalb sie ihre Beziehungen häufig und etwas wahllos wechselt. Aber eigentlich ist sie die ganze Zeit auf der Suche nach »dem Richtigen«. Und das muss jemand sein, der mit seinem Leben klarkommt. Sie sagt den Jungs auch rechtzeitig vorher, dass sie gerade keine Beziehung will. Wie die Jungs so sind, sagen sie dann immer: »Ja, ja, klar, nur Sex, keine Beziehung, kein Problem!«

CARMEN: Und nach drei Monaten passierte immer, was passieren musste, da kam der Neue, und Max war dann plötzlich nicht mehr so interessant, woran er ziemlich zu knabbern hatte.

STEFAN: Also bestand unsere Reisegruppe aus zwei Trios, die aber keinen Sex miteinander hatten. Das hatten wir probiert, es funktionierte nicht so gut. Lisa landete dann ohne ihre beiden Lover, aber mit uns und dem Wiener Gastgeber im Whirlpool, in einem Bad, wo er angestellt war und vierundzwanzig Stunden Zugang hatte. Tja, und da stellte er fest, dass der Sekt alle ist und wir nun Champagner trinken müssten. Während er neuen holte, sind Carmen und ich, verliebt wie wir waren, zwischendurch auf einer Massagebank übereinander hergefallen. Die anderen saßen so lange im Pool.

CARMEN: Als wir wieder rauskamen, wollte Lisa auch eine Massage. Das konnte ich als Frauenliebhaberin natürlich nicht ablehnen und nahm sie mit in den Massageraum, zog ihr das Bikinioberteil aus und massierte sie. Wir hatten dann keine Lust, uns wieder anzuziehen, und kamen nackt zum Whirlpool zurück. Lisa wollte nicht allein bleiben und tat sich mit dem Wiener zusammen. Aber natürlich ging es nicht, dass ich nun gar nichts mehr von ihr abbekam. Ich bin irgendwann zu ihr rübergerutscht und wir haben uns geliebt, was sie ganz toll fand.

STEFAN: Und ich habe mich währenddessen mit dem Achim beschäftigt.

CARMEN: Als wir wieder in Berlin waren, vertiefte sich die Beziehung zu Marianne. Ich wusste, dass Stefan und sie auch aufeinander standen. Aber sie hatte einen Freund, der Stefan überhaupt nicht leiden konnte, weil er offenbar einen Konkurrenten in ihm sah.

STEFAN: Ich wollte ja gar keine Konkurrenz mit ihm, und auf meiner Geburtstagsfeier wollte ich ihn auch erst fragen, ob er was dagegen hat. Aber da hat die Marianne mich schon schneller in den Arm genommen. Auf dieser mehr platonischen Ebene blieb es zwischen uns, da sie durch ihre Beziehung das Gefühl hatte, dass sie mir nicht mehr entgegenkommen darf.

CARMEN: Sie war dann eine Weile im Ausland und hat sich von ihrem Freund getrennt, weil es für sie auch zu einschränkend war, so zu leben. Danach konnten wir unsere Dreiecksbeziehung endlich offener ausleben. Sie hat sich bei uns sehr geborgen gefühlt. Als Stefan und ich uns unsere gemeinsame Wohnung gesucht haben, haben wir ihr angeboten, dass sie ein Zimmer bei uns haben kann, wenn sie zurückkommt, denn sie war ja nach der Trennung bei ihrem Freund ausgezogen. Aber das wollte sie nicht annehmen, und sie hat sich dann doch eine eigene Wohnung gesucht. Wir hatten aber trotzdem intime Begegnungen miteinander, Marianne und ich und auch Stefan. Allerdings hat er im Gegensatz zu mir noch nicht richtig mit ihr geschlafen. Sie wollte auch keine Dreiecksbeziehung mit uns beiden und ist inzwischen mit einem anderen Mann zusammen, der aber kein Problem damit hat, wenn wir mit ihr herumknutschen.

Ich freue mich immer, wenn ich Leute kennenlerne, mit denen man keine Eifersuchtsprobleme hat. Dann kann jeder viel entspannter herausfinden, was er will. Das »Ich würde gern, aber er oder sie mag nicht, und dann darf ich auch nicht« entfällt. Solche Beschränkungen möchten wir uns eigentlich nicht geben. Sexuell sind wir an jeder neuen Erfahrung interessiert oder checken ab, worauf wir Lust haben. Wir gestehen uns auch zu, das ausleben zu können. Wir haben uns schon gegenseitig an die Kette genommen, je nachdem, wer gerade die Peitsche in der Hand hat, aber wir führen keine SM-Beziehung. Wenn, dann ist es ein reines Spiel ohne klare Rollenverteilung. Was uns reizen würde, ist, mal Szenarien nachzuspielen, mit Polizistin, Schulmädchen oder Ähnlichem. Stefan ist mit mir auf eine Lesbensexparty gegangen. Ich glaube, er war der einzige Mann, dem das jemals gelungen ist, ohne als Mann erkannt und rausgeschmissen zu werden. Manche haben zwar etwas komisch geguckt, weil sie sich nicht ganz sicher waren, aber es hat sich keine getraut nachzufragen.

STEFAN: Teilweise fühle ich mich schon als Frau. Es ist so fiftyfifty. Und das ist keine reine Fetischgeschichte, nach dem Motto, ich finde Frauenklamotten geil. Sondern es hängt ganz von Stimmungen und Momenten ab, da fühle ich mich dann so. Meistens ist es indifferent, aber manchmal bin ich auch ganz klar Mann. Gerade beim Sex kann es vorkommen, dass man mal ordentlich rammelt, und dann ist schon die männliche Seite da. Und ich weiß eben auch die Vorteile der männlichen Seite in mir zu schätzen. Manchmal hat man es als Mann schon einfacher. Ich muss mir nur mal drei Tage den Bart stehen lassen und den Mund aufmachen und schon fragt keiner nach. Diese Möglichkeit, die Wahl zu haben, finde ich faszinierend. Da kann ich die Welt aus zwei Geschlechterperspektiven betrachten.

CARMEN: Als ich anfing, meine Gedichte zu veröffentlichen, habe ich auch über Frauen und Liebe zu Frauen geschrieben, aber unter einem männlichen Pseudonym. Ich habe nie erwähnt, welches Geschlecht ich habe, woraufhin natürlich alle angenommen haben, dass ich ein Mann wäre. Da habe ich ein interessantes Erlebnis gehabt, nämlich als einzige Frau mit zwei anderen Männern im Chat ein Männergespräch zu führen. Und das Erstaunliche war, das waren einfach menschliche Gespräche und nicht solche, wie man sie nach dem Lesen irgendwelcher Frauenzeitschriften vermutet. Einfach ich zu sein, unabhängig von der geschlechtlichen Identität, ist für mich eine unheimlich wichtige Erfahrung. Ich war mir wegen meiner Sexualität immer unsicher gewesen, weil ich nicht dem Stereotyp entsprach. Ich habe mich sogar gefragt, ob ich lesbisch wäre. Aber nun habe ich herausgefunden, dass ich mich in Menschen verliebe und nicht in einen Mann oder eine Frau. Ich fühle mich in Beziehungen zu bestimmten Menschen hingezogen und nicht zu bestimmten Geschlechtern, auch wenn die Anziehung bei femininen Erscheinungen vielleicht etwas leichter funktioniert. Aus diesem Blickwinkel lässt sich alles, was mich betrifft, recht gut erklären.

Was Stefan und mich verbindet, ist zum einen der Intellekt, weil ich ja festgestellt habe, dass ich mich bei Menschen, denen ich mich nicht überlegen fühle, wohler fühle. Dazu kommt unserer beider Bisexualität und die Tatsache, dass wir eine offene Beziehung wollen. Für uns ist Ehrlichkeit und nicht Monogamie Treue. Und wir sind beide sehr neugierig: geistig, was neue Wissensgebiete betrifft, und sexuell.

STEFAN: Wir haben beide spannende, große Interessengebiete, über die wir miteinander reden können. Die Schnittstelle zwischen unseren Gebieten ist Noam Chomsky, weil der ein Sprachwissenschaftler und ein Computergenie ist. Wir können nicht nur selbst abgefahrene Geschichten zu allem Möglichen erzählen, sondern sind auch in der Lage, den Erzählungen anderer zu folgen, auch wenn es sich nicht um unser Spezialgebiet handelt. Da herrscht reger intellektueller Austausch. Ja, und natürlich haben wir uns gern, und der Sex funktioniert auch wunderbar. Wir lernen mit den Konflikten des anderen umzugehen. Wir können uns rational erschließen, wie unsere Bedürfnisse aussehen und wie unsere Beziehungsstrukturen sein müssen, damit diese erfüllt werden. Und gerade deswegen können wir gemeinsam ein erfülltes Leben führen.

CARMEN: Viele Menschen glauben nicht daran, dass es funktioniert, so eine Beziehung zu führen. Ich kann aber nur sagen, so habe ich es mir gewünscht, ohne vorher eine genaue Vorstellung davon gehabt zu haben. Wir haben unsere Macken, können aber darüber auch reden und wissen, dass der andere dafür Verständnis hat. Niemand muss sich verstellen. Es macht Spaß, durch dieses Freisein andere Menschen zu verwirren, wenn wir in der Öffentlichkeit miteinander knutschen oder uns an die Bushaltestelle drücken.

STEFAN: Ich bin einfach sehr, sehr glücklich, tolle Beziehungen zu vielen Menschen haben zu können, der Carmen, der Marianne, der Lisa, dem Achim. Und dass es auch noch weitere Freunde gibt, die die nötige Toleranz aufbringen. Dass da dann die emotionale und die sexuelle Seite gelebt werden kann.

CARMEN: Das Wort »Beziehung« ist ohnehin schwer zu definieren. Ich habe Beziehungen zu vielen Menschen, die können rein intellektuell sein, rein emotional, rein sexuell, da kann sich aber auch etwas mischen. So kann man sich aus der großen Menge der Möglichkeiten selbstbestimmt das Passende zusammenstellen. Das geht durch unsere Beziehung und durch unseren tollen Freundeskreis. Aber so wirklich auf dem Level der Freien Liebe sind nur wir beide sowie Marianne und Lisa.

STEFAN: Ich denke, vielleicht kann man davon ausgehen, dass es die anderen immerhin verstehen und akzeptieren, auch wenn sie es selbst so nicht leben.

CARMEN: Ich finde es spannend, dass das mit unseren Freunden eine Art Netzwerk ist und nicht nur eine Abfolge von Beziehungen nacheinander. Jetzt weiß ich: Dass ich früher keine Beziehung wollte, lag eben auch an meinem Freiheitsdrang, den ich nicht einschränken lassen wollte.

»Wenn wir unsere Freiheit nicht hätten, könnten wir nicht heiraten«

Marina (25, Studentin) und
Johannes (28, Programmierer)

MARINA ERZÄHLT: Aufgewachsen bin ich in einem kleinen Dorf in der Nähe von Nürnberg. Die Gegend ist recht katholisch. Meine Mutter, die von Beruf Lehrerin ist, hat viel in der Kirche gemacht, Kindergottesdienste zum Beispiel. Dadurch habe ich einiges vom kirchlichen Leben mitbekommen. Mein Vater arbeitete als Elektrotechniker in Nürnberg. Aber trotz des Umfelds sind meine Eltern recht unkonventionell und offen. Sie sind an allem Möglichen, wie Esoterik oder Astrologie bis hin zu Watsu und Tantra, interessiert. Damit, dass es diese Dinge gibt, haben sie mich als Kind durchaus konfrontiert, indem sie von entsprechenden Seminarbesuchen erzählt haben. Sie haben sich dann auch unsere Horoskope angesehen und mit uns Kindern, also meinem jüngeren Bruder und mir, darüber geredet.

Die Dorfgemeinschaft hat von alldem nichts mitbekommen, auch wenn es hin und wieder Spannungen gab. Als sie zum Beispiel damals vor dreiundzwanzig Jahren ein Öko-Holzhaus gebaut haben, gab es blankes Entsetzen und völliges Unverständnis. »Das kriegen die nie warm«, hieß es. Das wurde als Skandal empfunden, weil es gang und gäbe war, mit Stein und Beton zu bauen und ein Öko-Holzhaus als absolut verrückte Idee galt. Alle haben sich das Maul darüber zerrissen. Mir hat das einfach deutlich gemacht, dass meine Eltern anders sind und anders denken als die meisten im Dorf. Und daraufhin habe ich mir schwer überlegt, was ich von dieser Andersartigkeit öffentlich erzählen kann und wann ich lieber meinen Mund halte.

Mit dreizehn hatte ich mal ein paar Wochen lang einen Freund. Aber das wurde schnell überlagert dadurch, dass ich dann richtig gemobbt wurde in der Schule. Ich weiß auch nicht, warum das passierte. Heute wissen nicht einmal mehr die Leute, die mich gemobbt haben, warum. Vielleicht lag es mit daran, dass ich mich in der Schule nicht wie die anderen angezogen habe. Damals waren die Buffalo-Schuhe mit diesen tollen Absätzen ganz in. Ich trug die aber nicht. Und im Sport war ich teilweise besser als die anderen. Wie auch immer, ich weiß nicht, woran das lag. Aber das dauerte etwa zweieinhalb Jahre. Als es vorbei war, sagten sie mir, dass sie überhaupt nicht mehr wüssten, warum sie mich noch vor kurzem nicht leiden konnten, ich sei doch total nett. Allerdings hat das Mobbing damals mein Selbstbewusstsein ziemlich beeinträchtigt. Das hat noch bis nach dem Abitur gedauert. So lange habe ich nicht wirklich gelebt und mich mehr oder weniger in meinen Büchern verkrochen.

Ich fühlte mich zunehmend gefangen, weil ich dreißig Kilometer weiter entfernt in die Schule gegangen bin und kein Umfeld hatte, zu dem ich wirklich gehörte. Meine Mutter hatte inzwischen aufgehört, sich in der Kirche zu engagieren und stattdessen einen Frauenkreis gegründet, an dem ich dann später auch teilnahm. Ich habe zu dem Dorf bis heute keinen wirklichen Bezug und bin auch nicht gern dort. Eine andere Flucht neben den Büchern war für mich, nach Nürnberg zum Tanzen zu fahren. Als ich fünf Jahre alt war, hatte ich mit Ballett angefangen, habe dann später Boden- und Geräteturnen gemacht und mit vierzehn hatte ich dreimal die Woche in Nürnberg eine Tanzausbildung. Ich war chronisch und wechselnd in irgendwen unglücklich verliebt, aber groß passiert ist da nie etwas. Entweder wollte ich nicht oder der andere. Mit achtzehn habe ich mich heftig verliebt, in einen, der gute zwei Jahre jünger war als ich. Er verliebte sich auch in mich. Es gab aber ein ewiges Hin und Her, bis wir uns endlich mal getroffen und uns gesagt haben, wie sehr wir uns mögen. Er war auch der Erste, der mich geküsst hat. Abends, an einem See. Das war echt schön, aber mehr hat er sich nicht getraut, und so war die Geschichte vorbei, bevor sie richtig begann. Ich denke, ich war ein ziemlicher Spätzünder. Die erste richtige Beziehung habe ich erst jetzt mit Johannes.

Nach dem Schulabschluss bin ich nach London gegangen und bin dort total aufgeblüht. Plötzlich habe ich gemerkt, ich bin ja spontan, ich kann ja Leute kennenlernen. Es gibt auch Männer, die mich attraktiv finden! Ich habe dort als Au-pair gearbeitet, aber nach zwei Monaten habe ich das wieder aufgegeben, weil die Familie, bei der ich arbeitete, so schrecklich war. Daraufhin bin ich nach Nantes gegangen und war dort ebenfalls Au-pair. Auch hier habe ich nach vier Monaten aufgegeben, weil meine dortigen Freunde wegzogen und ich keine Lust hatte, die Verantwortung für ein Kind zu haben, aber nichts entscheiden zu können, den ganzen Tag in der Küche zu sitzen und nicht rausgehen zu dürfen mit dem Kind.

Ich ging dann wieder zurück nach London, habe dort in einer kleinen Company mitgetanzt und bin mit denen ein paar Mal aufgetreten. Das dauerte so vier, fünf Monate, bis ich nach Berlin kam, um hier zu studieren. In London hatte ich eine Affäre mit meinem Tanzlehrer. Er hat mir einfach sehr geholfen, als es mir mit dem Au-pair-Job so schlechtging. Ich verstand mich gut mit ihm und den anderen Tänzern. Er hat mir dann angeboten, bei ihm zu übernachten. Das habe ich dann zwei-, dreimal gemacht und bin dabei mit ihm im Bett gelandet. Mir war aber von vornherein klar, dass das nicht die große Liebesgeschichte werden würde. Ich fand ihn toll, war aber nicht wirklich verliebt. Außerdem war ich beeindruckt von der großen Stadt und habe viel herumgeflirtet und einfach mal meine Wirkung auf Männer ausprobiert. Dass nun gerade dieser Mann auf mich abfuhr, hat mich schon schwer beeindruckt. Es war ja auch der erste Sex für mich. Ich mag ihn nach wie vor sehr gern und habe später mit ihm gearbeitet. Das war teilweise schwierig, aber auch okay, denn ich konnte mir nie vorstellen, eine Beziehung mit ihm zu haben. Dann habe ich erfahren, dass er zu dem Zeitpunkt, an dem ich diese Affäre mit ihm hatte, eigentlich eine Freundin hatte, die mir dann erzählte: »Ach weißt du, ich bin so glücklich mit ihm, der erste Mann in meinem Leben, der es endlich mal ehrlich mit mir meint und mir treu ist.« Da dachte ich, na okay, ich sage jetzt mal lieber nichts dazu. Auch als ich in Berlin war, bin ich in den Semesterferien immer wieder nach London gefahren und habe ihn getroffen. Wir mögen uns immer noch, das ist schon irgendeine Art von Liebe. Aber wenn wir uns dann gesehen haben, spürte ich auch seine Ambivalenz mir gegenüber: Erst zieht er mich an sich und umarmt mich, dann drückt er mich wieder weg. Jetzt denke ich manchmal noch an ihn, aber damit ist es auch gut.

Als ich in Berlin zu studieren anfing, habe ich mich in einen Kommilitonen von der Fachschaft verliebt, mit dem es aber doch nichts wurde, weil er erst unheimlich mit mir geflirtet hat, dann aber einen Rückzieher machte, denn er war in eine andere verliebt, die ihn jedoch nicht wollte. Nach einer Affäre mit einem ehemaligen Nürnberger Tanzpartner, den ich in Berlin wieder traf, kam ich in eine Situation, wo sich ein anderer Kommilitone in mich verliebt hat, ich aber nichts von ihm wollte, nur war ihm das überhaupt nicht begreiflich zu machen. Der war echt anstrengend für mich mit seinen Eifersuchtsszenen.

Irgendwann musste ich dann auch mal ausprobieren, wie es ist, einen One-Night-Stand zu haben. Es war okay, weil es von beiden Seiten klar war, dass es nur für einmal ist und nicht mehr. Als ich den Mann vor einem Jahr wieder traf, meinte er allerdings, dass er die Nacht gern wiederholen würde, aber ich sei ja nun verlobt, und das würde wohl aus diesem Grunde nichts. Ich entgegnete nur, dass es daran ja nicht scheitern sollte, aber trotzdem ist es nicht mehr dazu gekommen. Er hat mir dann später eine E-Mail geschrieben, dass ihm das doch echt zu seltsam vorkam. Da hat er lieber den Schwanz eingezogen. Er ist sehr ehrlich, er sagt mir, dass er mich attraktiv und erotisch findet und gerne mit mir ins Bett möchte. Diese Ehrlichkeit finde ich schön, und ich kann damit

auch gut umgehen. Irgendwann bin ich mit dem Nürnberger Tanzpartner und einer anderen Frau gemeinsam im Bett gelandet. Das
fand ich sehr spannend. Denn ich bin nicht wegen des Typen mitgegangen, sondern wegen der Frau. Es war das erste Mal, dass ich
eine Frau geküsst habe. Solange es wirklich ein Dreier war, fand
ich es auch sehr schön. Am nächsten Morgen wachte ich dadurch
auf, dass die beiden schon wieder voll bei der Sache waren. Da
fühlte ich mich etwas überflüssig, nahm meine Klamotten und bin
einfach gegangen. Das war aber so auch okay für mich. Die Frau
habe ich danach noch ein paar Mal getroffen und habe einen sehr
losen Kontakt zu ihr, aber keinen erotischen. Ich finde sie nach wie
vor attraktiv, kann mir aber nicht wirklich vorstellen, mit ihr noch
einmal etwas anzufangen. So wie es jetzt ist, ist es okay.

Zu dem Mann, der mich damals als Achtzehnjährige als Erster
geküsst hat, habe ich auch noch hin und wieder Kontakt. Ich habe
ihn unheimlich gern. Wir telefonieren immer mal wieder, so in
Abständen von einem halben Jahr, dann grinse ich übers ganze
Gesicht, freue mich riesig und er sich auch. Im letzten Dreivierteljahr haben wir uns dreimal gesehen, das war schon außergewöhn-
lich viel. Da ist eine große Vertrautheit und ein Gefühl, als wäre
gar keine Zeit zwischen den Anrufen vergangen. Ich finde es total
schön, weil es einfach so sein darf. Ich habe ihn jetzt auch zu unserer Hochzeit eingeladen. Er freut sich und wird kommen.

Ein paar Monate, bevor ich Johannes kennengelernt habe, hatte
ich eine ganz heftige Liebesgeschichte mit einem Mann, zu dem ich
inzwischen auch wieder Kontakt habe. Er hat eine Freundin und
ein Kind mit ihr. Die Affäre ging nicht sehr lang, etwa vier, fünf
Wochen. Aber da sind bei uns beiden die Gefühle richtig hochge-
kocht. Er war ehrlich zu seiner Freundin, mit der er schon ewig
zusammenlebt und hat ihr davon erzählt. Da gab es dann richtig
großen Stress zwischen den beiden. Für mich war aber klar, ich
will von ihm etwas ganz anderes als sie. Ich hätte kein Problem
damit gehabt, ihn bei seiner Familie zu lassen und mich trotzdem
mit ihm zu treffen. Das konnte er sich zwar auch vorstellen, hat es

aber praktisch nicht auf die Reihe gekriegt. Seine Freundin rastete total aus und rief dann auch bei mir an. Es war ein ganz nettes Gespräch, aber beim zweiten Mal drohte sie damit, mich umzubringen. Das war schon heftig, aber ich hatte keine Angst, weil ich ja wusste, dass sie meine Adresse nicht hatte und auch meinen wirklichen Namen nicht kannte. Außerdem habe ich es ihr auch nicht wirklich zugetraut. Berlin ist groß. Und so hatte ich nie Angst, dass sie vor meiner Wohnungstür aufkreuzt. Er hat dann irgendwann die Notbremse gezogen und den Kontakt zu mir erst einmal komplett abgebrochen. Zumal damals auch seine Firma pleiteging und es ein multiples Chaos für ihn wurde. Das hat mir sehr, sehr wehgetan, und ich habe lange gelitten.

Vor drei Jahren lernte ich Johannes beim Contact-Dance* kennen. Irgendwie kam es dort dazu, dass ich mit drei Männern zu viert tanzte. Es ging wild zu und war recht eng. Wir haben uns übereinandergeworfen und sind auf dem Boden herumgekugelt. Die anderen beiden kannte ich schon, und ich habe ihn dann gefragt, wie er eigentlich heißt und woher er kommt. Er stellte sich als Johannes vor und sagte, dass er aus Österreich stammt. Und damit war die Konversation für diesen Abend auch schon wieder beendet.

JOHANNES ERZÄHLT: Ich war eigentlich schon in der Grundschule Außenseiter und habe die Rolle auch ein bisschen genossen und ausgespielt. Wenn die zwei Stärksten der Klasse sich gekloppt haben, kamen sie dann doch zu mir und legten irgendwie Wert auf meine Freundschaft und mein Urteil. Aus den Rangordnungskämpfen habe ich mich herausgehalten. Das gab mir einen besonderen Status. Ab und zu war ich als Streber verschrien. Man könnte auch sagen, ich war zeitweilig so eine Art Klassen-Schiedsrichter. Wir lebten in einem Dorf. Mein Vater war Ingenieur im Außendienst, meine Mutter war lange zuhaus und hat später wieder als Kran-

---

* Eine spezielle auf Improvisation mit Körperkontakt beruhende Tanzrichtung, die 1972 in den USA durch Steve Paxton entwickelt wurde. Auch als Contact Improvisation bekannt.

kenschwester gearbeitet. Ich habe noch einen jüngeren Bruder und eine jüngere Schwester. Als ich dann in der siebten oder achten Klasse war, ging es mir gar nicht gut. Meine Eltern haben sich damals häufig gestritten, und bei meiner Mutter kamen verschiedene Kindheitserfahrungen hoch, was mein Vater nur teilweise verstanden hat. Eigentlich hat er sich die Frau zurückgewünscht, die er geheiratet hatte. Sie machten verschiedene Therapien, auch eine Familientherapie, bei der ich dann mal dabei war. Zeitweise probierten sie es mit räumlicher Trennung, da wohnte meine Mutter nicht bei uns und kam nur noch über Mittag nachhaus, um für uns zu kochen. Das ging so ein halbes Jahr, dann war es andersherum, und mein Vater hatte eine externe Wohnung.

Für meinen Geschmack waren beide zu sehr bemüht, den Kindern zuliebe es irgendwie noch hinzukriegen und zusammenzubleiben. Die zwei, drei Jahre, bis ich fünfzehn war, waren die schwierigsten. Dann haben sie sich endlich dazu durchgerungen, sich scheiden zu lassen. Für mich war das so angenehmer, denn jetzt gab es eine neue Situation, und man konnte schauen, wie es weitergeht. Ich habe nun auch mehr von meinem Vater gehabt, denn er hat gemerkt, wenn er sich jetzt nicht mehr einsetzt, dann hat er nichts mehr von uns Kindern. Der Scheidungsvereinbarung zufolge hatte er Besuchsrecht an drei Wochenenden im Monat. Zwei wären normal gewesen. Einerseits fand dadurch eine Annäherung zwischen mir und meinem Vater statt, andererseits musste er auch feststellen, dass es gar nicht so einfach war, die Kinder so viel um sich herum zu haben, wenn er zum Beispiel noch etwas arbeiten musste und wir uns dann vor dem Fernseher gelangweilt haben. Er hat ziemlich bald eine neue Frau gefunden und geheiratet. Mit achtzehn bin ich von meiner Mutter fort und zum Vater gezogen. Er hatte ein neues Haus gebaut, mit einer Nebenwohnung mit einem eigenen Eingang, so dass ich dort für mich sein konnte. Auch war es nahe bei der Schule, so dass es für mich sehr angenehm war. Im Gymnasium habe ich mich immer mal wieder in irgendeine Mitschülerin verliebt. Aber dort ist nie etwas daraus geworden.

Ich hatte Schwierigkeiten, Kontakt zu Frauen herzustellen, weil ich ziemlich schüchtern bin, und für viele war ich nur der Zuhörer, wenn sie Sorgen mit ihren Freunden hatten. Vermutlich haben sie sich mehr zu männlicheren Männern hingezogen gefühlt, während ich mit meiner verstehenden Art mehr mit meiner weiblichen Seite verbunden war. Es war schon schmerzhaft, wenn ich in eine Frau verliebt war und sie mir sonst was über ihre gerade aktuellen Liebschaften erzählte, aber von mir eigentlich nichts wollte. Das hat mich lange beschäftigt, und ich war knapp achtzehn, bis ich meine erste Freundin hatte. Ich habe sie in einem schamanischen Heilkreis kennengelernt, wo ich bei weitem der Jüngste war. Sie war aber schon eine erfahrene Frau, gut dreißig Jahre älter als ich. Wir waren beide schüchtern, ich sowieso und sie, weil es für sie mit einem so viel jüngeren Mann auch eine ungewöhnliche Situation war. Dadurch fanden wir aber das richtige Tempo der Annäherung. In der Öffentlichkeit konnten wir uns gar nicht zeigen. Ich habe nur sehr wenigen Leuten von dieser Beziehung erzählt. Meiner Mutter zum Beispiel, weil die sich auch kannten. Mein Vater weiß es bis heute nicht. Meinem Bruder habe ich es erzählt, aber er fand das seltsam und komisch. Ich persönlich empfand die Beziehung als sehr schön und spannend. Es war neu für mich, und ich war auf der Suche, konnte mich austesten. Für anderthalb Jahre war ich ungefähr einmal pro Woche bei ihr, weil wir uns bei mir ja nicht gut treffen konnten. Aber eigentlich lebten wir in verschiedenen Welten. Sie hatte zwei Töchter, die älter waren als ich, war schon einmal geschieden und mit fast fünfzig auch an einem ganz anderen Punkt in ihrem Leben. Das führte dann irgendwann zur Trennung.

Von meinem Vater habe ich das Buch *Die neuen Paare*[*] geschenkt bekommen. Er bemerkte dazu, er fände es ganz interessant, aber hielte es nicht für realistisch. Mich hat es aber damals total fasziniert, auch die Einteilungen, die die Autorin trifft, haben

---

[*] Heinzelmann, Regula: *Die neuen Paare – Anleitung zur Polygamie*, Nymphenburger 1994.

für mich durchaus Sinn gemacht. Vor allem weil ich ja das konventionelle Modell der Beziehung bei meinen Eltern habe scheitern sehen. Dass mein Vater die Ideen des Buches unrealistisch fand, war für mich geradezu ein Ansporn, es erst recht zu versuchen. Das mit der älteren Freundin war ja, obwohl wir gut miteinander reden konnten, hauptsächlich eine sexuelle Beziehung. Während dieser Zeit habe ich mich auch für gleichaltrige Frauen interessiert. Das führte aber nicht zu einer Beziehung, und ich glaube, meine Freundin wäre auch eifersüchtig geworden, wenn ich tatsächlich etwas mit einer zweiten Frau angefangen hätte. Aber ich malte mir aus, dass es perfekt nebeneinanderher gegangen wäre, sich mit ihr zu treffen und nebenher noch etwas mit einer Gleichaltrigen zu haben.

Statt den Führerschein zu machen, bin ich mit achtzehn erst einmal auf Reisen gegangen und war für sieben Wochen in Los Angeles. Da merkte ich, dass es für mich mit dieser Beziehung vorbei ist. Ich habe dann, als ich zurück war, mit ihr geredet und ihr gesagt, dass es für mich nicht mehr stimmt. Für sie war es sehr traurig. Seither habe ich sie kaum mehr gesehen. Das Abitur habe ich auch nicht gleich geschafft. Ich musste ein Jahr wiederholen. Mathematik und Physik habe ich mit links erledigt, aber mit den Fremdsprachen hatte ich so meine Probleme. Dadurch hat es erst einmal insgesamt nicht gereicht. Als ich das Abitur dann geschafft hatte, war ich eine Weile bei einem Bio-Bauern in Italien. Da war auch eine Frau, mit der ich ein bisschen gekuschelt habe, aber weiter hat sich nichts daraus ergeben. Und ein Mann hat mich angemacht, mit dem saß ich auf einer Bank und philosophierte mit ihm, bis er schließlich sagte, dass er mich gern küssen würde. Dem habe ich dann ziemlich bestimmt gesagt, dass ich das nicht möchte.

Ich sehe mich eigentlich nicht als bisexuell und hatte mich damals noch gar nicht mit diesem Thema auseinandergesetzt. Also, ich denke, dass ich ganz klar hetero bin. Eigentlich ging es mir bei dem Bio-Bauern um eine Antwort auf die Frage, wie stark alternativ ich leben will. Denn er war ein Aussteiger und Selbstversorger. Aber er war auch inkonsequent. Er hat zum Beispiel damit geprahlt, dass er kein Auto hat, aber wenn er dann mal ein Auto brauchte, hat er sich beim Nachbarn eins erbettelt und plötzlich waren Autos doch ganz praktisch. Für mich habe ich gesehen, dass ich zwar Außenseiter bin, aber nicht so ganz aus der Gesellschaft aussteigen will. So bin ich dann von einem Tag auf den anderen wieder nachhaus gefahren, weil mich auch das Heimweh gepackt hatte.

In Innsbruck hatte ich dann meine erste wirklich eigene Wohnung und einen ersten Job. Gleichzeitig war ich sehr am Theater interessiert. Ich habe einen Kurs in einer Clownschule gemacht und habe mich gleich unglücklich in eine Frau verliebt, der ich eine ganze Weile hinterhergelaufen bin. Obwohl ich mich immer mal in die eine oder andere Frau verguckt hatte, wurde es lange nichts mehr mit Beziehungen. Ich habe damals weiter versucht, an einer Schauspielschule aufgenommen zu werden. Bei meiner Lieblingsschule wurde es nichts, und ich bin dann in Wien an einer viel kleineren Schule gelandet. Dort war ich drei Monate. Auch da hatte ich mich in eine Mitschülerin verguckt, aber ich war zu schüchtern und zu langsam, um etwas daraus zu machen. Nach drei Monaten ist die Schule leider geschlossen worden, weil der Schulleiter schwer erkrankte. Ich war inzwischen vierundzwanzig und dachte mir, wenn ich noch eine Bewegungsausbildung machen will, dann jetzt oder nie. Auf diese Weise kam ich nach Berlin, wo ich meine Ausbildung fortsetzen konnte. Wir hatten auch einen Kurs in Contact-Dance, so dass ich anfing, mich in dieser Szene zu bewegen. Ja und da traf ich Marina. Ich fand das total toll, in dem Haufen übereinanderzukugeln und sie zu berühren. Und ich fand es auch witzig, dass erst die Berührung und dann der Gesprächskontakt kam. Ich habe an dem Abend noch in meinen Geburtstag hineingefeiert, es war einfach wunderschön, obwohl sie gar nicht mehr dabei war. Als ich sie beim nächsten Event wieder traf, fragte ich sie, ob sie Lust hätte, mit mir zu tanzen, und dann hat es bei mir irgendwann richtig gefunkt.

MARINA: Ich fand es ganz nett, mit ihm zu tanzen, aber ich wäre nie auf die Idee gekommen, mehr mit ihm anzufangen, denn ich war zu dem Zeitpunkt noch latent an einem anderen interessiert. Dass es bei ihm gefunkt hat, habe ich gar nicht gemerkt. Als er dann auf mich zukam und mich bat, mit ihm zu tanzen, dachte ich: »Hoffentlich ist der jetzt nicht in mich verliebt. Noch mal habe ich da keinen Bock drauf!« Ich habe ihn abgewimmelt und auf den nächsten Samstag vertröstet. Prompt war er natürlich auch da, was ich zunächst gar nicht so toll fand und worauf ich mich auch den ganzen Abend nicht um ihn gekümmert habe. Gegen Ende des Abends kam er auf mich zu, kuschelte sich an mich und meinte: »Lass uns doch noch ein bisschen miteinander tanzen.« Ich dachte dann, ich kann nicht schon wieder »nein« sagen. Wir haben also miteinander getanzt und sind relativ schnell liegen geblieben und haben ein bisschen gekuschelt und uns unterhalten. Der klingt ja doch ganz nett, dachte ich und – schade, dass mit dem keine Freundschaft möglich ist, denn wenn er in dich verliebt ist, kannst du das doch vergessen. Ich wollte danach noch zu einem Theater-Straßen-Festival, und sieh an, da hat sich mein Mund plötzlich selbständig gemacht und ihn gefragt, ob er denn da nicht mitkommen möchte. Er hat natürlich ja gesagt.

Ich möchte noch bemerken, dass ich durch mein Elternhaus viel Toleranz und sehr viel Kommunikationsvermögen mitbekommen habe, weil meine Eltern eine recht schwierige Beziehung zueinander haben. Probleme zu lösen habe ich dadurch frühzeitig gelernt. Aber sie sind heute immer noch zusammen, wenn auch mit vielen Therapien. Was Körperlichkeit angeht, bin ich sehr locker aufgewachsen. Sie waren mit uns Kindern am FKK. Inzwischen weiß ich, dass meine Eltern mehrere Nebenbeziehungen hatten. Ich kenne die Leute alle, obwohl ich zu der jeweiligen Zeit nicht wirklich gewusst, sondern nur teilweise geahnt habe, was da abläuft. Als Heranwachsende habe ich davon nicht viel mitgekriegt. Als sie mir davon erzählt haben, war ich Anfang zwanzig und ich war dann aber rückblickend in keinem Fall überrascht. Vor einem achtjährigen Kind kann man viel verbergen. Ich finde es auch in Ordnung, dass mein Vater nicht mit mir darüber geredet hat, weil es schwierige Situationen waren und eine Weile zur Debatte stand, ob er sich zwischen zwei Frauen entscheiden muss. Bei ihm ist dann herausgekommen, dass es so nicht funktioniert und dass irgendwann eine schmerzhafte Entscheidungssituation kommt. Meine Mutter war in keiner vergleichbaren Lage, hat aber unter der Schwierigkeit meines Vaters sehr gelitten. Ich denke, dass sie die jeweils anderen Partner wirklich auch geliebt haben.

JOHANNES: An besagtem Abend auf dem Festival hatte ich gerade meine passende Brille nicht dabei und habe deswegen herzlich wenig gesehen. Ich war ein bisschen wie ein Maulwurf unterwegs. Von einem Feuerspektakel habe ich nur bemerkt, dass es da irgendwo hell ist und Licht blitzt. Effektiv erkannt habe ich aber nichts. Trotzdem fand ich es total toll, mich an Marina zu kuscheln.

MARINA: Das fand ich auch sehr schön. Letztendlich sind wir dann noch bei mir im Bett gelandet. Mein Verstand hatte sich völlig verabschiedet, und so hat sich die Situation verselbständigt. Natürlich fand ich Johannes attraktiv, sonst wäre das ja nicht passiert. Wenn ein Mann nicht gut riecht – vergiss es einfach. Also Anziehung war schon ganz klar da. Das ist die Voraussetzung dafür, dass ich mit jemandem Sex habe.

JOHANNES: Ich war ziemlich schnell Feuer und Flamme. Ich fand den Verlauf des Abends und dann auch noch der Nacht ganz toll. Ich hätte nichts vorzuschlagen gewusst und war froh, dass sie den entsprechenden Vorschlag machte. Das hat mich auch überrascht. Ein bisschen hatte ich mich schon daran gewöhnt, sowieso keine Chancen zu haben. Bei mir hätte es etwas länger gedauert, bis ich mich getraut hätte, sie zu fragen, ob sie nicht Lust hätte, mit zu mir zu kommen.

MARINA: Ich habe mir nicht so viel dabei gedacht. Ich war nicht verliebt und ich habe mir deswegen auch erst einen Vorwurf gemacht. Aber inzwischen finde ich das ganz gut, weil ich keine rosarote Brille aufhatte und ihn ganz klar mit mir konfrontieren konnte. So bin ich, nimm mich oder lass es. Und das finde ich aus heutiger Sicht sehr gesund für unsere Beziehung. So war es an dem Abend auch, ich dachte, ich habe nichts zu verlieren, frage ich ihn halt. Echt entsetzt hat mich dann Folgendes: Am nächsten Morgen sind wir noch zusammen mit der U-Bahn gefahren. Er musste vor mir aussteigen. Erst hat er mich nach meiner Nummer gefragt, die ich ihm gegeben habe, wobei ich noch dachte, hoffentlich meldet er sich nicht wieder. Kurz vor dem Aussteigen sah er mich groß an und meinte: »Ich liebe dich.« Und dann war er weg. Ich fühlte mich absolut überrumpelt und war völlig perplex. Denn nach einer Nacht finde ich das nun wirklich zu früh. Oh Gott, dachte ich, den werde ich ja jetzt nie mehr los. Das wird die komplette Katastrophe!

Ich habe den ganzen Tag überlegt, was ich da machen kann. Er hat mir mehrere SMS hintereinander geschrieben, weil ihn angeblich mein Handy angerufen hat, das hatte sich irgendwie verselbständigt, ohne dass ich auf einen Knopf gedrückt hatte. Eine der SMS lautete: »Ich würde gern noch mal deine Stimme hören, magst du mich nicht zurückrufen?« Als ich kurz darauf mit meiner Tante telefoniert habe, erwähnte ich, dass ich so müde sei und sie fragte dann, ob ich bei meinem Freund oder er bei mir gewesen sei. Ich bestätigte ihr, dass er bei mir gewesen war, und da fiel mir schlagartig auf, dass es mich überhaupt nicht gestört hatte, die Bezeichnung »mein Freund« zuzulassen. Und da merkte ich, dass es gar nicht stimmt, wenn ich glaube, dass er mir egal wäre oder dass ich ihn wieder loswerden will. Denn sonst hätte ich mich sofort gegen die Bezeichnung »Freund« gewehrt.

Ich glaube, ich habe damals versucht, Verständnis, Geborgenheit und Vertrauen, Liebe und Beziehung bei einem bestimmten Typ Mann zu finden. Das waren immer irgendwie weltferne, melancholische Männer, die mir nie das geben konnten bzw. wollten, was ich mir wünschte. Johannes entspricht dem aber überhaupt nicht. Von daher hatte er im ersten Moment keine wirkliche Chance. Er ist eher bodenständig und überhaupt nicht melancholisch und hat nicht meinem Beuteraster entsprochen, mit dem ich immer wieder auf die Schnauze gefallen bin. Ich habe Johannes also angerufen, und wir haben eine ganze Weile telefoniert. Ja und dann wurde mir auch klar, dass wir zusammen sind.

JOHANNES: Nach meiner Ansicht gehörten wir schon nach dieser ersten Nacht zusammen, und natürlich habe ich ihr gesagt, dass ich sie liebe. Ich war ja auch total verliebt in Marina. Allerdings kam ich schon etwas ins Grübeln, als ich nach meiner Liebeserklärung in der U-Bahn ihren Blick sah, der nicht gerade erfreut und eher überrascht auf mich wirkte. Auch später habe ich mich manchmal noch gefragt, ob ich einfach durch meine Verliebtheit nicht sehe, dass sie vielleicht gar nichts von mir will.

MARINA: Es ging dann eigentlich alles recht schnell. Wir haben schon nach einer Woche unseren gemeinsamen Urlaub geplant, bei dem auch gleich Elternbesuche anstanden. Das war okay und hat gepasst. Kaum waren wir in Berlin zurück, gab es Stress mit seiner Vermieterin und so ist Johannes zu mir gezogen. Und seitdem wohnen wir zusammen. Bei einem Spaziergang meinte er ganz nebenbei: »Ach weißt du, Schatz, wenn wir mal heiraten, nehme ich deinen Namen an.« Völlig aus dem Blauen heraus kam das, und ich fragte mich, ob das jetzt wohl ein Heiratsantrag sein soll. Das war es zwar nicht und ich habe einfach nur »hm« gesagt. Vom Gefühl her war es zwischen uns sehr schnell eine verbindliche Beziehung.

JOHANNES: Nach einem Semester in Berlin merkte ich, dass die Ausbildung nicht das war, was ich suchte, und brach sie ab. Ich hatte mich ja früher schon mit Datenbankprogrammierung beschäftigt und habe mich dann wieder darauf konzentriert.

MARINA: Da wo wir uns kennengelernt haben, ist viel Körperkontakt mit anderen ja normal. Dass wir mit dem Contact-Dance weitermachen, war eigentlich immer klar. Da gab es auch nie Eifersucht. Manche empfinden das möglicherweise schon als Fremdgehen, wenn man auch mit anderen kuschelt, aber das sehen wir nicht so. Aber natürlich war es Anlass für uns, darüber nachzudenken, wo denn eigentlich die Grenze im Kontakt mit anderen sein soll. Wir sind zu der Einsicht gekommen, dass jegliche Grenzziehung Schwachsinn wäre. Ich kann nicht sagen, bis dahin darfst du jemanden anfassen, aber fünf Zentimeter weiter nicht. Oder ein Küsschen auf die Wange geht noch, auf den Mund aber nicht mehr, aber wenn doch, dann nicht länger als fünf Sekunden. Ich bin ja auch sehr experimentierfreudig und lasse mich ungern in meiner Freiheit einschränken.

JOHANNES: Das geht mir genauso. Zum anderen habe ich mir durch die Geschichte mit meinen Eltern lange gesagt, ich werde niemals heiraten. Davon bin ich aber doch schrittweise abgekommen. Wenn ich eine Frau richtig liebe, kann ich es mir doch schon vorstellen. Aber ich dachte, wenn ich heiraten würde, dann will ich auch klären, wie wir zusammenleben werden und wie wir eventuell wieder auseinandergehen würden. Darüber haben wir ziemlich bald zu reden begonnen. Auch beim Zusammenziehen haben wir geklärt: Wem gehört was? Was wäre, wenn wir uns trennen?

MARINA: Wir haben eine gute Gesprächsbasis. Ich bin so, dass ich Probleme einfach direkt anspreche. Und dann streitet man halt, aber anschließend ist es auch wieder gut, weil man irgendeine Lösung gefunden hat. Und das Problemlösen bin ich ja aus meiner Familie gewöhnt. Johannes brauchte mehr Zeit, sich zu öffnen und sich einzulassen. Insgesamt empfinde ich unsere Gesprächskultur als einen großen Reichtum. Von daher war es auch ein logischer Schritt, irgendwann über das Maß an Öffnung gegenüber anderen zu reden. Die Lösung lautete für uns: Mach, was du willst, Grenzen sind Unsinn, aber wenn du mit jemand anderem schläfst, dann nicht in der eigenen Wohnung und auf jeden Fall verhüten. Sei ehrlich, erzähle davon und verhalte dich nach außen so diskret wie möglich. Damit ist gemeint, dass andere, die uns als Paar kennen, uns auch weiter so wahrnehmen sollen und nicht, dass dann jemand von uns auf der nächsten Party mit jemand anderem aufkreuzt. Es sollen also nur Leute erfahren, die das verstehen. Das hat ein gutes Jahr so funktioniert. Ich hatte zwei kleinere Affären, und mit einem Mann habe ich auch wirklich geschlafen. Das war so einer, der mal kurz durch mein Leben gestolpert ist, und es war total easy. Wir haben uns gemocht und es war klar, dass das in keiner Konkurrenz zu meiner Beziehung mit Johannes steht.

JOHANNES: Ich war zu der Zeit eine Woche geschäftlich weg. Als Marina mich dann vom Flughafen abgeholt hat, war sie einigermaßen übernächtigt, denn sie hatte die Nacht mit ihm auf einem Dach verbracht und sich Berlin angeguckt. Da hatte ich das Gefühl: Kaum bin ich eine Woche weg, da ist sie mit einem anderen zugange. Da kam schon ein bisschen Eifersucht auf. Ich fing an, mich mit dem anderen zu vergleichen. Natürlich war er größer und stärker, konnte Marina beim Tanzen besser heben und war insgesamt temperamentvoller. Da hat mich schon die Frage beschäftigt, inwieweit sie mit ihm etwas hat, was sie mit mir nicht hat. Aber umgekehrt konnte ich natürlich auch entdecken, dass sie mit mir vieles hat, was ihr der andere nicht geben kann. Und das wiegt viel schwerer. So wurde mir klar, dass ich keine Angst haben muss und dass Eifersucht gar nicht nötig ist. Ich glaube auch, dass ich insgesamt ziemlich wenig eifersüchtig bin. Soll es ihr doch gutgehen, solange ich nichts vermissen muss, und sowieso, wenn ich verreist bin.

MARINA: Wir haben natürlich immer wieder Gespräche gehabt über die Frage, wie geht es dir, wenn ich mich mit dem Mann treffe. Als ich dann wirklich mit ihm geschlafen hatte, bekam ich schon Schwierigkeiten bei der Überlegung, wie erzähle ich jetzt davon. Da hatte ich Angst, es könnte zu viel für Johannes sein. Ich selbst konnte die Dinge wunderbar voneinander trennen. Aber die Konventionen, dieses »Oh Gott, ich bin jetzt fremdgegangen«, waren doch ein Stück weit in mir. Nur empfand ich das eigentlich alles ganz anders.

JOHANNES: Wir hatten es ja vereinbart, keine Grenzen gegenüber anderen. Aber für das Gefühl war es noch einmal etwas anderes, wenn der Fall dann wirklich eintritt. Da hat es schon etwas in mir gegrummelt. Ich fand für mich sehr gut, dass es mit den beiden langsam ging und sie nicht so schnell miteinander im Bett gelandet waren. So konnten wir uns beide emotional auch besser daran gewöhnen.

MARINA: Die Affäre war schnell wieder vorbei. Nach einem Dreivierteljahr habe ich dann Michael kennengelernt. Der hat mich ziemlich beeindruckt, und ich habe mich in ihn verliebt. Es kam zu etlichen Begegnungen. Das war heftig, weil von meiner Seite auch sehr viel Gefühl dabei war. Das fiel in eine Phase unserer Beziehung, die etwas schwierig war, weil es mir zu der Zeit nicht gutging, und ich überlegte, das Studium abzubrechen. Ich fühlte mich kraftlos und hatte keine Orientierung, was ich will. Und kaum ging es mir besser, begegnete mir Michael. Wir haben uns aber damit auseinandergesetzt und die Situation gut hingekriegt, denn ich habe gemerkt, wie wichtig mir Johannes ist. Wir waren ja zu dem Zeitpunkt schon ein paar Monate verlobt. Ich habe versucht, mit Michael ein Stück Freiheit zu leben, und bin hier ganz schnell an meine Grenzen gekommen, weil er meine Beziehung zu Johannes nicht akzeptiert hat. Er wollte mich allein für sich.

Mit Johannes war es zwar teilweise auch nicht ganz einfach, aber durch unsere gute Gesprächsbasis sind wir drangeblieben. Und er hat von sich aus angefangen, sich mit »Polyamory« auseinanderzusetzen. Da war er das erste Mal ohne mich zu einem Treffen der Gesprächsgruppe und hat sich auf eigene Initiative in deren Mailingliste eingetragen. Dadurch hat er sich aktiv mit der neuen Situation beschäftigt. Ich habe es ganz gut geschafft, Johannes zu vermitteln, dass ich ihn liebe und dass ich die Beziehung nicht in Frage stelle. Die Frage war nicht, ob ich beichte, sondern wie viel erzähle ich. Wann ist es dem anderen genug? Von welchen Details kann ich berichten? Das waren die Themen. Michael hat es aber überhaupt nicht für nötig gehalten, sich mit Johannes' Existenz auseinanderzusetzen. Letzen Endes ist diese Beziehung genau daran gescheitert.

JOHANNES: Marina konnte mir in der Zeit glaubhaft machen, dass sie mich immer noch liebt. Ich habe dann herausgefunden, dass es blöd für mich ist, wenn sie spät abends nicht da war, mich mit der Frage zu beschäftigen, ob ich jetzt auf sie warten soll. Ich habe einfach entschieden, nicht mehr zu warten.

MARINA: Es ging um die Frage, wie organisieren wir es so, dass es für uns beide okay ist. Das haben wir ganz gut hingekriegt.

JOHANNES: Ich habe lernen müssen, auch nachzufragen, wenn mich etwas interessiert. Zum Beispiel hatte ich die Vorstellung, dass sie jedes Mal, wenn sie bei Michael war, Sex mit ihm hätte. Wogegen ich nur ein- bis zweimal die Woche mit ihr Sex hatte. Das fand ich irgendwie blöd. Als wir dann endlich darüber geredet haben, musste ich feststellen, dass die beiden nicht halb so viel Sex hatten, wie ich mir das ausgemalt hatte. Ich hatte mich nur nicht getraut zu fragen und sie nicht, es zu erzählen. Da mussten wir erst eine Linie finden, was und wie viel erzählt und gefragt werden kann.

MARINA: Ich habe eine Ebene mit Johannes, dass wir mit solchen Situationen sehr konstruktiv umgehen können. So eine Außenbeziehung rückt die Themen wieder in den Vordergrund, die wir beiseitegeschoben haben. Diese Kleinigkeiten: Wer macht was und wann, wer hält was ein oder auch nicht. Plötzlich waren diese ungeklärten Dinge massiv im Weg. Verstärkt durch die andere Person. Wir haben aber den Weg gefunden, an diesen Stellen hinzusehen, was eigentlich dahintersteckt. Diese Qualität war mit Michael schlicht nicht vorhanden. Er hat total abgeblockt. Ich konnte nicht mit ihm reden. Ich merkte dann, dass ich anfing, mich ihm sehr stark anzupassen und ihm nur noch die Dinge zu erzählen, die ihm genehm waren. Da habe ich einen Fehler gemacht. Ich hätte ihn von Anfang an viel ehrlicher mit meinem Standpunkt konfrontieren müssen. Aber er ist auch ein sehr explosiver Mensch, und ich habe zu sehr versucht, es ihm recht zu machen und Konfliktpunkte mit ihm zu vermeiden.

Das würde ich jetzt nicht mehr so machen. Denn er hat versucht, mich aus der Beziehung mit Johannes herauszulösen: »Du kannst den doch nicht heiraten! Wenn du dich jetzt schon in einen anderen verlieben kannst, was ist der dann für ein Schlappschwanz?«

Er hat die Qualität meiner Beziehung mit Johannes gar nicht sehen können und sich nur in Konkurrenz gesehen. Aber weil die Zeit, die ich mit ihm hatte, trotzdem sehr schön war, habe ich unterlassen, da ehrlicher zu sein. Manches hat mir mit ihm eben auch sehr gutgetan und mir den Blick für eine andere Welt geöffnet, denn er ist achtzehn Jahre älter als ich, steht voll im Berufsleben und hat an seiner Doktorarbeit geschrieben, was ich als Studentin sehr spannend fand. So habe ich mich zwischen zwei Welten hin und her bewegt. Aber konfliktfrei waren unsere Gegensätze nicht zu lösen und so haben wir uns im Streit getrennt. Aber allzu sehr hat mich das nicht mehr mitgenommen, weil ich vorher schon langsam von meiner Wolke 7 heruntergekommen war und gemerkt hatte, dass ich das nicht so will, wie es läuft. Ich finde es immer schade, wenn man im Streit auseinandergeht, ich sah aber auch keinen Weg, an ihn heranzukommen. Er lebt völlig in einer anderen Welt und hat für manches einfach keine Sprache. Die Vertrautheit zwischen mir und Johannes konnte er überhaupt nicht nachvollziehen.

Was ich gelernt habe, ist, wenn ich mal wieder etwas mit einem anderen Mann anfange, dann ist für mich Bedingung, dass sich die beiden Männer kennenlernen, so dass Kommunikation auf allen Ebenen möglich ist. Sie müssen nicht miteinander befreundet sein, aber man muss sich miteinander verständigen können. Für den anderen sollte deutlich sein, dass Johannes und ich eine Familie sind. Wir heiraten ja auch demnächst. Da ist ganz klar die Priorität. Aber im Moment habe ich an anderen Männern gar kein Interesse.

JOHANNES: Ich hatte ein Erlebnis beim Tanz. Da hatte ich eine Sandra kennengelernt, bei der es bei mir auf der körperlichen Ebene sofort »klick« gemacht hat. Ich konnte mit ihr einfach wunderbar tanzen. Marinas Bruder war zu Besuch und hat bei uns geschlafen. Dem haben wir erzählt, wie wir das in unserer Beziehung handhaben. Ich war richtig in Sandra verliebt und konnte ihm das auch sagen. Dass ich ihm davon vorschwärmen konnte, war total schön. Er war überhaupt nicht sauer. Ganz im Gegenteil. Er hat sich mit mir gefreut und fand es gut, wie wir damit umgehen. Als

Marina dann nachhaus kam, hat sie einfach nur gefragt: »Na, wie heißt sie denn?«

MARINA: Es war einfach so offensichtlich! Das war die einzig sinnvolle Frage.

JOHANNES: Leider habe ich sie dann monatelang nicht mehr gesehen, weil sie im Ausland ein Studium anfangen wollte. Sie hat mir das auch vorher gesagt. Ich habe sie später zufällig wieder getroffen. Da habe ich noch mal einen schönen Abend mit ihr gehabt. Ich habe sie auch nachhaus gebracht, aber mehr ist da nicht gelaufen. Danach ist sie wieder verreist und seitdem habe ich sie nicht mehr getroffen. Ich würde mich freuen, sie mal wieder zu sehen.

MARINA: Das war ja die erste Situation, in der ich mit einer anderen Liebe von ihm konfrontiert war. Ich fand das sehr schön und habe mich gefreut und fand es schade, dass nicht mehr zwischen den beiden passiert war. Ungeduldig wollte ich wissen, was sie angestellt haben, und dann war kaum etwas gelaufen. Es kam aber trotzdem ein Punkt in der Erzählung, an dem ich glaubte, dass er ihr etwas geben würde, was ich nicht bekomme. Und da meinte Johannes sofort, dass wir erst dieses Problem klären, bevor er schaut, ob er mit der anderen Frau weiter etwas anstellt. Das Problem war für mich, dass ich dachte, er wäre bei ihr sehr impulsiv, fordernd und aktiv und viel direkter, als ich das von uns kannte. »Wie zaubert er das bei der Frau aus dem Hut, und ich krieg davon nichts?«, dachte ich. Aber im Gespräch hat sich dann herausgestellt, dass ich in seine Erzählungen etwas hineininterpretiert hatte, was überhaupt nicht stattfand. Denn natürlich war er bei ihr genauso schüchtern wie bei mir am Anfang. Ich fand für mich sehr beruhigend, dass sich Johannes im ersten Schritt um unsere Beziehung gekümmert hat und nicht nur seiner Verliebtheit nachgegangen ist. Danach war es auch völlig okay für mich, dass er sich weiter mit ihr getroffen hat.

Ich lernte dann Anja kennen und freundete mich mit ihr an. Ich fand sie von Anfang an sehr sympathisch und attraktiv. Johannes wollte wie sie Tango lernen. Ich dachte, prima, dann können sie doch zusammen in den Tangokurs gehen. Denn ich als Tänzerin dachte, ich muss doch in keinen Anfängerkurs gehen, ich lerne das einfach nebenbei. Also sind die beiden zum Tangokurs gegangen. Das ging eine Weile. Eines Tages fragte Anja mich, ob ich mit ihr in die Sauna gehen wolle. Johannes wollte auch mitkommen, kam dann aber doch nicht mit.

Ich war also mit Anja zusammen in der Sauna, anschließend kam sie noch mit zu uns nachhause. Wir haben zusammen gekocht. Hinterher habe ich mich an sie gekuschelt. Johannes hat sich dazugesellt. Wir kuschelten zu dritt, bis die beiden anfingen, etwas mehr zur Sache zu gehen. Da ist dann eine sehr schöne Nacht zu dritt daraus geworden, weil wir auch gut miteinander reden konnten. Und es war keine One-Night-Geschichte, wo man mal schnell mit irgendwem ins Bett gestolpert ist. Wir kannten uns ja schon. Das war ein sehr schönes Miteinander und wir haben am nächsten Morgen noch zusammen gefrühstückt, wieder gekuschelt und miteinander geredet.

Für mich ist dabei klar geworden, dass es unsere Beziehung nicht tangiert, ob Johannes mit einer anderen Frau schläft oder nicht. Das hat mit uns überhaupt nichts zu tun. Und diese Einsicht fand ich wirklich beeindruckend. Denn so einfach hatte ich mir das nicht vorgestellt. Natürlich macht es immer etwas mit der Beziehung, wenn eine andere Person dazukommt. Aber es stellt sie nicht in Frage und erschüttert die Fundamente nicht. Bei aller Freiheit – unsere gemeinsame Basis bleibt, weil wir uns beide darum bemühen. Diese Basis ist einfach da, sie ist sehr stark, weil wir uns vertrauen, und außerdem arbeiten wir daran, dass das so bleibt.

Ich habe mich dann noch mal mit Anja getroffen und auch wir beide mit ihr zu dritt. Wir konnten sehr gut miteinander reden. Ansatzweise wurde es wieder intim zwischen uns dreien. Aber dann hat sie doch einen Rückzieher gemacht, weil sie zu stark an ihre Themen gekommen ist. Ich hatte noch ein paar Begegnungen mit ihr, wobei wir sehr intensiv miteinander geredet haben und teilweise auch zärtlich zueinander waren. Das fand ich unglaublich schön. Ich habe mich in sie verliebt und kam nicht mehr darum herum, mich mit dem Thema Bisexualität auseinanderzusetzen, das vorher für mich nur latent vorhanden war, denn es hatte sich nie etwas in der Richtung ergeben.

Leider verlief das dann sehr schnell im Sande. Sie glaubte fest, dass sie hetero war, obwohl das Vergnügen ja gegenseitig war. Den Gedanken, dass sie vielleicht bisexuell sein könnte, hat sie vehement zurückgewiesen. Seitdem ist sie mir gegenüber sehr ambivalent. Einerseits zeigt sie, dass sie mich attraktiv findet, aber dann fällt ihr schnell wieder ein, dass sie ja hetero ist, und sie nimmt sich zurück. Inzwischen bin ich so weit, dass ich ihr gesagt habe, dass sie mich in Frieden lassen soll. Ich kämpfe immer noch mit Liebeskummer. Aber es wird langsam besser.

JOHANNES: In der Zeit, in der ich einen Tangokurs gemacht habe, hatte ich einen eigenen Draht zu ihr. Der war aber noch wenig erotisch und eher zweckgebunden. Erst kurz vor dem Dreier hat es da mal bei mir gekribbelt. Seither habe ich mich zurückgehalten, weil ich fand, dass sie eher Marinas Freundin ist. Für mich war das mehr ein tolles Abenteuer, aber es hat mich nicht nach einer Fortsetzung verlangt. Ich hätte es schön gefunden, wenn es weitergegangen wäre, aber sie hat sich mir gegenüber schnell verschlossen, und wenn ich das spüre, lasse ich sie in Ruhe. Irgendwie dachte sie wohl auch, dass sie unsere Beziehung stören würde.

MARINA: Das war für sie ein ideologisches Problem. Sie sprach immer von der Heiligkeit unserer Beziehung und fing an, was mich und sie betraf, so seltsam katholisch zu argumentieren: dass der Sex zwischen uns ja gar kein Fortpflanzungsziel hätte. Da habe ich mich schon gefragt, in welchem Film ich eigentlich bin. Sie war eben unheimlich zwischen ihrer Lust und ihren Konzepten hin und her gerissen. Und die daraus entstehende Ambivalenz fand ich einfach zu schwierig.

Der Konflikt ist mir nicht fremd: Heilige sein oder Hure? Und es war für mich auch nicht einfach, mich mit dem Thema Bisexualität auseinanderzusetzen. Für mich war klar: Ich will auf gar keinen Fall, dass das bis in meine Sportgruppe durchdringt, denn die Mädels haben da einen engen Horizont und könnten beim Umkleiden, wo die Situation bisher ganz locker und entspannt ist, gleich sonst was denken.

Anja ist jetzt in den Niederlanden und hat sich nicht mehr gemeldet. Ich habe ihr neulich geschrieben und ihr mitgeteilt, dass ich nicht will, dass sie zu unserer Hochzeit kommt, weil es für mich nicht passt, wenn da immer noch solche Unklarheiten im Raum stehen.

JOHANNES: Auf das Heiraten sind wir ein Stück weit durch die Überlegung gekommen, dass wir Kinder möchten. Und ich glaube immer noch daran, dass man bei der gegenwärtigen Gesetzeslage besser dran ist, wenn man verheiratet ist. Insofern gibt es auch einen ganz simplen praktischen Grund.

MARINA: Ich finde es schön, wenn alle den gleichen Namen haben. Es gibt so ein paar rechtliche und steuerliche Gründe, und es zeigt eine Verbindlichkeit. Ich glaube, ich würde nicht heiraten, wenn ich keine Familie haben wollte. Ich finde es auch schön, zu feiern, dass wir uns gefunden haben und zusammenbleiben wollen. Das ist die besondere Qualität zwischen uns. Dass wir irgendwann Kinder wollen, war nach ein paar Monaten klar. Und wir sind ja schon zwei Jahre verlobt und seit drei Jahren zusammen.

Zu heiraten heißt für mich aber nicht, dass ich mich bis an mein Lebensende einsperre. Am liebsten wäre mir, wenn der Ehevertrag nach sieben Jahren auslaufen würde und man dann entscheiden müsste, ob man weitermachen will. Aber das Modell kann man leider nicht wählen. Zum einen sind wir ziemlich konventionell und konservativ, zum anderen einfach total verrückt. Trotz der Heirat haben wir nach wie vor die Vereinbarung, dass jeder machen kann, was er will. Und wenn der Liebeskummer vorbei ist, bin ich sicher besonders Frauen gegenüber offen.

Ein zweiter Mann interessiert mich zurzeit weniger. Aber wenn wir diese Freiheit nicht hätten, könnte ich nicht heiraten. Wir heiraten nicht kirchlich, sondern haben uns für ein alternatives Ritual entschieden. Wir werden uns auch keine ewige Treue versprechen. Ich liebe ihn jetzt und werde mit ihm eine Familie gründen.

JOHANNES: Es gibt schon noch ein paar Sachen, die ich gern probieren möchte. Aber das hat auch sehr viel mit mir selbst zu tun, weil ich mich einfach manchmal zu schüchtern finde. Da stehe ich mir den Frauen gegenüber oft selbst im Wege. Ich wünschte mir, das wäre nicht so.

MARINA: Ich empfinde es als eine riesige Freiheit, dass er nachhaus kommen und sagen kann, ich bin verliebt oder umgekehrt, mich hat es erwischt, und wir können dann damit vertrauensvoll umgehen. Das macht unsere Beziehung so tragfähig. Es darf passieren. Wir haben uns nicht gegenseitig eingesperrt. Das nimmt unglaublich viel Sprengstoff aus dem Miteinander und gibt uns Sicherheit.

»Schritt für Schritt und gegen jede Regel«

Gerd (47, Ingenieur),
Sybille (50, Ingenieurin) und
Lydia (43, Softwaretesterin)

Sybille erzählt: Ich bin als behütetes, braves Einzelkind in Berlin aufgewachsen. Mein Vater war Lehrer, meine Mutter Hausfrau. Wir hatten ein Häuschen im Grünen, nahe der Natur. Mein Vater starb, als ich vierzehn war. Meine Mutter war durch ihre Eltern eher konservativ geprägt, und ich denke, dass sie sich aus dieser Lebenseinstellung dann befreien wollte, und das haben wir beide wohl parallel gemacht. Wobei es zwischen uns kaum Gespräche, eher Konflikte, gab.

Ich wollte schon früh weg und allein wohnen, aber meine Mutter wollte nicht allein bleiben und hat versucht, mich zu halten. Dieser Konflikt dauerte, bis ich zweiundzwanzig war und Gerd kennengelernt habe. Das war mein erster wirklicher Auszug, als ich zu ihm gezogen bin. Vorher bin ich eigentlich immer nur mal über Nacht weg gewesen und von Bekannten zu Bekannten durch die Stadt gezogen. Ich hatte natürlich schon Beziehungen vor Gerd, exklusiv aber nur am Anfang mit dem Ersten. Der war sehr autoritär und fordernd. Das hat dann meinen Freiheitsdrang ausgelöst, so dass ich danach oft nicht nur mit einem Beziehungen hatte, sondern parallel mit mehreren. Diese Beziehungen waren meist sehr kurz. Wenn mich jemand zu sehr halten oder kontrollieren wollte, bin ich immer dagegen angegangen.

Ich hatte für mich herausgefunden, dass Treue wichtig ist, aber dass man sie definieren muss: Menschliche, freundschaftliche, intellektuelle Treue sind schon unersetzlich – das heißt aber nicht, dass man auch sexuell treu sein muss. Und daher gab es natürlich mit einigen Männern Ärger.

Mit Gerd, den ich an der Uni kennengelernt hatte, habe ich es dann erst mal wieder »ordentlich« probiert, da gab es eine »solide Phase«. Eigentlich war meine Strategie ja die, mal sehen, ob man es mit einem Kerl so machen kann: Ich übernachte bei dem, und er lässt mich in Ruhe. Das war sowieso die erste Prüfung. Und die hatte Gerd bestanden. Gerd hat mich daraufhin telefonisch umgarnt, so dass ich mir dachte: Da muss ich noch mal hin. Ich wollte bei ihm einziehen, die Wohnung einrichten, den Haushalt führen, na wie ich eben dachte, dass man normal lebt. Gerd hatte zwei Zimmer, und in eins davon bin ich gezogen. Irgendwie schien er mir für eine Beziehung geeignet zu sein. Wir waren übrigens beide im gleichen Studiengang, aber nicht im gleichen Semester. Er hat immer bei mir abgeschrieben. Ich war ja weiter, und ich dachte, der ist so clever, irgendwann überholt er mich, und ich kann dann bei ihm abschreiben, aber das hat leider nicht geklappt.

Die ersten Jahre hatte ich aus meiner Sicht eine richtige monogame Zweierbeziehung, aber nach sieben Jahren bin ich in eine eigene Wohnung gezogen. Ich hatte zunehmend das Gefühl, dass Gerd mich unselbständig macht. Das war keine Trennung, ich brauchte einfach nur meinen eigenen Raum, der nur mir gehört. Wenn ich Abstand habe, dann kann ich wieder auf ihn zugehen, dachte ich, und warum soll ich nicht mit ihm zusammen sein, wenn ich ihn noch mag? Ich konnte auch diese Art von Auseinandersetzungen, bei denen man sich anschweigt, nicht ertragen. Da ist es besser, wenn man weggehen kann und nach drei Tagen wiederkommt. Cholerisch bin ich nicht, aber ich fand es immer besser zu streiten, statt Dinge tagelang vor sich hinzuschieben.

In dieser Wohnung wohne ich heute immer noch, und wir sind auch nie wieder zusammengezogen. Zwar musste Gerd den Auszug damals erst verkraften, aber wir haben ja in der gleichen Firma gearbeitet und uns dadurch nicht aus den Augen verloren. Dann haben wir schrittweise wieder angefangen, etwas zusammen zu unternehmen. So fand die Annäherung statt. Ich habe auch nach anderen Männern Ausschau gehalten, aber die fand ich zu normal, die wollten alle eine Beziehung, wie ich sie nicht wollte, und so war es schon nach kurzer Zeit wieder uninteressant. In der Beziehung zu Gerd hat mir gefehlt, dass wir über Themen wie Treue und Freiheit nie geredet hatten. Hätten wir es damals getan, wäre sicher vieles einfacher gewesen. Aber mit der Zeit hat es sich so etabliert, dass wir über vieles nicht reden, sondern einfach leben. Und es scheint ja zusammenzupassen.

GERD: Wir reden schon über Beziehungsfragen, aber weniger über die Beziehung zwischen uns als über die Beziehungen, die wir sonst noch haben.

SYBILLE: Aber das auch erst in den letzten Jahren.

GERD: Immer in der Art, dass wir unsere Beziehung nicht in Frage stellen, sondern so, dass wir auf der Grundlage der Beziehung, die wir zueinander haben, bestimmte Aspekte in Beziehungen zu anderen Menschen erörtern.

SYBILLE: Das stimmt, das freundschaftliche Gespräch über Probleme, die man woanders hat, funktioniert. Bei den Problemen, die wir miteinander haben, ist es eher so, dass sich jeder selbst reflektierend zurückzieht und es dann eben anders probiert …

GERD: … wie die Stachelschweine. Wenn ihnen kalt ist, rücken sie zusammen, um sich gegenseitig zu wärmen, und wenn die Stacheln wieder anfangen zu piken, rücken sie auseinander. So ungefähr machen wir das.

SYBILLE: Was andere betrifft, bin ich durchaus eifersüchtig. Da hat er diesen Karteikasten mit den vielen Briefadressen. Überhaupt bin ich eifersüchtig auf alles, wenn ich nicht einschätzen kann, was es bedeutet. Wenn ich es weiß, dann bedroht es mich nicht. Aber Eifersucht habe ich mir schon ein Stück weit abgewöhnt, weil ich denke, ich kann nur auf die Dinge eifersüchtig sein, die wirklich mich betreffen und nicht nur neben mir oder völlig unabhängig von mir laufen. Solche stören mich eigentlich nicht. Umgekehrt müssen die Männer, mit denen ich mal was habe, eben die Situation akzeptieren, dass ich einen Partner habe. Ich muss da aber auch nicht viel erklären, vielleicht treffe ich nur solche, die nicht groß nachfragen oder zeigen, dass sie das stört. Oder vielleicht stört es sie ja, aber sie zeigen es nicht. Das sind im Übrigen mit anderen keine reinen Sexbeziehungen, sondern immer auch Freundschaften. Selten gibt es jemanden, der mir auf Anhieb so gefällt, dass ich denke, mit dem möchte ich die Nacht verbringen. Ich brauche immer erst eine Basis mit jemandem. Irgendeine Form von Beziehung muss da sein. Da bin ich schon gefragt worden, ob ich mich nicht verzetteln würde. Aber das ist nicht so, ich kann das gut trennen, ich habe zu jedem eine autonome Beziehung. Und dann entsteht automatisch immer wieder der Wunsch, etwas mehr mit Gerd zusammen zu sein.

GERD: Auf beiden Seiten. Dann verreisen wir wieder zusammen ein paar Tage, das reicht dann erst mal wieder.

SYBILLE: Zu viele Tage hintereinander zusammen, das ist einfach nicht gut für uns. So geht das am besten. Und ich habe auch keine Kinder, es war nie der richtige Mann am richtigen Ort zur richtigen Zeit dafür da. Zwischen Gerd und mir war das nie ein Thema. Eine Zeit lang dachte ich auch, ganz kleine will ich sowieso nicht, dann nehme ich lieber Adoptivkinder, die schon etwas größer sind, aber mir war das alles zu kompliziert und aufwändig. Und wenn man dann immer zu viel Arbeit hat, passt es sowieso nicht ins Leben.

GERD ERZÄHLT: Ich bin kein Einzelkind, sondern der dritte Sohn eines Elternpaares aus Hamburg, das sich dann hat scheiden lassen. Beide haben wieder geheiratet. Insgesamt waren wir zehn Kinder, wovon drei meine Vollgeschwister sind. Also bin ich in einer Großfamilie aufgewachsen. Als sich meine Eltern scheiden ließen, blieben meine Schwester und ich bei meinem Vater, meine anderen beiden Brüder bei meiner Mutter. Damals war eine Scheidung nicht so im Einvernehmen mal schnell erledigt, sondern zog sich mit viel Schmutzige-Wäsche-Waschen über Jahre dahin. So dauerte es fast zehn Jahre, bis ich meine Mutter und meine Brüder wiedergesehen habe.

Gefühlsmäßig war ich lange ihr gegenüber in dem Vorwurf: Die hat mich zurückgelassen und nicht mitnehmen wollen. Ohne dass ich überhaupt einschätzen konnte, was sie für ein Mensch war. Woran ich mich auch noch aus frühester Kindheit erinnere, ist die Tatsache, dass ich der dritte Junge war, was dazu führte, dass ich immer wieder versuchte, mich gegenüber den beiden zwei und vier Jahre älteren Brüdern zu profilieren.

Ich denke mal, dass es ein sehr typischer Wesenszug von mir ist, dass ich immer bestrebt bin, für das, was ich tue, auch ja die richtige Anerkennung zu bekommen. Und ich fürchte, das hat auch mein Verhältnis zu Frauen geprägt. Die Anerkennung, die mir die eine vielleicht oder nicht ausreichend gibt – und es reicht nie, das werden sie bestätigen –, führt dann dazu, dass ich eben noch mehr suche, damit vielleicht in der Summe das dabei herauskommt, was ich brauche. Das liegt auch sicher daran, dass ich bis dreißig gedacht habe: Meine Mutter hat mich zurückgelassen und die anderen vorgezogen. Damit habe ich irgendwann aufgeräumt und mich einfach damit abgefunden. Ich habe diese Frage aber mit meiner Mutter nie geklärt. Von mir aus gab es nie das Interesse.

Bei meinem Vater war es so, dass er anderen gegenüber dominant erschien. Ich hatte aber herausgefunden, dass er in vielen Dingen, insbesondere im Verhältnis zu Frauen, schwach ist, und ich hatte ihm gegenüber immer den Vorwurf, er hätte ja überhaupt zugelassen, dass ihn die Frauen über den Tisch gezogen haben, und das nicht nur einmal. Als Erstes sieht man in ihm nämlich den religiösen Prediger mit seiner eigenen Kirche, wo er eine ganz wichtige Rolle spielt, und bei dem man denkt – was für ein imposanter Mensch! Aber er war aus meiner Sicht nicht in der Lage, sein eigenes privates Leben zu regeln.

Ich bin dann mit fünfzehn von meinem Vater weggegangen. Mir war das einfach zu viel mit so vielen Leuten, denn nachdem die halbe Erstfamilie nicht mehr da war, waren wir mit vier weiteren

Kindern immer noch acht Personen. Das Weggehen war mit fünfzehn natürlich nicht so einfach, also ging ich zu meiner Mutter. Dort stieß ich auf eine neue Großfamilie: zwei weitere eigene Kinder plus ein Pflegekind. Und so habe ich es da nur ein Jahr ausgehalten und bin dann auch von dort weg. Ich habe daraufhin in Hamburg allein gelebt und bin anschließend nach Berlin gegangen.

Meinen Vater habe ich vor zwei Jahren erstmals wieder besucht. Das war interessant. Er macht die Tür auf und da steht mir ein fremder Mann gegenüber. Wir hatten uns über zwanzig Jahre nicht gesehen, haben Kaffee getrunken und etwas zusammen gegessen. Es war ganz witzig, dass man an unwesentlichen Details erkennen konnte, dass man doch etwas miteinander zu tun hatte. Bestimmte Bewegungsabläufe oder Handhabungen – da dachte ich, der macht das genauso wie ich. Das war lustig für mich zu sehen. Aber er erschien mir doch ziemlich fremd. Ich fand es anstrengend, als ich bei ihm war, aber es war absolut richtig, dass ich es gemacht habe. Das Thema ist für mich jetzt so weit abgeschlossen.

Mit neunzehn bin ich nach Berlin gegangen, um zu studieren. Mit zwanzig habe ich Sybille das erste Mal getroffen, und als ich einundzwanzig war, haben wir uns verlobt. Und das sind wir bis heute, weil wir die Verlobung nie aufgelöst haben. Ich habe immer noch ihren Verlobungsring, weil ich meinen beim Sport verloren und mir ihren ausgeliehen habe unter dem Vorwand, ihn nachmachen zu lassen. Aber das habe ich nie gemacht. Ich habe ihn ziemlich lange am kleinen Finger getragen, weil er da so schön passte und aussah.

Was die Mädels im Allgemeinen betraf, gab es von Anfang an stets mehr als eine gleichzeitig. Also auch bei den ersten Versuchen, die vielleicht nicht so lange dauerten, aber da waren es schon zwei oder drei, mit denen ich mehr oder weniger intensiv zusammen war. Und das habe ich eigentlich immer so gehalten. Es gab kaum eine Zeit, in der ich nur mit einer Frau zusammen war. Ich erkläre mir das so, dass es mir nie gereicht hat, wenn mir eine gesagt hat, ich sei aber ein toller Typ. Es war besser, wenn es eine zweite gab, die das auch so sah. Dann war das für mich objektiver, vielleicht war die eine im Moment ja nur geblendet?

Natürlich verfolgt mich mein ganzes Leben schon das Problem, dass viele Beziehungen dadurch endeten, dass Frauen meine Haltung nicht akzeptieren wollten. Inzwischen bin ich aber so weit, dass ich von Anfang an klipp und klar sage: Mich gibt es nicht exklusiv. Und dann bleiben einige über, die sagen, dass sie das ziemlich ungewohnt finden und erst mal sehen wollen, ob sie damit klarkommen. Es vergeht oft ein halbes, Dreivierteljahr, bis sie merken, dass es nicht geht. Ganz wenige gibt es, die für sich einen Weg gefunden haben, damit zu leben, und manchmal wird ihnen bewusst: Das hat ja echt Vorteile, ich habe nicht immer diesen Typen hier am Hals und kann Sachen für mich machen; er fragt nicht, was tust du denn da ohne mich?

Voraussetzung ist aber die Treue, und das ist nach meiner persönlichen Definition nicht die Exklusivität, sondern die Verlässlichkeit, dass man weiter da ist und einander das gibt, was man sich voneinander wünscht. In diesem Sinne bin ich allen Frauen treu gewesen. Sie wussten immer, dass sie auf mich zählen konnten. Besonders im Verhältnis zu Sybille. Da gilt das bis heute. Wenn sie das Gefühl hat, sie müsste mit jemandem reden, bin ich sicher, dass sie weiß, dass sie das mit mir kann. Im Prinzip bin ich da für sie und sage nicht einfach, lass mich mit dem Scheiß in Ruhe. Und dieser wichtige Aspekt kann vielleicht die eher problematischen Gefühle des »Nicht-genug-Kriegens«, des »Mir wird was weggenommen« und des »Ich krieg nicht alles«, für die man viel Geduld braucht, aufwiegen. Man kann aber auch nicht erwarten, wenn man eine neue Beziehung eingeht, dass diese Themen innerhalb von drei Tagen ausdiskutiert sind.

Vielleicht könnte man den Eindruck haben, ein Mann, der mehrere Frauen hat, der muss doch ein wonniges Leben führen. Aber diesen Eindruck hatte ich nie. Ich habe mich häufig gegrämt, warum ich diese Probleme alle habe, mich mit verschiedenen Frauen immer so abzustimmen, dass ich trotzdem voll und ganz für sie da bin. Da hab ich viel mehr Ärger als Männer, die nachhaus kommen, und die Frau wartet dort auf sie. Unter dem Aspekt hab ich solche Männer immer beneidet. Also ich hab das nie als Wonne empfunden und geprahlt, dass ich ja einen ganzen Harem hätte – aus Spaß mache ich das manchmal –, aber ich habe eigentlich immer mehr die Probleme gesehen, die ich dadurch habe, mich zeitmäßig zu arrangieren. Niemand vor den Kopf zu stoßen, nicht zu vergessen, dass ich etwas zugesagt habe – ja klar, ich komme mit ins Kino, und womöglich habe ich im Eifer etwas vergessen und muss nun eine von beiden enttäuschen.

Viele Freunde habe ich nicht. Die wenigen respektieren, wie ich lebe, aber sie haben es nicht unbedingt verstanden oder gutgeheißen. Es ist aber auch nicht so, dass daraus jetzt Probleme entstehen, dass ich mich gegenüber irgendwelchen Leuten rechtfertigen, etwas verheimlichen oder ein schlechtes Gewissen haben müsste. Und sie empfinden mich ja nicht als Bedrohung für ihre Beziehungen. Zwischenzeitlich war ich auch mal verheiratet. Mit einer Frau, Ulla aus Litauen. Die habe ich durch eine litauische Freundin kennengelernt, als sie mit einigen ihrer Freundinnen in Deutschland war. Sie kam ein zweites Mal, und dann ging das alles richtig schnell. Ich habe ihr telefonisch einen Heiratsantrag gemacht, und sie hat »ja« gesagt. Das war etwas Neues für mich. Drei Monate später waren wir dann verheiratet. Ich hatte aber nicht die Absicht, von nun an eine »ordentliche Zweierbeziehung« zu führen, und das habe ich ihr auch gleich von Anfang an gesagt. Sie war dennoch Feuer und Flamme.

Aber wir zogen nicht zusammen, denn sie hatte ein eigenes Zimmer woanders. Am Wochenende trafen wir uns und spielten Ehe, mit Einkaufen, Kochen und dergleichen. Das ging einige Jahre so. Schwierig wurde es, als Ulla merkte, dass es nicht das war, was sie eigentlich haben wollte. Erstaunlicherweise hat sie dafür ziemlich lange gebraucht. Sie hat dann jemand anderen kennengelernt, so intensiv, dass es ihr gelang, sich aus der Bindung zu mir zu lösen. Sie meinte dann, wir trennen uns, worauf ich sagte, das geht ja gar nicht, wir waren ja noch gar nicht richtig zusammen. Ich habe ihr vorgeschlagen, dass wir erst einmal versuchen, richtig zusammenzuleben. Ihr Grund war, dass sie den Traum von einer Kleinfamilie mit Kind hatte.

Ich hatte mich noch vor der Ehe sterilisieren lassen, so dass Überlegungen anderer Frauen, ob ein Kind von mir sein könnte, sich in dieser Hinsicht künftig erledigt hätten. Ich wollte noch nie Kinder haben. Insofern wäre von meiner Seite das Familienleben, das sie sich vorgestellt hatte, ohnehin nicht zu erfüllen gewesen. Sie wollte also die Trennung. Und das traf mich richtig tief. Ich saß in der neuen, gemeinsamen Wohnung, die aber nicht die unsere geworden war. Sie war zwar mit eingezogen, hatte sie aber nie wirklich in Besitz genommen, denn unsere Beziehung war schon auf Eis, obwohl wir noch viele Dinge miteinander unternahmen. Es gab ja jemand anderen, den sie heiß und innig liebte, so dass klar war, dass das mit uns keinen Bestand mehr haben würde.

Ich habe sie dann gefragt, warum sie überhaupt noch kommt, wenn sie ohnehin bei mir kaum eingezogen war. Und dann kam sie halt nicht mehr. Ich muss auch sagen, dass sie in den sieben Jahren keine freie Sexualität gelebt hat. Sie hat meinen Lebensstil wohl mehr erduldet. Ich habe ihr zwar von mir aus nichts von dem Zusammensein mit anderen Frauen erzählt, aber ich habe auch kein Hehl daraus gemacht, wenn sie mich gefragt hat.

SYBILLE: Als mir Gerd erzählt hat, dass er heiraten will, fand ich es noch gar nicht so tragisch. Das sei eine Frau aus Litauen, es hätte sehr praktische Gründe, die wolle nach Berlin kommen und hier studieren und außerdem, verheiratet sein ist günstig, man spart Steuern. Und ich eigne mich ja nicht zum Heiraten, weil ich zu viel verdiene, da spart man nicht so viel. Eben eine Zweckehe. Er hat dann Weihnachten Ulla geheiratet, aber das blieb noch ohne Folgen, denn sie ist ja erst mal nach Schweden gefahren für ein paar Monate. Schwierig wurde es eigentlich erst, als Ulla in Berlin war. Nicht wegen Eifersucht, sondern sie war so neu hier, alles war so fremd für sie, und Gerd musste sich ständig um sie

kümmern – »die arme Frau, die muss ich nachhause bringen, sie
kennt sich hier allein nicht aus«. Und irgendwie fing es an, mich
doch zu stören.

Wir hatten ja ziemlich viele Sachen zu dritt unternommen, aber
es gab immer dieses Ungleichgewicht. Mir kam die Aufteilung
nicht mehr gerecht vor. Diese Theorie, jeder hat eine eigene Wohnung, und man trifft sich dann nach Lust und Laune, stimmte für
mich einfach nicht mehr, denn sie hatte irgendwie einen größeren
Unterstützungsbonus. Ich hatte den Eindruck, dass sie meistens
bevorzugt wurde. Damals habe ich mir einen etwas festeren Partner, den Stefan, gesucht, den ich ja auch jetzt noch habe. Einfach
weil ich ein Gegengewicht brauchte. So konnten wir etwas zu
viert unternehmen, das fand ich viel schöner. Das war so witzig,
ich hatte mit Gerd eine Weile eheähnlich zusammengelebt, hatte
dann, nachdem ich ausgezogen war, den Fortschritt gesehen, dass
er wieder eigenständiger wurde und wir dadurch schon eine etwas
gleichberechtigtere Beziehung hatten. Man lädt sich gegenseitig
ein, man kauft sich gegenseitig etwas, man besucht sich gegenseitig. Und jetzt kommt da diese neue Frau und versaut das Ganze,
indem sie nämlich Hausfrau spielt und der Kerl wieder faul wird.
Mit mir kommt er damit nicht mehr weiter, also sucht er sich jetzt
eine Neue und kann das Gleiche noch mal abziehen. So dachte ich.

Aber immerhin, ich mag Ulla. Ich bin ja bis heute mit ihr befreundet. Nur sie mit Gerd inzwischen nicht mehr. Andererseits
war so ein Familienanschluss auch ganz angenehm. Das hatte ich
ja vorher nicht. Immer wenn ich bei ihnen zu Besuch war, war ich
dann gleich mit versorgt. Ulla wirkte am Anfang etwas schüchtern,
zurückhaltend, aber nie eifersüchtig. Sonst hätten wir uns auch
nicht angefreundet. Später war es so ein »Wir zwei verstehen uns
schon und kennen seine Macken«. So eine Art weibliche Solidarität. Nur als sich die beiden getrennt hatten, gab es eine gewisse
Pause in unserer Freundschaft. Weil ich sie nicht bedrängen wollte.
Gerd hat mich ja ein bisschen als »Spitzel« benutzen wollen, denn
er war von ihren Trennungsabsichten nicht besonders erfreut.

Auch hat sie sich zurückgezogen und nicht mehr sehr viel mit ihm gesprochen. Aber das hat sich zwischen uns alles wieder gegeben. Sie hat jetzt ein Kind.

GERD: Inzwischen sind wir aber auch geschieden. Das war insofern merkwürdig, als ich bei der Scheidung nicht das Gefühl hatte, wir sind getrennt, sondern dass es eine gemeinsame Aktion war, und sie zeigte sich auch zugänglich, indem sie meinte, wir können uns ja mal wieder auf einen Kaffee treffen und vom Urlaub erzählen. Das war nach der Trennung erst mal nicht möglich und hatte mir auch sehr gefehlt. Ich will noch was dazu sagen, wie das auf andere wirkte. Da gab es eine interessante Situation, als ich das erste Mal mit Ulla als meiner Ehefrau in der Familie von Sybille aufgetaucht bin. Sie war ja damals noch nicht mit Stefan zusammen.

SYBILLE: Meine Mutter war erst sauer, so nach dieser alten Rechnung »Wir haben den das ganze Studium über mit durchgefüttert und jetzt, wo er verdient, nimmt er sich eine andere, die erntet«. Aber nachdem ich ihr erklärt hatte, wie meine Meinung dazu ist, war auch alles okay.

GERD: Und ich hatte den Eindruck, dass Ulla da ganz gut aufgehoben war. Nur Sybilles Schwester war das wohl zu viel, dass man da in eine fremde Familie kommt und eine fremde Frau mitbringt. Die hat wohl auch eher ein festes Bild, wie Beziehungen aussehen sollten, und das war ihr dann einfach zu viel. Jetzt, wo Ulla ein Kind hat, schenkt Sybilles Mutter ihr auch Babyjäckchen und Ähnliches.

Ich möchte mal etwas dazu sagen, wie Sexualität und Beziehungen für mich zusammenhängen. Für Sybille steht ja die Beziehung im Vordergrund und daraus folgt möglicherweise die Sexualität. Ich sehe das eher einheitlich. Es gab viel Kontakte mit Frauen, die gern mit mir zusammen waren und mich wegen meiner Intelligenz gelobt haben, aber eben keine sexuelle Beziehung haben wollten. Aber das wollte ich dann nicht. Nur einen Teil von mir gibt es nicht. Entweder alles oder nichts. Ich kann aber auch nicht sagen, dass das Sexuelle im Vordergrund steht. Eine Frau, die mich geistig nicht interessiert, ist für mich auch sexuell nicht interessant. Da müsste ich schon ganz schön betrunken sein. Wenn sie andererseits nicht dumm ist, aber auf einem anderen Level liegt, so dass es so richtig gemeinsame Gesprächsthemen nicht gibt, dann wird es ziemlich bald schwierig. Nicht dass ich jemand bin, der viel redet. Ich bin also nicht jemand, der gern drei, vier Stunden im Café sitzt und plaudert. Aber trotzdem möchte ich beim Unterhalten das Gefühl haben, dass ich einen Gegenpart habe, der mitreden kann.

Und obwohl ich jemand bin, der sehr auf Anerkennung aus ist, habe ich nicht das Gefühl, sie zu bekommen, wenn ich als Antwort immer nur höre: »Das ist ja alles ganz toll.« Das hat wenig Wert für mich. Das ist dann kein echtes Gegenüber, sondern ein Opfer. Spannend für mich sind immer nur Druck und Gegendruck und das Gefühl, das ständig ausbalancieren zu können. Meine Frauen sagen mir immer, wenn ihnen etwas nicht passt, und ich muss mich dann damit auseinandersetzen. Wenn sie immer kuschen würden, wäre das langweilig.

Ich könnte es aber auch nicht gut vertragen, wenn mir jemand begegnet, dem ich mich unterlegen fühlte, aber da ist es egal, ob Frau oder Mann. Da müsste ich dann schon arbeiten und suchen, bis ich den Bereich gefunden habe, von dem ich sagen kann, dass ich damit gegenhalten kann. Aber wenn es grundsätzlich so wäre, würde mir das Probleme machen. Die Abhängigkeit, das Nicht-Selbständige im Verhältnis zu mir, das hatte mich bei Ulla gestört. Ich hätte es absehen können, ich hatte es aufgrund der Konstellation geahnt, denn ich war ja derjenige, der Geld verdient hat, während sie das Studium machte. Dadurch war sie schon mal abhängig, aber ich habe immer versucht, sie zu mehr Selbständigkeit anzuhalten und Dinge zu tun, die sie mehr in die Lage versetzten, auf eigenen Füßen zu stehen. In der Folge führte es dann schließlich aber zur Trennung, und im Grunde bekam ich all das erst mit, als ein neuer Partner da war.

Da war ich ziemlich fertig. Ich war dadurch ungefähr ein Jahr regelrecht körperlich krank. Auf der Arbeit habe ich mich nur hingesetzt und gewartet, dass endlich Feierabend ist. Auch aus heutiger Sicht muss ich sagen, dass das eine ziemlich heftige Situation für mich war. Erst im Zusammenhang mit der Trennung stellte ich fest, dass mir ernsthaft etwas fehlte. Ulla war ziemlich verwundert über meine Reaktion, denn sie dachte vor dem Hintergrund meiner Beziehungen, dass ich sie gar nicht richtig lieben würde. Und sie war sehr verblüfft zu sehen, dass ich sie ja doch liebe, so dass ihr die Trennung dann auch gar nicht so leicht fiel. Es war also nicht einfach so ein »Aus und Vorbei«.

SYBILLE: Ich hatte auch ein Problem damit, denn ich habe es so empfunden, dass meine Familie auseinandergegangen ist, dass meine Welt auseinanderbricht. Ich hatte ja das Gefühl, dass wir alle zusammen waren, und jetzt fehlte mir etwas. So lag mir natürlich daran, dass sie zusammenbleiben. Klar war ich für Gerd da, nur mit der Zeit, als es sich dann so hinzog, wurde es mir etwas zu viel. Mein Problem war eben, dass auch mir diese Frau abhanden gekommen war, denn anfangs nach der Trennung hatte ich ja keinen Kontakt mehr zu ihr. Ich wollte ihr nicht nachlaufen, sondern lieber die Verbindung langsam wieder aufbauen. Und das ist mir ja mit der Zeit gelungen. Gewünscht hätte ich mir, dass wir alle wieder zusammenkommen, aber das hat leider nicht geklappt.

LYDIA ERZÄHLT: Ich kenne Ulla nicht, ich kenne nur die Folgen. Ich habe Gerd ja in seiner Depression kennengelernt. Ich bin sozusagen die Anschluss-Frau und habe das auch damals nicht so schnell verstanden und eine ganze Weile gebraucht, um zu kapieren, was da so das große Drama war. Er hat mir das ja nicht gleich am Anfang erzählt.

In meinem Leben habe ich bisher immer gewechselt zwischen monogamen und nicht-monogamen Beziehungen. Mal hatte ich die eine Phase, mal die andere. Und das reicht auch weit zurück. Mit zwölf oder dreizehn hatte ich mit einem festen Freund angefangen, mit dem ich dann vier Jahre zusammen war. Dann hatte ich, bis ich neunzehn war, verschiedene Beziehungen gleichzeitig.

Und ich hatte auch meine erste Frauenbeziehung. Dass ich so viel ausprobiert hatte, war anfangs sicher eingebettet in so ein allgemeines Protestverhalten. Und das hat sich die ganze Studentenzeit über so hingezogen. Es gab dann auch monogame Phasen, aber ohne, dass ich mir das extra vorgenommen hätte. Es hat sich so ergeben. Sehr unideologisch. Und natürlich hat es auch Eifersuchtsdramen gegeben. Einmal habe ich mich dann getrennt, aber das war nur der Anlass. Da hatte ich auch so überhaupt keine Lust mehr, weil die Beziehung nicht mehr stimmte.

Ich hatte auch mal eine Phase, da dachte ich, ich müsste zu der Frage, ob ich monogam leben will, eine feste Position finden. Aber nach einer Weile bin ich zu dem Schluss gekommen, dass mir das zu blöd ist und dass man dazu keine feste Position finden muss, sondern dass es völlig okay ist, mal die eine oder andere Phase zu haben. Allerdings habe ich auch immer gleich den Partner gewechselt, so dass die diesen Phasenwechsel nicht mitmachen mussten. Das hat sich irgendwie so gefügt. Innerhalb einer Beziehungszeit habe ich nicht die Phase gewechselt. Ich war auch nie länger als fünf Jahre mit jemandem zusammen. Natürlich hatten meine jeweiligen Partner die gleiche Freiheit wie ich. So bis dreißig hatten die Männer alle andere Beziehungen. Ich fand das normal. Schon während der Schulzeit war ich in einer großen Clique, wo es ziemlich viele Beziehungen quer zwischen den Leuten gab.

Aber ich kenne Eifersucht. Ich werde immer dann eifersüchtig, wenn ich mit mir nicht zufrieden bin. Selbstliebe macht mich immun gegen Eifersucht. Zwar nicht hundertprozentig, aber eigentlich ist es so. Das ist bestimmt nicht durch meine Erziehung so gekommen. Aber ich habe auch zwei Psychotherapien gemacht, die mir sehr geholfen haben. Ich beschäftige mich ziemlich viel mit Psychologie und glaube daran, dass man sich verändern kann. Und so bin ich zu der Auffassung gekommen, dass Eifersucht zu achtzig bis neunzig Prozent Unzufriedenheit mit sich selbst ist. Wenn ich mir überlege, worauf ich eifersüchtig bin, dann glaube ich, dass es weitestgehend um Projektionen geht. Also dass das, was der andere, wie man glaubt, am Objekt der Eifersucht attraktiv findet, nicht das ist, was den anderen wirklich interessiert. Das konnte ich einige Male überprüfen. Es ist letztlich ein Spiegel – denn wenn ich mich bei eifersüchtigen Gedanken ertappe, frage ich mich, was sagt das eigentlich über mich aus? Und dann kann man sich nur fragen, was habe ich eigentlich für ein Problem damit?

GERD: Ich würde sagen, dass das, was man bei einer findet, nicht unbedingt das ist, was man bei der anderen vermisst hat, sondern noch schlimmer: Es ist etwas, was dieser auch gar nicht fehlt. Die eine hat eben eine Eigenschaft, die auch gar nicht zu der anderen Frau passen würde. Es ist nicht so, dass man diese vermisst und sie dann eben irgendwo anders sucht, sondern wenn sie diese Eigenschaft hätte, wäre das in sich gar nicht konsistent. Es ist also etwas, was nur für die andere Person charakteristisch ist, und insofern ist es kein Ausspielen der Personen gegeneinander. Das beste Beispiel ist vielleicht das der vollbusigen Blondine als Konkurrentin. Da steht eine Frau vor dem Spiegel und fantasiert, dass die andere einen riesigen Busen hätte, und dann kommt am Ende heraus, die hat fast gar keinen. Und sie hat auch keine langen blonden Haare. Stattdessen hat die andere aber eine Eigenschaft, die sie nun selbst gar nicht haben will. Die Frage, ob mir etwas fehlt, ist immer eine Auseinandersetzung mit mir selbst, mit der Projektion und dem Verlustgedanken in Bezug auf eine andere Person und die Eigenschaften, die sie vielleicht hat. Ich habe Lydia nicht gefunden, weil mir bei Sybille etwas gefehlt hätte. Ich finde, sie sind beide absolut einzigartig.

LYDIA: Als ich Gerd kennengelernt habe, war ich das erste Mal in meinem Leben nicht in einer Beziehung zu einem anderen Mann. Vorher gingen immer alle Beziehungen mehr oder weniger ineinander über. Damals hatte ich eine beziehungslose Zeit von zwei Jahren, das hatte ich noch nie in meinem Leben. Irgendwie habe ich lange um den vorigen Mann getrauert, da habe ich einfach die Zeit gebraucht, um das zu verarbeiten. Denn mit dieser Beziehung hatte ich die Hoffnung verbunden, dass wir länger zusammen sein würden. Und dann habe ich mich nicht so schnell davon erholen können, dass es nicht so war. Ich hatte einfach eine Phase, wo ich dachte, jetzt werde ich mal solide. Und dann hat das aber gar nicht geklappt. Ich habe in der Zeit danach einfach mal abgewartet, bis ich das Gefühl hatte, jetzt interessiere ich mich wieder für die Welt. Gerd habe ich auf der Geburtstagsparty einer gemeinsamen Freundin kennengelernt. Da standen wir in der »Geschenke-Überreich-Schlange« ...

GERD: ... genau, die Gastgeberin musste ständig irgendwelche neuen Gäste begrüßen, die gerade hereinrauschten, so dass sie zu uns sagte: »Beschäftigt ihr euch beide mal miteinander.«

LYDIA: Und Gerd hatte dann wohl beschlossen, dass er mich belagern müsste.

GERD: Ich hatte ja den Auftrag bekommen, mich zu kümmern. Und da war es eine Frage der Höflichkeit, statt einfach nur dazustehen und zu warten, dass die Gastgeberin wieder vorbeikommt und mir das Geschenk abnimmt. Ich fand es erst mal nur nett, wir haben geplaudert und versucht, ein Thema zu finden, über das man sich einigermaßen unterhalten kann – es war nicht unangenehm, aber auch nicht so ein Highlight, dass ich gedacht hätte, jetzt habe ich die Frau meiner Träume gefunden. Und es hat sich auch im Folgenden nicht so rasant entwickelt, sondern schön langsam.

LYDIA: Auf der Party haben wir einen Pakt geschlossen. Denn Gerd ist jemand, für den Musik sehr wichtig ist, und ich bin eher ein Augenmensch. Und um meine Hörerziehung stand es gar nicht gut. Der Pakt war dann – fördere du meine Hörfähigkeit, und ich fördere deine Sehfähigkeit. Das machen wir auch noch heute. Ich gehe mit ihm in Galerien und er mit mir in Konzerte.

GERD: Sie schleift mich mit in irgendwelche Galerien und dafür muss sie dann mit in Konzerte! Und wenn sie gar nicht will, bitte ich Sybille um Hilfe, denn die ist auch ein Ohrenmensch.

LYDIA: Natürlich blieb es nicht dabei, und mittlerweile begehre ich diesen Mann. Aber es war auch nicht so, dass ich mit Begeisterung auf ihn zugerannt wäre. Denn Gerd wirkt schwierig und verhalten. Draufgänger sind mir andererseits zu plump, auch wenn das einen gewissen Reiz hat, aber das führt dann nicht zu leidenschaftlichem Überschwang. Am Anfang hat mich besonders auch sein Intellekt angesprochen. Ein cleveres Kerlchen, das fand ich schon mal gut.

GERD: Es ist eben diese Form von Beständigkeit, nicht das Enthusiastische, was einer Frau das Gefühl von Verlässlichkeit gibt. Ich sage wenig, aber darauf kann sie sich dann verlassen. Ich habe auch die Erfahrung gemacht, dass die Frauen, die sehr enthusiastisch auf mich reagiert haben, dermaßen schnell wieder weg waren, dass es für mich fürchterlich war. So dass ich jetzt immer rechtzeitig bremse – und das habe ich dann auch Lydia gesagt: »Verlieb dich bloß nicht in mich.«

LYDIA: Er hat alles abgewürgt. Die schönsten Ansätze. Weil ihm das zu viel Gefühl wurde.

GERD: Genau da steigen die meisten aus, und bei denen, die übrig bleiben, ist eben auch eine Verlässlichkeit. Also den Spaß mit den emotionalen Frauen nehme ich natürlich mit. Aber sobald sie sich verlieben, ist für mich Schluss. Man hat auch mit den Hartnäckigen Spaß und den kann man dann gemeinsam entwickeln und viel mehr daraus machen. Eine andere Art von Spaß. So dass sich alles aufeinander aufbaut und eine Entwicklung möglich ist. Das andere ist nur ein Strohfeuer, und hier entflammt es erst im Laufe der Zeit. Denn ein Strohfeuer ist dann restlos verbrannt. Gestern haben sie noch gesagt, ich liebe dich, und heute, an der gleichen Stelle und Situation: Ich liebe dich nicht mehr. Und das passiert mit den langsam glühenden Kohlen nicht – die gehen auch nicht mehr so schnell aus. Da fühle ich mich besser aufgehoben.

SYBILLE: Als wir uns kennengelernt haben, aber das ist ja schon lange her, hatte ich nicht das Gefühl, dass er vor zu viel Gefühl wegrennen würde. Ich denke, diese Haltung hat sich erst in den Jahren entwickelt.

LYDIA: Ich empfinde ihn schon als Ruhepol, aber ich muss auch sagen, dass ich ziemlich lange gebraucht habe, um Gerd zu verstehen. Denn vom Wesen her war er mir recht fremd. Ich denke nicht, dass ich Gerd völlig verstanden habe und mittlerweile, das ist das Schöne, möchte ich das auch gar nicht mehr. Ich habe relativ viel verstanden, und jetzt lasse ich mich gern überraschen. Das kann meinetwegen so bleiben, das ist angenehm. Ich möchte ihn auch gar nicht mehr ausbuchstabieren. Obwohl ich damit am Anfang schon Probleme hatte und manchmal in die Panik verfiel, ihn zu hundert Prozent verstehen zu wollen, aber da bin ich jetzt viel ruhiger und gelassener geworden. So passieren immer wieder neue Dinge, die mich überraschen. Und das ist viel schöner. Im Übrigen ist auch eine eigene Beziehung zwischen Sybille und mir gerade zaghaft am Entstehen. Wir sind zweimal alleine miteinander weg gewesen.

SYBILLE: Das war in den ersten Jahren natürlich nicht so. Man musste sich ja erst mal kennenlernen und Lust darauf kriegen. Anfangs hat er von Lydia nur erzählt und nach der Trennungsphase von Ulla ging es bei ihm recht bunt zu, wobei er mir das dann auch alles erzählt hat.

GERD: Zwölf Frauen in einem Jahr, macht also im Schnitt eine pro Monat, da hatte Sybille gut zu tun.

SYBILLE: Ich glaube, als Erstes sehe ich ja eine andere Frau als Teil von Gerd und wie sie zu ihm passt. Und es dauert dann eine Weile, bis ich die andere als eine eigene Person wahrnehme. Ich schaue auch erst einmal, wie es Gerd dabei geht, ob es vernünftig ist und zu ihm passen könnte, und dann erst kommt vielleicht mein eigenes Interesse.

GERD: Das Thema der Verantwortung für den anderen ist immer da, bei beiden. In dem Sinne, dass man sich darum kümmert, dass sich der andere wohlfühlt und dann dazu auch eine Meinung hat, weil es ja ein gewisses Verantwortungsgefühl füreinander gibt. Aber ich fühle mich nicht wie in einer Art Vaterrolle, um aus patriarchalischer Sicht heraus zu sagen: »Der ist aber nichts für dich.« Sondern es ist mehr die Sicht des Freundes, der nicht möchte, dass es dem anderen schlechtgeht.

LYDIA: Wenn wir schon in verwandtschaftlichen Kategorien reden, dann würde ich das brüderlich-schwesterlich nennen. So fühlt sich das für mich eher an. Sybille ist für mich wie eine Schwester im Hintergrund. Und er hat mir Sybille ja von Anfang an »mitverkauft«.

GERD: Ja, mich gab es nicht allein.

LYDIA: Und das hat mich auch nicht gestört. Weder bevor ich Sybille kennengelernt hatte noch danach. Sie war auch keine Konkurrentin für mich. Da war ich eher rückblickend auf Ulla eifersüchtig, weil er so fürchterlich gelitten hat. Und am Anfang hat er mich immer noch mit ihr verglichen und gejammert. Das war nicht so einfach.

GERD: Aber es muss gewirkt haben, denn sie hat ja dann gesagt: »Dir werd ich es zeigen, ich hab das noch viel besser drauf.«

LYDIA: Ich bin eben auch konkurrenzorientiert, ich gebe das unumwunden zu, bei mir funktioniert das tatsächlich. Ich gewinne entweder oder gehe. Und dann fühle ich mich einfach gut.

SYBILLE: Mir reicht es zu wissen, dass ich die Nummer eins bin.

LYDIA: Mir auch.

GERD: Wenn man da nicht ab und zu so einen Ansporn gibt, dann bewegt sich nichts. Aber es sind ja auch beide Nummer eins.

SYBILLE: Und mir ist wichtig, dass ich nicht allein auf diesem Sockel stehe. Man könnte sagen, wir sind wie eine Familie.

GERD: Auch wenn wir uns nicht ständig sehen. Mit Lydia treffe ich mich einigermaßen regelmäßig in Abständen von ein bis zwei Wochen oder auch ein Wochenende lang. Bei Sybille ist es eher schwankend. Da gibt es Zeiten, wo wir uns drei, vier Wochen gar nicht sehen, aber dann verreisen wir zum Beispiel eine Woche zusammen.

SYBILLE: Früher war das regelmäßiger, als er mit Ulla zusammen war, da haben wir uns öfter in der Woche getroffen und am Wochenende war er mit Ulla zusammen. Da war irgendwie alles organisierter. Aber ich finde das jetzt nicht schlechter als damals. Manchmal mag ich ein organisiertes Leben, aber auch nicht immer.

GERD: Ein wichtiges Thema ist ja die Erotik. Nicht dass wir alle drei etwas miteinander haben, aber in gewisser Weise parallel. Und es ist ganz interessant, dass wir alle drei ein Interesse daran haben, das Spektrum der eigenen Erfahrungen zu erweitern, auch Grenzerfahrungen zu machen. Mir war lange Zeit nicht bewusst, dass Sybille sich da ein Stück entwickelt hat und ich dann plötzlich feststellen musste, sie beschäftigt sich mit ähnlichen Dingen wie ich – also Dinge aus dem SM-Bereich.

SYBILLE: Und zwar ganz praktisch, nicht bloß in der Fantasie. Die hab ich sowieso wenig, ich bin ja Ingenieurin.

LYDIA: Gerd interessiert beim Bondage immer das Geknüpfe, und das interessiert mich nun überhaupt nicht. Mich interessiert mehr, wie sich das im Ergebnis für mich anfühlt. Und natürlich wie es aussieht, ich bin ja ein Augenmensch.

SYBILLE: Da bin ich aber auch Augenmensch, also für mich muss das schön sein und nicht einfach nur praktisch. Auf der Gefühlsebene brauche ich immer einen Anreiz. Ich muss irgendwas sehen oder hören, was mich stimuliert, und dann kommt dabei etwas raus. Genau kann ich es gar nicht sagen, vielleicht teilweise etwas Dominantes. Ich bin aber jetzt beim SM nicht auf eine Rolle fixiert, ich wechsle da munter, je nach Stimmung. Ich kann ganz schön dominant sein und will es auch. Allerdings nicht bei Gerd.

GERD: Ich lasse mich nicht gut führen. Bei mir ist das Ganze mehr eine mentale, emotionale Angelegenheit. Wenn ich von Grenzerfahrung gesprochen habe, dann geht es mehr um psychische Grenzerfahrung. Das ist ein Thema, mit dem ich mich schon lange beschäftigt habe. Ich habe früher sehr intensiv Karate gelernt, und das ist ja für den Betrachter von außen erst mal eher eine technische Angelegenheit. Aber für den, der sich darin ausbildet, ist es eine Frage der inneren Einstellung, der Mentalität, der Meditation, und dies hat mich damals gleichermaßen interessiert – ein ausgewogenes Verhältnis zwischen dem Technischen und den inneren Prozessen zu haben. Das bezieht sich auch auf die Sexualität. Eine rein technische Sexualität zu haben ist für mich völlig undenkbar, die Frage des Erlebens und was man dabei empfindet, spielt eine sehr große Rolle. Bis hin zum Tanzen. Tango tanzen. Wo eben auch ganz klar ist, wer führt und es auch kann. Wenn die Dame nicht folgt, nützt das ganze Führen nichts. Das funktioniert eben nur, wenn da ein enges Zusammenspiel ist.

Dahin zu kommen, sich durch kleine Signale klarzumachen: »Wer hat jetzt die Führung, wer lässt sich führen, wer folgt«, ist viel spannender als mit Brachialgewalt zu zeigen: »Ich bin hier der Meister, und mehr interessiert mich nicht.« Und so zieht sich das in allen Bereichen durch. Das ist in der Sexualität so, das ist beim Tanzen so. Es ist die gleiche Energie. Die Japaner sagen, es gibt viele Wege und alle führen zum selben Ziel. Für mich ist das eine vertikaler Sex, das andere horizontaler. Oder vertikaler und horizontaler Tango. Und auch da spielen ja die ästhetischen Reize eine große Rolle. Da ziehen sich die Mädels hübsch an, mit Netzstrümpfen und hochhackigen Schuhen.

LYDIA: Das macht Gerd eben auch attraktiv, diese Haltung.

GERD: Wenn ich mal irgendwann keinen mehr hochkriege, kann ich wenigstens noch Tango tanzen.

LYDIA: Und fesseln kann er einen dann auch. Aber ich glaube nicht, dass ich richtig devot bin, jedenfalls nicht so, wie es mir scheint, wenn ich mir andere anschaue. Das ist alles noch neu für mich. Die dominante Seite sehe ich eher weniger in mir, aber das liegt sicher daran, dass ich in meinem Beruf tagsüber schon immer so dominant bin. Das muss ich nicht auch noch im Bett haben. Wenn ich den ganzen Tag gesagt habe, wo es langgeht, reicht das auch. Um in einem männlich dominierten Technikbereich bestehen zu können, verhalte ich mich den ganzen Tag sehr männlich. Nur wenn ich die Dinge so mache wie die Männer, kann ich die gewünschten Erfolge erzielen, ohne dass ich das Gefühl habe, mich zu verbiegen, denn ich glaube, ich habe eine starke männliche Seite in mir, aber ich habe auch acht Stunden täglich Zeit, das auszuleben, und dann ist es irgendwann mal gut.

GERD: Sie ist ja so visuell orientiert, und ich habe ihr einfach mal im Bett die Augen verbunden. Das war der erste Eingriff in ihr Weltbild.

LYDIA: Das war erst mal ganz schwierig für mich.

GERD: Mehr war da gar nicht bei diesem ersten Mal. Normaler Sex, aber mit verbundenen Augen. Und daran sieht man, es ging mir nicht um Dominanzrepräsentation, sondern darum, neue Erfahrungen mit ihr zu machen. Und andere Dinge bewusster zu erleben, die man vorher gar nicht wahrgenommen hat. Einfach intensiver zu spüren und nicht das Nichtsehen als Verlust wahrzunehmen.

LYDIA: Unser Pakt vom ersten Abend hatte ja auch was mit der Veränderung von Wahrnehmung zu tun. Und für mich ist das dann einfach eine Form von Persönlichkeitsentwicklung. Ich fand es außerdem spannend, was er da mit mir gemacht hat. Und ich bin immer neugierig, wenn ich das Gefühl habe, da tut sich mir ein ganzes Feld auf. Da kann ich mich entwickeln, etwas lernen. Das ist interessant. Ich habe das dann auch mit anderen Männern gemacht. Nicht dass Gerd jetzt das Monopol darauf hätte. Im Moment habe ich zwar keine Beziehung zu jemand anderem, aber es kam schon vor.

SYBILLE: Bei mir war mehr eine Art Fetischismus ausschlaggebend. Latex. Damit hat es eigentlich angefangen. Da habe ich mir mal was aus einem Katalog bestellt, das war unheimlich eng, habe mich da reingequält, aber der Kerl hat gar nicht reagiert, vielleicht hatte ich ja den falschen Tag erwischt. Okay, also wieder rein in den Schrank. Und irgendwie schlummerte das dann da. Aber ich wollte einem schwulen Freund zu seiner Einweihungsparty etwas Besonderes bieten.

Tja und dann strahlten mich da dreißig Leute auf der Party an – toll! Und mein Freund Stefan war auch mit. Daran, wie er mich ansah, spürte ich, dass da ja doch noch etwas anderes ist und so fing es an. Und das war dann der Einstieg in ein etwas anderes Sexualleben. Und eigentlich switche ich, das heißt, ich wechsle zwischen der dominanten und devoten Rolle. Die Latexsache war wahrscheinlich nur der Auslöser.

GERD: Mein Thema ist mehr Bondage, das ist eine richtig spannende Sache, mit der ich auch gut zu tun habe. Technisch und mental. Mit mir und mit dem Partner. Ich versuche ja die Emotionen des anderen gut mitzuerleben. Ich frage sie ja, was sie wie empfinden, das ist mir auch wichtiger als meine eigenen Gefühle. Ich würde mich in dem Sinne als Diener an der Lust der Frau sehen, und die Seile sind das Hilfsmittel. Und um damit die Frauen so weit zu bringen, dass sie mich lieb haben. Das gelingt mir eben dadurch, dass ich dafür sorge, dass sie sich mit mir wohlfühlen.

LYDIA: Das fühlt sich für mich auch nicht nach Machtausübung an, denn wenn es so wäre, würde mich das nicht anmachen, da ich ja nicht wirklich devot bin. Im Gegenteil, da würde ich ganz widerspenstig und trotzig. Wenn ich das Gefühl habe, es geht jetzt hier um Macht, da fange ich auch den Machtkampf an. In dem Sinne ist das alles sehr fern von Unterwerfung. Wenn es so wäre, würde ich mich womöglich nicht mal fesseln lassen. Ohnehin bin ich keine, die sich leicht fallen lässt. Und Zwang würde da gar nicht funktionieren. Sowieso halte ich es mit Männern so, dass ich sie denken lasse, dass die den Plan haben, und ich sie dann das tun lasse, was ich will, wovon sie aber glauben, dass sie es sind, die das wollen, eben weil Männer das so mögen. Das kostet mich nichts. Aber nicht, wenn einer versucht, mir etwas abzuringen. So geht das nicht. Ich muss erst innerlich ja gesagt haben.

GERD: Das ist genau das Spannende, dass genau das nicht immer gleich grundsätzlich geklärt ist. Es wäre vielleicht viel klarer, wenn das Dominanz-Submissions-Gefälle größer wäre. Aber dann wäre es auch für mich deutlich reizloser. Ich brauche Gegnerinnen, mit denen ich verhandeln muss, wie weit ich gehen kann, und keine Opfer. Ständig die Grenzen neu zu ermitteln. Allerdings mit dem Vorspann, dass ich immer etwas dominanter anfange. Und dann aber nur leicht in der Führung bleibe.

SYBILLE: Für mich ist SM ganz anders. Entweder ganz Macht haben oder ganz sich aufgeben. Und das im Wechsel.

GERD: Wäre meine Partnerin weniger stark, würde ich automatisch die Lücke füllen und wäre dann umso dominanter. Aber das nützt mir nichts, wenn sie da nicht mitmacht. Und ich kann mir auch vorstellen, dass sich die Verhältnisse mal andersherum darstellen und sie mich mal fesselt. Wobei eben jeder von uns seine Grenzen in der Hingabe hat, so dass wir uns eher in einem Mittelfeld bewegen. Wir inszenieren eben einfach die Fantasien, die uns spontan kommen. Und das ist eigentlich kein SM für mich, sondern einfach gelebte Sexualität. Spiele für Erwachsene. Spielerisch das Verhältnis zueinander zu entwickeln und die Beziehung zueinander immer wieder revolutionieren.

Freie Liebe und Leben
in Gemeinschaften

Monika (53, Buchhändlerin) und
Pieter (48, Philosoph und Friedensaktivist)

MONIKA ERZÄHLT: Ich bin in Mühlacker geboren, einer schwäbischen Kleinstadt, und komme aus einer Familie mit sechs Kindern. Mein Vater war Straßenwart, meine Mutter Hausfrau. Es war eher ein kleinbürgerlich-bäuerliches Arbeitermilieu. Von den Geschwistern bin ich die Zweitälteste. Wir waren vier Mädchen und zwei Jungen, also schon eine große Familie. Und die Schwestern meiner Mutter wohnten dort auch in der Nähe auf dem Dorf. Bei uns war immer viel los. Meine Mutter hat Bier über die Straße verkauft. So haben bei uns die Bauern, wenn sie die Milch abgeliefert hatten, und die Leute von der Müllabfuhr sowie verschiedene Verwandte und Nachbarn regelmäßig abends in der Küche gesessen. Wir hatten also eine Kneipe in der Küche. Unser Haus war ein sehr offenes Haus. Und so war auch meistens jemand beim Essen noch mit dabei. Sonntagmorgens kamen die Bekannten und näheren Verwandten und haben bei uns ihren Frühschoppen gemacht.

In der Schule war ich die Beste in der Klasse und bin dann später aufs Gymnasium nach Mühlacker gegangen. Daher richteten sich auch in der Familie besondere Hoffnungen auf mich, nämlich dass ich danach studiere und eine soziale Aufsteigerin werde.

Meine Eltern sind beide evangelisch. Ich bin zwar früher in den Jugendgottesdienst gegangen, aber mein Vater ist eigentlich kein großer Kirchgänger. Das ist eher meine Mutter, die ist bis heute im Kirchenchor dabei. Trotzdem ist sie nicht besonders religiös. Über Beziehungen und Sexualität wurde nicht offen geredet. Aber dadurch, dass unsere Küche eine Kneipe war, ist vieles versteckt abgelaufen. Wir haben zum Beispiel früher regelmäßig geschlachtet, und bei so einem Schlachtfest gibt es so eine ganz bestimmte, anzüglich sinnliche Atmosphäre. Da kriegt man als Kind auch schon mit, wie die Männer den Frauen an den Hintern fassen, und wie da miteinander herumgeflachst wird. Dadurch, dass das meistens Männer waren, die sich abends bei uns zum Kartenspielen trafen, habe ich schon früh solche Komplimente bekommen wie: »Du siehst ja hübsch aus.« Oder es wurde festgestellt, dass die Schwestern meiner Mutter wunderschöne Beine hätten.

Als ich vierzehn war, hatte ich Konfirmationsunterricht durch den Ortspfarrer, und da haben wir zum Schluss ein Aufklärungsbuch überreicht bekommen, wirklich das dümmste Aufklärungsbuch, was es so gibt, und die Übergabe ist auch noch richtig heimlich abgelaufen. Das war schon eine sehr verklemmte Atmosphäre. *Woher kommen die kleinen Jungen und Mädchen?*[*] hieß dieses blöde Kinderbuch. Das war mir so was von peinlich, dass ich mit vierzehn, wo man längst durch andere Medien oder durch Bücher – die vom Bücherdienst, die im Bücherregal immer ganz oben standen – aufgeklärt war, vom Pfarrer »offiziell« ein Aufklärungsbuch überreicht bekam. Das fand ich schon reichlich daneben. In der Schule hatten wir keinen Sexualkundeunterricht, aber es war leicht, an die entsprechenden Informationen heranzukommen. Da gab es zum Beispiel Oswalt Kolle, der war damals noch ein Provokateur für viele. Meine Mutter war eigentlich keine verklemmte Frau, aber über solche Themen ist einfach nicht geredet worden. Und als ich dann meine erste Blutung hatte, hat sie mir ganz versteckt so ein schreckliches Plastikhöschen gegeben, wo man eine Binde hineinlegen musste. Also das waren furchtbare Dinger für mich!

Ich kann mich erinnern, dass ich zwischen zehn und zwölf Jahren sportlich viel gemacht habe, Kunstradfahren zum Beispiel, und ich war auch in einem Sportverein. Der erste Mann, in den

---

[*] Seelmann, Kurt; Haug-Schnabel, Gabriele: *Woher kommen die kleinen Jungen und Mädchen?*, Reinhardt 1996.

ich mich verliebt hatte, war Lastwagenfahrer bei meinem Onkel. Da habe ich immer zugesehen, dass ich mit dem mitfahren durfte, nach Bruchsal zum Kiesholen. Einmal wurde in der Nähe der Gärtnerei ein neues Gewächshaus aufgebaut. Von der Baustelle kamen die Monteure zu meiner Mutter Bier trinken. Da war auch ein Typ dabei, in den war ich richtig verliebt. Als ich einmal eine Platzwunde am Kopf hatte, war ich so eitel, dass ich nicht mit dem Verband in die Schule gegangen bin. Und auch nicht zu der Baustelle, wo der gearbeitet hat.

Diese älteren Männer, die zu uns in die Küche gekommen sind, das waren meine ersten Verliebtheiten. Aber da fand ganz sicher kein Missbrauch statt.

Meine erste große Liebe war Johannes Reich. Der war der Sohn von einem entfernten Verwandten. Die haben aber neben uns gewohnt, und wenn er nicht in den Kindergarten gehen wollte, hatte ich auch keinen Bock darauf. Er war meine erste große Liebe, die mich durch die ganze Grundschulzeit begleitet hat – auf allen Fotos, die in der Zeit aufgenommen wurden, stehe ich neben Johannes, und ich war auch total eifersüchtig, als dann aus Karlsruhe mal ein neues Mädchen in die Klasse gekommen ist. Die war nämlich der große Schwarm aller Mitschüler, eine Konkurrentin für mich, aber sonst war ich die Klassensprecherin, die Lieblingsfrau und Bandenführerin.

Wir waren eine Gruppe, die oft zusammen gespielt hat. Da waren auch Ältere dabei, und ich war einfach anerkannt. Den Johannes habe ich übrigens wiedergetroffen, auf einem Klassentreffen, als ich vierzig war. Da hatten wir sofort wieder dieses ganz tolle Verhältnis zueinander. Er war auch der, der mir den ersten Zungenkuss gegeben hat, auf einem Konfirmationsausflug. Er war ein super Fußballspieler, und wenn wir abends nach dem Spiel durch den Wald gegangen sind, haben wir uns oft geküsst und geknutscht. Das dauerte so, bis ich fünfzehn Jahre alt war. Dann wurden andere Jungs interessant. Außerdem war er nicht auf meinem Gymnasium, und dadurch hatte ich nicht mehr so viele Kontakte ins Dorf, sondern mehr zu den Mitschülern, auch zu älteren.

Dort hat auch meine politische Zeit angefangen. Ich habe aufgehört, aktiv Sport zu machen, und für mich ist die Arbeit in einer Lehrlings- und Jugendgruppe, die um ein Jugendzentrum gekämpft hat, in den Vordergrund getreten. Es waren Studenten aus Heidelberg dabei, Lehrlinge und eben Schüler aus dem Gymnasium. Das war sozusagen die »Jugendbewegung in der Studentenbewegung«, die nachrückende Generation, die von verschiedenen politisch aktiven Studenten geschult wurde. Was die Liebe betrifft, so hatte ich das Bild entwickelt, einen Freund zu haben, der mein »Haupt-Mann« war, aber gleichzeitig sollten er und auch ich immer noch andere sexuelle Beziehungen haben. Das entsprach dem, was damals in den linken Bewegungen vertreten wurde. Und das haben wir in unserer Jugendgruppe gelebt. Ich kann mich an viele Lagerfeuer erinnern und an schöne Nächte.

Ich war zum Beispiel mit einem Typen zusammen, der wusste, dass ich mit seinem Freund ins Bett gehe. Die Männer haben sich untereinander abgesprochen. Derjenige, der mich entjungfert hat, von dem war auch in der ganzen Gruppe bekannt, dass der das machen würde. Wir haben das so richtig miteinander geplant. Ich kann mich noch erinnern, wie wir darüber Witze gemacht haben, aber es war auch fast so etwas wie ein Ritual – also es ist auf jeden Fall bewusst gelaufen. Ich war in den Jungen verliebt und hatte Vertrauen in ihn.

Diese Gruppe war eine ganz wichtige Etappe für mich, die politische Arbeit, die Abende am Baggersee, unsere Treffen – das war alles richtig frei. Bei einigen Männern aus dieser Zeit, wenn auch bei wenigen, bin ich heute nicht mehr sicher, ob ich mit denen richtigen Sex hatte oder mir das nur gewünscht habe. In dieser Gruppe habe ich sozusagen meine zweite Sozialisation erlebt.

Mit sechzehn habe ich, als damals die Frauenbewegung angefangen hat, eine Frauengruppe gegründet. Das war für mich ein wichtiger Emanzipationsschritt. Denn vorher war ich eine Vierzehnjährige, die sechzehn-, siebzehnjährige Freunde hatte, die alle die großen Theoretiker waren, und ich habe mich da immer ein wenig als dumm empfunden. Ich saß dabei als »die Freundin« von dem oder dem, aber wir Mädels haben uns nie in Diskussionen eingemischt. Und dann haben sich plötzlich die Frauen von diesen so genannten Gurus untereinander getroffen. Das hat in der Gruppe starke Auseinandersetzungen ausgelöst, weil sich die Männer ausgeschlossen fühlten. Die wollten immer gern wissen, warum wir uns als Frauen allein treffen wollten. Dadurch sind plötzlich zwischenmenschliche Themen ins Zentrum der Diskussion getreten. Neben der politischen Arbeit.

Damals kamen solche Bücher heraus wie *Die Scham ist vorbei* von Anja Meulenbelt[*]. Da ging es zum Beispiel um lesbische Liebe. Ich erinnere mich an einen ganz berühmten Text: Da hieß es, dass der Orgasmus der Frau nicht durchs Vögeln ausgelöst würde, sondern nur über die Klitoris. Darüber haben wir viel diskutiert. Für mich war das auch eine zweite Aufklärungszeit. Ich habe zwar vorher durch das, was ich gelesen hatte, gedacht, ich wäre schon aufgeklärt, aber was eigentlich der weibliche Körper ist, wie beispielsweise mein Körper von innen aussieht, lesbische Liebe und all diese Themen, sind erst dadurch ins Zentrum für mich gerückt. Ich hatte auch Frauenzeitschriften wie *Emma* und *Courage* abonniert, wobei die *Courage* für mich die interessantere Zeitschrift war, weil da nie solche rein lesbischen Positionen vertreten wurden, bei denen der Mann ausgeschlossen und als Feind oder Unterdrücker dargestellt wurde. Die haben zwar Stellung bezogen, aber immer solidarisch. Ich war damals mal in Berlin bei einem Frauenkongress, und bei dem waren auch Männer zugelassen.

Mit neunzehn habe ich dann mein Abitur gemacht und habe danach in Heidelberg studiert: Grund- und Hauptschullehrerin für Politik und Deutsch. Ich habe dort das Erste Staatsexamen bestanden und später ein Aufbaustudium in Karlsruhe im Fach

---

[*] Meulenbelt, Anja: *Die Scham ist vorbei*, Frauenoffensive 1978.

Diplom-Ausländerpädagogik absolviert. Es ging also um Sprach-
vermittlung an Ausländer mit dem Schwerpunkt Griechenland.
Ich war viel auf Reisen und habe das Studium aber nicht ganz
abgeschlossen, ich habe nämlich keine Diplomarbeit geschrieben.
Deswegen habe ich nur ein vorläufiges Diplom. Und nach meiner
Diplomprüfung war ich erst mal unterwegs und habe gejobbt, Reisen nach Griechenland und Frankreich gemacht, und ich überlegte
damals auch, ob ich ganz auswandere.

Ich hatte viele Freunde im europäischen Ausland. In Frankreich
machte ich Praktika an Schulen. Und in Griechenland ein Sprach-
studium. Das waren auch Länder, mit denen ich mich innerlich,
von der Mentalität her, verbunden fühlte, auch wenn sich das
durch meine Biographie nicht erklären lässt. Ich bin ja vom Äußeren her ein sehr südländischer Typ und werde auch von allen
darauf angesprochen. Ich glaube, ich habe eine seelische Verbindung zu vielen Mittelmeerländern. Nach Südfrankreich bin ich
unter anderem gefahren, weil ich etwas über »Frenet-Pädagogik«
erfahren wollte, denn ich habe mich damals viel mit alternativen
Pädagogikmodellen beschäftigt. Meine Staatsexamensarbeit habe
ich über die »Tvind-Schulen« in Dänemark geschrieben. Während
des ganzen Studiums war ich immer in alternativen Zusammenhängen engagiert. Ich war im Allgemeinen Studentenausschuss
aktiv und habe in einem selbstverwalteten Wohnheim gewohnt,
in dem sich die politische Szene getroffen hat. Aber immer in
unorganisierten Gruppen. Damals nannte man uns »Spontis«.
Ich war nie in marxistisch-leninistischen oder in irgendwelchen
K-Gruppen, sondern in der Frauenbewegung, in der Jugend-
zentrumsbewegung, und das waren immer Gruppen ohne organi-
satorische Anbindung an irgendeine Partei, also gewissermaßen die
Jugendbewegung der außerparlamentarischen Opposition. Hinter
all dem stand die Sehnsucht nach Alternativen und auch die Lust,
etwas zu bewirken.

In Heidelberg hatte ich einen festen Freund. Mit dem bin ich
dorthin gezogen. Wir waren insgesamt zehn Jahre zusammen.

Der hat mich die ganze Zeit dort begleitet. Ich hatte aber neben ihm auch immer sexuelle Kontakte und Freundschaften mit anderen Männern und mit Frauen. Also ich war manchmal in Frauen verliebt. Nur war ich damals mit Frauen noch nicht im Bett. Das war aber keine lesbische Liebe, wie ich es von den Lesbengruppen kannte. Später gab es Frauen, in die ich genauso verliebt war wie in Männer. Aber ich habe trotzdem meinen Schwerpunkt bei den Männern gehabt.

Schon bei uns zuhause, über die Schulzeit in Mühlacker bis hin zum Studienende, habe ich mich in alternativen Gruppen bewegt und hatte aber immer einen festen Freund oder mindestens einen, der mir wichtiger war als die anderen. Innerhalb dieser Szene war eigentlich klar, dass man ein freiheitlicheres Bild in der Liebe vertritt und toleriert, dass der Partner auch sexuelle Wünsche gegenüber anderen hat und man versucht, damit umzugehen und alternative Wege zu finden, die außerhalb des Normalen liegen. Das ist einfach die Sozialisation, aus der ich komme.

Aber da ging es dann irgendwann nicht mehr weiter. Bei all den Gruppen habe ich keine Lösung für mein Thema in der Liebe gefunden: Wie kann ich verschiedene Männer gleichzeitig lieben und dabei eine hohe Intensität erreichen? Man hat es zwar irgendwie gemacht, aber wir konnten mit den Folgen nicht umgehen. Wir mussten uns dann immer trotzdem irgendwann trennen. Die Folgen waren Eifersucht innerhalb der Gruppen und Machtkämpfe zwischen den bevorzugten Männern. Auch Frauenfreundschaften sind kaputtgegangen, wenn zwei Frauen den gleichen Mann geliebt haben. Wir haben langfristig mit diesen Themen nicht umgehen können, obwohl wir unser Bestes versucht haben. Wir haben uns auf vieles eingelassen und experimentiert. Ich habe dann auch auf dem Land in einer Wohngemeinschaft gewohnt, und wir hatten den Anspruch, eine Lebens-, Arbeits- und Liebesgemeinschaft zu bilden, politisch gemeinsame Arbeit zu machen und unseren Lebensunterhalt durch verschiedene Jobs oder kleinere Handwerksbetriebe gemeinsam zu verdienen. Das hat aber zwischen uns nicht funktioniert. Ich konnte nicht mit der Situation umgehen, dass der Mann, in den ich verliebt war, immer wenn eine andere Freundin kam, sich absolut nicht mehr um mich kümmerte und dann im Nachbarzimmer mit ihr gevögelt hat. Wir wussten einfach nicht, wie man das alles besser macht, wie man sich untereinander verständigt, ohne dass man sich ständig gegenseitig verletzt.

Über eine Broschüre von Dieter Duhm bin ich in Kontakt zur »Bauhütte« gekommen. Die haben mit zwischenmenschlichen Themen in der Gruppe gearbeitet, aber es ging auch um wissenschaftliche Fragestellungen und um Forschungen zu Wilhelm Reich. Da wurden Behauptungen aufgestellt, die mich neugierig gemacht haben. Zum Beispiel: Wenn eine Gruppe wirklich ihre ganzen gestauten Körperenergien befreien könnte, dann könnte sie in einem Raum ohne Fenster im Winter so viel Wärme erzeugen, dass man keine Heizung braucht. Mich hat aber auf jeden Fall angezogen, was dort über Liebe und Sexualität gesagt wurde. Und es hat mich bewogen, mit einem Mann aus unserer WG zu einem Wochenendseminar dorthin zu fahren. Dieter Duhm war einer von den Leuten, die ich schon in der Lehrlings- und Schülergruppe bewundert habe. Damals wurde nämlich sein Buch *Angst im Kapitalismus*[*] viel diskutiert. Er war einer von den Theoretikern der Studentenbewegung, der die zwischenmenschlichen Themen aber nicht wie die anderen ausgeklammert hat. Er konnte zum Beispiel erklären, wie Unterdrückungsmechanismen in der Gesellschaft aufgebaut sind. Wie Unterdrückung weitergegeben wird, vom Chef über die Angestellten auf die Ehefrau, dann wieder auf die Kinder – er hat das sehr plastisch und anschaulich in einer Sprache geschrieben, die man verstehen konnte.

Bei diesem Seminar hat mich fasziniert, wie wahrheitsgemäß die Menschen sich gegenseitig Spiegel gegeben haben. Ich habe einfach spontan Vertrauen gehabt in die Integrität dieser Menschen. Das hatte ich vorher so in anderen Gruppen nicht erlebt. Dass man sich

---

[*] Duhm, Dieter: *Angst im Kapitalismus*, Verlag Kübler 1970.

Kritik auf eine nicht verletzende solidarische Art gesagt hat, aber immer auch gleichzeitig, was einem am anderen gefällt. Über Liebe und Sexualität wurde auf die gleiche Weise geredet. Parallel dazu wurde im ökologischen Bereich und an neuen Technologien geforscht, was mich sehr fasziniert hat. Die hatten es auch geschafft, schon längere Zeit zusammenzuleben. Da habe ich zum ersten Mal das so genannte »Forum« erlebt, eine Form der Konfliktbewältigung unter Anteilnahme der ganzen Gruppe. Ich musste mich ganz schön überwinden, zum ersten Mal in die Mitte zu gehen und vor allen anderen über mich zu reden, aber ich habe das auch als sehr befreiend erlebt. Das war für mich ein großer Vertrauensschritt.

Nachdem ich 1983 auf dem Seminar war, bin ich noch mal dorthin gefahren zu einem Treffen, und im Sommer habe ich einen Aufnahmeantrag für diese Gruppe gestellt.

Ich kam dann in eine Einsteigergruppe. Es war klar, dass die Gruppe sich vergrößern wollte. Fünfzehn Neue kamen damals dazu. Um alle auf ein ähnliches Erfahrungsniveau zu bringen, wurde eine sehr intensive Gruppenarbeit gemacht. Letztendlich waren es drei Jahre, die wir auf einem Gutshof im Schwarzwald in einer Gruppe von dreißig bis vierzig Leuten gelebt haben. Alles was an zwischenmenschlichen Themen, Liebe, Sexualität, Konkurrenz, Machtstrukturen, auftauchte, wurde gemeinsam bewältigt. Wir wollten, dass uns nichts Menschliches fremd bleibt. Ich war in sehr viele Menschen in der Gruppe verliebt, es waren für mich attraktive, interessante Menschen, die mir durch ihr Wissen eine völlige Erweiterung meiner schon offenen Weltsicht ermöglicht haben. Und eine Intensivierung von dem, was ich selbst an Wissen im zwischenmenschlichen und im Liebesbereich hatte. Eine Bewusstwerdung in dem, was ich bis dahin nur spontan aus dem Bauch heraus lebte.

Ich hatte damals immer einen Hauptgeliebten, das war der Mario. Der war auch in der Einsteigergruppe und so etwas wie mein Gegenspieler am Anfang. Er hat mich in vielen Punkten total aufgeregt, und ich habe mich mit ihm gefetzt. Aber es gab eine große Anziehung zwischen uns. Er war sowohl auf einer geistigen als auch auf einer sexuellen Ebene ein Geliebter für mich. Zu Mario dann später noch mehr.

PIETER ERZÄHLT: Ich bin in den Niederlanden geboren und komme aus recht intellektuellen Verhältnissen, Professoren, Richter, das ist die Familie meines Vaters. Mein Vater war Künstler, meine Mutter Sozialarbeiterin, und wir lebten in einer Künstlerkolonie. Da waren durchaus bekannte Leute dabei. Maler, Bildhauer, Regisseure, Tänzer. Meine Eltern haben daneben nie andere Beziehungen gehabt. Ich weiß aber, dass die anderen im Haus alle miteinander irgendwie auch Bett-Beziehungen hatten. Darüber wurde offen im Atelier meines Vaters gesprochen. Ich selbst bin der älteste von drei Söhnen. Außerdem hatte ich, bis mein Vater starb, ungefähr zwölf Adoptivbrüder. Ein Teil war älter, ein Teil jünger als ich. Meistens waren das soziale Problemfälle oder Waisenkinder. Mein Vater hatte nach dem Zweiten Weltkrieg so ein Lager mit aufgebaut, in dem Waisen von Juden oder auch von niederländischen Nazis untergebracht waren. Ein anderer Teil von ihnen war homosexuell und deshalb vertrieben worden. So haben bei uns am Tisch an die zweiundzwanzig Leute gesessen, also die eigene Familie und dann das, was an Gästen oder Künstlern noch dabei war. Unser Atelier war so etwas wie die Küche der Künstlerkolonie. Insgesamt war das eine sehr freie Atmosphäre. Sexualität war da ein ganz normales Ding, man konnte eigentlich alles von allen mitbekommen. Das gehörte einfach genauso dazu wie Liebe und Eifersucht. Gelegentlich knallten auch mal die Türen. Und dann kamen die Beteiligten zu meinen Eltern, um sich auszuheulen.

Mein Bett hat einfach hinter einer Gardine gestanden, so dass ich diese Szenen alle mitgekriegt habe. Es waren auch keine reichen Verhältnisse. In den fünfziger Jahren begann man Kunst am Bau einzuplanen, so dass die Künstler mehr Geld verdienen konnten. Das Gemüse wurde auf dem Markt gekauft und wenn jemand ein

Kunstwerk verkauft hatte, wurden neue Fenster angeschafft. Oder ein Renault 4 oder eben das Wichtigste, was gerade gebraucht wurde. Ich bin auf eine Schule gegangen, zwölf Kilometer weiter. Das war eine alte Waldorf-Schule, die schon seit 1938 existierte, nicht so eine moderne. Die Stadt, in der sich die Schule befand, war eine Art Hochburg von Intellektuellen. Und von Hochschullehrern, die in Utrecht und Amsterdam lehrten. Das war das Umfeld der Schule. Die Kinder kamen alle aus solchen Familien. Ich bin jeden Morgen acht Kilometer auf dem Pferd in die Schule geritten und nachmittags wieder zurück.

Meine Eltern waren in der Pazifistisch-Sozialistischen Partei der Niederlande* sehr aktiv. Das war eine linke Partei, die sich auch mit Dingen wie Sexualität auseinandergesetzt und sich gegen den Militarismus gestellt hat. Ich bin dadurch als Kind auf viele Demos mitgefahren, um gegen die Ausbreitung amerikanischer Militärbasen oder gegen neue Autobahnen zu protestieren. Und ein älterer Adoptivbruder war in der Schwulenbewegung in Amsterdam, der kam dann mit seinen Freunden zu uns. Mit einem Teil der Gruppe sind wir bald in ein anderes Haus gezogen. Da war das Jugendzentrum der Stadt im Keller, und wenn wir beim Abendessen zusammensaßen, hat jeder Gelegenheit bekommen, von sich zu erzählen. Es war einfach wichtig, sich auszutauschen, was man tagsüber gemacht hat. Und es hat niemand ein Blatt vor den Mund genommen, nur weil die Altersspanne der Anwesenden von zwei bis vierzig Jahren reichte.

Meine Familie ist eine jüdische Familie. Die Eltern waren zwar evangelisch, aber irgendwie sind die Nazis doch dahintergekommen, dass sie hundertprozentige Juden waren, und dadurch sind einige von den Verwandten nicht aus deutschen Lagern zurückgekommen. Bei meiner Mutter waren es achtzig Prozent, bei meinem Vater nicht ganz so viele, die umgekommen sind. Das hat die Familie sehr geprägt. Ein Teil ist sehr konservativ jüdisch, der ande-

---

* Heute »Groenlinks«.

re hat sich mehr mit der Evangelischen Kirche angefreundet. Mit zwölf Jahren fand meine Bar Mitzwa statt, das ist die jüdische Feier zum Übergang in das Erwachsenenleben, genau zum Zeitpunkt des Sechstagekrieges. Ich war damals in einem Kibbuz in Israel zu Besuch. Das war das einzige Mal in meinem Leben, dass ich eine Waffe in der Hand hatte. Ich sollte damit die Frauen und Kinder, die im Kibbuz zurückgeblieben waren, verteidigen.

Von einem Tag auf den anderen ist man dann kein Kind mehr und spielt nicht mehr. Am vierten Tag wurde ich angeschossen, war ein paar Monate in einem Krankenhaus und kam zurück in die Niederlande. Dort bin ich auf ein Montessori-Gymnasium gegangen. Das war eine ganz kleine Schule mit nur zweihundert Schülern. Ihre Wurzeln lagen im Zweiten Weltkrieg. Sie war durch die untergetauchten Mitglieder der Widerstandsbewegung entstanden. Nach dem Krieg wurde sie weitergeführt. Da gab es sehr viele Kinder aus reicheren Kreisen. Für mich war es eine spezielle Situation, als ich aus dem Krankenhaus kam. Ich wurde gleich zum Klassensprecher, weil die anderen durch dieses Israelerlebnis irgendwie stolz auf mich waren. Und zuhause hatte ich jetzt ein eigenes Zimmer bekommen. Da entstand dann eine Clique von Kameraden, die bis zu fünf Jahre älter waren, und wenn ich nachhause kam, saßen die alle in meinem Zimmer oder bei meinen Eltern. Wir haben auch angefangen, psychoanalytische Spielchen zu spielen, nach den Büchern, die wir in den verschiedenen Elternhäusern gefunden haben: Wer steht wo in der Gruppe und so weiter. Wir haben Experimente mit zeitweiliger Isolation einzelner Mitglieder gemacht. Und wir haben uns auch unsere ersten Sexabenteuer erzählt.

Mit dreizehn hatte ich meine erste echte Freundin, Andrea. Mein Vater hatte damals mit anderen Künstlern ein Gelände in Belgien gekauft, und dort hatte ich in den Ferien meinen ersten Sex mit ihr. Damals fing das auch mit den Drogen in der Schule an. In Amsterdam gingen die Leute auf die Straße und machten erste politische Aktionen, besetzten Häuser, verteilten weiß angemalte Fahrräder, damit jeder umsonst Fahrrad fahren konnte. Und meine älteren

Adoptivbrüder waren bei diesen »Provos« dabei. Die haben diese Aktionen dann bei uns zuhause am Wochenende vorbereitet. Als Jugendlicher hat mich das sehr interessiert, zumal man dann drei Tage später in der Zeitung lesen konnte, was vorher bei uns zuhause verabredet wurde. Auch die freie Sexualität war ein Ziel: Weiß war die Farbe der Freiheit in den Niederlanden, weiße Fahrräder, weiß gekleidete Frauen und Männer. Weiße Levis. Entstanden ist das aus der weißen Kleidung der Fensterputzer. Das war 1968/69.

Erfahrungen mit Drogen hatte ich durch einen Adoptivbruder gemacht und mit Künstlern bei uns zuhause, die mit LSD, Psylocibinen und Opium experimentiert hatten. Ich hatte da aber klar meine Grenze gesetzt: Haschisch, das ging noch, aber mit Pilzen und LSD, das wollte ich nicht probieren. Denn ich hatte die Probleme gesehen, die andere damit hatten. Ich war ja damals mit Andrea zusammen, hatte aber trotzdem noch sexuelle Affären mit anderen Mädels in der Gruppe. Andrea driftete immer mehr in die Drogenszene ab. Sie geriet auch an die Nadel, innerhalb von weniger als einem Jahr. Mit fünfzehn hat sie Selbstmord begangen. Sie hat sich Luft in die Vene gespritzt und mich gefragt, ob ich sie dabei unterstütze. Ich war zwar nicht in der Lage, das aktiv zu tun, aber ich war dabei, als es passierte. Ich habe es damals als ihre Entscheidung angesehen, dass sie nicht mehr weiterkonnte. Sie war drei- bis viermal in Behandlung und war auch schon auf dem Drogenstrich gewesen. Und natürlich haben wir versucht, sie davon abzubringen. Aber leider ohne Erfolg. Ich wollte dann nur noch raus aus dieser ganzen Situation, einfach weg, und habe mich ganz auf das Gymnasium konzentriert. Erst später, aus dem Abstand der Jahre, wurde mir klar, was damals wirklich abgelaufen ist, und weshalb ich mein Leben wie auf einer Achterbahn geführt habe. Ich hatte alte Probleme vielfach überspielt und mit Neuem überdeckt, ohne mich tiefer mit ihnen auseinanderzusetzen.

Ein Freund meines Vaters hat erzählt, dass man eine neue Universität gegründet hätte, eine ganz kleine, da könnte man interdisziplinär Soziologie und Psychologie studieren. Besonders auch unter Einbeziehung von Gruppendynamik. Also: Was passiert in bestimmten sozialen Strukturen? Das erste Jahr war ein Testjahr, wo wir als Gruppe von zwanzig Jugendlichen dorthin gegangen sind und gesagt haben, wir wollen diese Ausbildung zusammen machen. Da war ich dann sechzehn. Wir haben dort in kleinen Häuschen gewohnt, je zwei oder drei Leute, und nebenbei in einer Fabrik gearbeitet, ich als Schlachter, außerdem machten wir Sozialarbeit in Informationszentren für Jugendliche. Das war aber alles freiwillige Arbeit. Dazu kamen noch regelmäßige Gruppentreffen.

Zwei- bis dreimal im Monat haben wir uns als Gruppe auf einem Dachboden eingeschlossen und haben experimentiert: intensive Meditation, zwei Tage nicht essen, Selbstdarstellung vor der Gruppe, also solche von der Gestalttherapie inspirierten Methoden. Das war eine ziemlich intensive Zeit. Wir waren vier junge Männer und sechzehn junge Frauen. Es hat sich da ergeben, dass die Männer mit mehreren Frauen Beziehungen hatten, was dann auch wieder geklärt werden musste.

Wir sind damals abends viel in den Kneipen unterwegs gewesen. Gleichzeitig habe ich mit Freunden angefangen, Musik zu machen. Unsere Band wurde relativ populär. Da hat man dann am Wochenende durch die Groupies eine Menge weibliche Bekanntschaften gemacht. Unterwegs im Bus oder unter der Bühne hatten wir unseren Spaß. Nichts davon war richtig ernsthaft. Du gehst abends in die Kneipe, versuchst irgendjemand abzuschleppen und wenn das mal nicht klappt, sitzt du morgens um vier Uhr im letzten Nachtclub. Oder in der letzten Diskothek, die noch offen ist, und versuchst, alles einzuladen, was stehen kann, und hoffst, dass irgendwo etwas passiert. Die Band hat sich über die Jahre vom Folk-Rock zur ersten niederländischen Reggae-Band entwickelt.

Das war ein ziemlich gutes Jahr, in dem ich viele andere Gemeinschaften kennengelernt habe. Ich beschloss, in Amsterdam weiterzustudieren. Anja Meulenbelt, die Monika auch erwähnt hatte, war meine Professorin, die bekannteste niederländische Feministin. Die hat in *Die Scham ist vorbei* beschrieben, wie viele Verhältnisse sie gehabt hat, wie sie zu Frauen gekommen ist und wieder zu Männern und so weiter. Sie hatte die zweite feministische Welle in Gang gesetzt, und ich war ihr einziger männlicher Student in einer Gruppe von acht Frauen. Da war ich dann von diesem Moment an in deren Augen schuld an fünftausend Jahren Patriarchat! Meine Rettung war, dass ich nicht in Amsterdam wohnte, sondern in einer Gemeinschaft in Drente. Ich bin jeden Tag zweihundert Kilometer hin und her gefahren. Dort war so eine richtige Landgemeinschaft »Die Hobbits«, nach der Idee des Buchs *Der Herr der Ringe*. Wir setzten unsere Vorstellungen um, mit vierzig Leuten in einem alten Bauernhaus zu wohnen, unsere Feten zu veranstalten, und wir machten ökologische Gartenexperimente. Wir haben unsere eigene Zeitung herausgegeben, in der alle anderen Gemeinschaften beschrieben wurden, unter anderem auch die »Bauhütte« in Deutschland oder »The Farm« in Amerika.

Damals begann eine alternative Landkommunebewegung in den Niederlanden, wobei auch die ersten ökologischen Gruppen entstanden, die Bio-Käse in entsprechenden Läden verkauften. Wir waren sozusagen der Prototyp der alternativen Landkommune. Busladungen von Leuten sind zu uns am Wochenende gekommen, um zu sehen, wie die Hobbits leben. Viele wollten selbst Gemeinschaften gründen, und wir haben daraufhin innerhalb der nächsten eineinhalb Jahre mehrere Bauernhöfe im Dorf gekauft. Unsere Mentalität war, dass wir uns abends am Lagerfeuer nicht mehr so viel mit Eifersucht auseinandergesetzt haben, auch wenn wir wechselnde Beziehungen hatten. Wir haben uns das ausgeredet und haben besprochen, wer wo schläft, und wenn jemand allein geblieben wäre, haben wir versucht herauszufinden, wie das Problem gelöst werden konnte. Es war auch alles sehr eng, und die Räume waren klein, es gab noch einen Pavillon und im Sommer zwei, drei Zelte im Hof. Das musste man schon gut organisieren, wenn man sich nicht gegenseitig stören wollte. Es kam aber auch mal vor, dass zwanzig Leute in der Küche waren. Da haben dann sechs oder sieben Leute gevögelt, und der Rest hat geschlafen. Das musste auch irgendwie gehen.

Als ich siebzehn war, ist mein Vater gestorben. Da wusste ich erst mal überhaupt nicht mehr, was ich mit meinem Leben anfangen sollte. Er war mein großes Vorbild, mein Lehrer, der, zu dem ich gehen konnte, wenn ich mit irgendwelchen Entscheidungen nicht klarkam. Dann habe ich Krach bekommen mit meinem Onkel, als man versucht hat, mich zum Wehrdienst einzuziehen. Der hatte nämlich damals großen politischen Einfluss und eine ganz andere Einstellung. Ich habe ihm klargemacht, dass ich nicht in die Armee gehe, habe ihn erinnert, dass mein Vater auch für diese Ziele einstand, er war ja Pazifist aus tiefster Überzeugung, und ich verweigerte dann auch die Verweigerung. Zwei oder drei Wochenenden bin ich bei ihm gewesen, um mit ihm zu diskutieren. Die Konsequenzen meiner Haltung wären vierundzwanzig Monate Knast, sagte er mir. Es gab zwar das Recht zu verweigern, aber mein Freund und ich haben uns eben auch geweigert, uns darauf zu berufen. Wir wollten nicht in die Zwangssituation kommen, dass wir lügen müssten, um zu beweisen, dass wir Pazifisten sind. Es gab ja dann immer diese Vorhaltungen: »Stell dir vor, du bist mit deiner Freundin im Park, hast eine Pistole, und da kommen dann drei, die versuchen, sie zu vergewaltigen, was tust du?« Jeder normale Mensch würde schießen. Aber wenn man das sagt, dann ist man nicht mehr Pazifist und darf nicht mehr verweigern. Die Armee musste also beweisen, dass man ein Pazifist ist. Als wenn der Teufel beweisen sollte, dass du ein Engel bist!

Mein anderer Onkel, der auch früher das Waisenhaus mit organisiert hatte und jetzt evangelischer Pfarrer in Australien war, hatte von diesem Konflikt gehört und mich nach Australien eingeladen. Ich bin hingeflogen und mehr oder weniger ohne feste Vorstellungen angekommen, wie es weitergehen sollte. Er hat mir mein Gepäck abgenommen, mich zwei Leuten vorgestellt und gesagt: »Geht erst mal spazieren.« Und der Spaziergang hat dann ungefähr sechs Monate gedauert! Das waren nämlich zwei Aborigines. Mein Onkel hatte mittlerweile sein Pfarramt aufgegeben und machte Sozialarbeit mit diesen Leuten. Denn er hatte gesehen, wie sie immer mehr ausgegrenzt und zu Alkoholikern wurden, weil sich damals keiner um sie kümmerte. Und dann hatte er eben die Idee, dass ich während meines Aufenthalts mit den Aborigines ein Initiationsritual zum Erwachsenwerden machen sollte. Jetzt ging es nicht mehr um Sex, sondern darum, wie man in der Steppe genügend zu essen findet. Der Spaziergang war ein »Walkabout«, also eine Durchquerung des Landes in sechs Monaten. Da habe ich viel gelernt – das, was man als Weißer lernen darf. Das war damals die Zeit, in der sich kein Mensch im Westen für Aborigines interessiert hat. Ich habe das alles aber gar nicht wie eine Extremerfahrung erlebt. Dazu muss ich erklären, dass lange Strecken zu laufen in unserer Familie durchaus normal war. Überspitzt könnte man sagen, wenn wir mal einen kurzen Spaziergang mit dem Hund gemacht haben, konnte es sein, dass wir von Sizilien nach Greenham Common in England gelaufen sind. Da war damals eine Atombasis. Als Kind bin ich mit meiner Mutter von Holland nach Marseille gelaufen. Außerdem war ich zwölf Jahre lang Pfadfinder und wusste, wie man sich von Wildkräutern ernährt.

Durch die Erfahrung mit den Aborigines hat sich natürlich mein Umweltbewusstsein geschärft. Zum Beispiel konnte man hinterher niemals sehen, wo sie gelagert hatten, zumindest nicht als Weißer. Sie laufen einfach los, ohne etwas dabeizuhaben, und gehen davon aus, dass die Natur für sie sorgt. Und ich habe einfach darauf vertraut, dass sie schon wissen, was sie tun. Sicher findet das mancher extrem, aber ich muss dazu sagen, dass ich in extremen Verhältnissen aufgewachsen bin und der Unterschied für mich daher nicht so groß war. Ich war als Kind eher eifersüchtig auf die Kinder, die ihre Ferien auf Mallorca verbracht haben. Hinterher dachte ich, ich geh nicht zurück in die Niederlande, und mit Frauen und Sex wollte ich nichts mehr zu tun haben. Ich wollte Mönch werden. Ich wollte keine Musik mehr machen, ich wollte nach Birma gehen, denn mittlerweile war der Vietnamkrieg vorbei, und da hatten verschiedene Zen-Buddhisten aus Vietnam, die vor den Kommunisten geflohen waren, Klöster gegründet, in denen sie mit Flüchtlingen aus Vietnam arbeiteten. Da bin ich in eines dieser Klöster als Novize eingezogen. Das war 1978. Sieben Monate war ich dort, dann wurde mir deutlich, dass das nicht mein Weg ist. Ich wollte doch noch mehr mit Menschen zu tun haben, statt nur zu meditieren. Fast vierzehn Monate hatte ich kaum geredet und kaum Menschen um mich gehabt, rechnet man die Zeit des Walkabout dazu, denn die Aborigines waren nicht sehr gesprächig.

Ich bin in die Niederlande zurückgegangen, habe meine Freunde besucht und wieder mal richtig in der Band gespielt, mich sexuell ausgelebt und darauf vorbereitet, dass ich jetzt in den Knast muss. Für vierundzwanzig Monate kamen ich und ein Freund in den Militärknast. Dort habe ich mein Studium der Soziologie und Psychologie wieder aufgenommen, und weil ich so viel Zeit hatte, konnte ich das bis zum Doktorat weiterführen. Denn das mit dem Studium habe ich durch meinen Onkel und seinen politischen Einfluss durchsetzen können, schließlich war mein Knastaufenthalt für ihn schon Imageschaden genug. Dass sich vor dem Knast jeden Samstag eine ganze Protestbewegung versammelte, damit wir freikommen, haben wir zwar mitbekommen, aber dass da jeden Samstag über hundert Leute standen, haben wir nicht geahnt. Wir sind schließlich auch in einen Hungerstreik getreten und haben durchgesetzt, dass wir in unserer Zelle machen konnten, was wir wollten. Kein Uniformierter kam da mehr rein, und das vegetarische Essen haben wir uns durch Freunde aus einem Restaurant in Utrecht bringen lassen.

Durch diese ganzen Aktivitäten war ich in den Niederlanden richtig bekannt geworden. Ein Jahr nach meiner Entlassung habe ich promoviert. Und ich wurde für die Parlamentswahlen als Kandidat für die Pazifistisch-Sozialistische Partei aufgestellt und auch gewählt, da war ich dann vierundzwanzig. Das war eine wichtige Erfahrung, und ich habe innerhalb von zwei Jahren gelernt, dass ich das nicht kann. Irgendwann bin ich im Parlament auf das Rednerpult gesprungen und habe klargemacht, dass ich mit *diesem* »Festival of Fools« nichts mehr zu tun haben will. Da wusste jeder, was damit gemeint war, denn ich organisierte damals zusammen mit Jango Edwards das »Festival of Fools« in Amsterdam.

Die Partei hat daraufhin beschlossen, dass ich mich aus dem Parlament zurückziehe. Das war direkt nach dem NATO-Doppelbeschluss. Ich hatte doch tatsächlich versucht, die Argumentation der Rechten mit Fakten zu widerlegen! Aber das war völlig sinnlos. Mein Denken war im Kern, dass man sich nicht zu bewaffnen braucht, um sich zu verteidigen, während die anderen das Gegenteil vertraten. Ich kann mich noch gut an eine Auseinandersetzung mit einem Vertreter der Volkspartei für Freiheit und Demokratie erinnern, der meinte, ich solle mir vorstellen, mein Feind hätte fünf Pistolen. Da müsste ich doch sechs haben, um gegen ihn anzutreten. Ich hab ihn dann nur gefragt, wie viele Hände er denn hätte. Aber diese Gegenfrage hat er überhaupt nicht begriffen. Damals hatte ich die Illusion zu glauben, dass ich wirklich etwas ändern kann. Vor allen Dingen habe ich mir nicht vorstellen können, wie doppelbödig die alle waren. Die konnten sich heftig im Parlament streiten, und zehn Minuten später saßen die gleichen Abgeordneten beim Kaffee zusammen, als wären sie die besten Freunde und gaben einander in der gleichen Angelegenheit plötzlich Recht.

Meine alte Freundin Vlasta, die sich jetzt Marjoleijn nannte, hat mir all die Jahre die Treue gehalten, und ich bin auch nach der Entlassung bei ihr eingezogen. Wir haben dann ungefähr sechs Monate in einer kleinen WG zusammengewohnt. Ich hatte nie einen Traum von einer Kleinfamilie und war davon überzeugt, dass ich nie im Leben Kinder haben werde, weil die Welt dafür viel zu chaotisch ist. Stattdessen sah ich es als meine Aufgabe, gegen das Unrecht zu kämpfen. Und zwar so, dass es auch noch Spaß macht, und man nicht ständig nur mit dem Elend beschäftigt ist. Dazu habe ich mir Leute gesucht, mit denen man gut zusammenleben konnte.

Marjoleijn und ich haben 1981 eine große Krise gehabt und wir haben uns getrennt. Danach habe ich mit Freunden einen Film über Menschen gedreht, die Selbstmord begangen haben, aus politischem Protest gegen die Atomenergie oder die Arbeitslosigkeit in Liverpool. Auch dadurch hatte ich Marjoleijn, zu der ich ja den Kontakt nicht völlig abgebrochen hatte, lange nicht gesehen. Todmüde vom Filmschnitt habe ich dann doch wieder eine Nacht bei ihr geschlafen und bei der Gelegenheit meine Tochter Tyche gezeugt. Diese ganze Angelegenheit ist mir aber völlig unbewusst geblieben, so dass ich später einigermaßen überrascht war, als ich erfuhr, dass ich Vater werde. Ich gehe heute davon aus, dass Marjoleijn Mutter werden wollte und deshalb mit verschiedenen Männern ins Bett gegangen ist. Davon war ich dann einer, und erst als das Kind geboren war, wurde klar, dass ich der Vater bin. Sie hat sich selbst als »bewusst unverheiratete Mutter« gesehen und wohnte damals mit zwei Frauen in einer WG. Sie hat mir am Anfang sogar den Kontakt zu Tyche verboten. Erst später hat sie ihr erzählt, dass ich ihr Vater wäre. Ich habe es dann aber so gehalten, dass ich immer beide besucht habe, und Tyche hat in mir stets einen Freund gesehen.

Ich hatte mittlerweile eine neue Gemeinschaft in Süd-Limburg gefunden, »Rampenplan«, auf deutsch »Katastrophenplan«. Die existiert auch heute noch. Das waren Menschen, die wie ich den Weg gewählt hatten, politische Aktionen und Unterstützung anderer mit dem Gemeinschaftsleben zu vereinigen. Wir haben dann die »Erste vegetarische mobile Küche« aufgebaut, die Friedensmärsche begleitet hat und auf Friedenscamps und Anti-Atomlager gefahren wurde. Das war für mich ähnlich, als wenn ich mit der Band unterwegs war. Wenn wir zwei Monate lang mit zweihundert Leuten durch Deutschland von Mutlangen nach Bonn gelaufen sind und wir für alle gekocht haben, da waren wir natürlich auch die »tollen Hengste« und konnten uns alle Frauen aussuchen. Wir brauchten abends in der Küche nur Bier oder Wein auszuschenken und schon wurden wir zur Kneipe des Camps. Zeitweise waren bei uns auch Leute anzutreffen, die Musik gemacht haben. Manchmal hatte ich für drei oder vier Monate eine feste Freundin, aber es konnte auch passieren, dass ich darüber nachdenken musste, wie ich es organisiere, wenn auf einer Demo vier oder fünf von meinen Geliebten zusammentrafen, wie ich die dann einander vorstelle, und wie das ohne Katastrophe so ablaufen konnte, dass alle da heil wieder rauskamen. Wenn in so einer Atmosphäre Geschlechtskrankheiten übertragen wurden, musste man das ja auch den Frauen erzählen. Und weil sowieso alle irgendwie miteinander etwas hatten, haben letztlich alle im nächsten Krankenhaus gesessen und sich gewundert: »Was, du auch?« Und alle haben versucht, gegenseitig auszurechnen, wer dann was wann und mit wem gehabt hat.

Das war damals im Grunde alles Spielerei, nicht diese bewusste Auseinandersetzung, wie Monika sie in der »Bauhütte« gehabt hat. Wir haben einfach drauflosgelebt, und wenn es Probleme gab, dann haben wir sie kleingeredet oder unter den Teppich gekehrt. Und natürlich gab es auch Situationen, wo ich völlig eifersüchtig war. Als ich zum Beispiel meine Freundin mit einem Geliebten habe telefonieren sehen, habe ich eine Scheibe eingeschlagen. Die Gruppe hat mich dann aufgefangen und versucht, das Problem gemeinsam irgendwie zu lösen. Meistens bestand aber die Lösung eben darin, dass man sich eine andere Geliebte gesucht hat oder mal wieder auf Reisen gegangen ist oder zwei Wochen mit der Band unterwegs war, einfach um zu vergessen oder zu verdrängen.

MONIKA ERZÄHLT WEITER: Ich will jetzt mal versuchen, einen etwas weiteren Blick auf mein Leben zu werfen, und möchte wiedergeben, was meine Suche in der Liebe und in der Freundschaft ist, welche großen Linien ich verfolge, was eigentlich die entscheidende Bedeutung hat. Also einmal ist es so, dass ich mich in meinem Leben immer in Gruppen bewegt habe. Angefangen von der Familie, wo ich ja in einer großfamilienartigen Situation aufgewachsen bin, weil auch immer wieder Leute von außen dazukamen, die nicht direkt zum Familienkreis gehörten, bis hin zu anderen ethnischen Gruppen. Bei uns waren zum Beispiel Zigeuner in der Küche, die gerade in der Nähe gewohnt und die meine Eltern gut gekannt haben.

Mein Vater war ein sehr eifersüchtiger Mensch, und er hat damals viel Alkohol getrunken. Wir wurden dadurch als Kinder geschlagen, wenn wir zu spät nachhaus gekommen sind. Er ist manchmal auch auf meine Mutter losgegangen, wenn er betrunken und gleichzeitig eifersüchtig war, weil er ihr irgendwelche Geschichten mit anderen Männern unterstellt hat. Er lag aber total daneben. Sie hat vielleicht mal mit dem einen oder anderen geflirtet, aber sie war nie mit einem anderen im Bett. Wir haben dann versucht dazwischenzugehen und meinen Vater im Schlafzimmer einzuschließen. Mich haben diese Situationen stark beeinflusst. Ich wollte auf jeden Fall mit solchen Themen anders umgehen und nicht mit Gewalt reagieren. Mein erster Freund hatte Schluss gemacht, weil er es nicht aushalten konnte, dass ich gleichzeitig auch mit anderen Männern zusammen war. Ich befand mich da in einem echten Dilemma und habe das auch in einem Schulaufsatz geschildert. Ich hatte eine Vorstellung von Partnerschaft, Freundschaft und Liebe entwickelt, die Intensität und Tiefe einschloss. Und das musste mit meinem Freiheitsdrang zusammengehen. Zu meinem Bedürfnis nach Selbstverwirklichung gehörte, dass man eben andere Menschen lieben und dem auch nachgehen darf, ohne sich gegenüber dem Menschen, den man liebt, verstellen zu müssen. Es war mir wichtig, dass es nicht zu heimlichen Affären kommt.

Da habe ich dann im Anspruch der »Bauhütte« die Entsprechung zu meiner Sehnsucht gefunden. Ich konnte sehen, dass da ein ganz anderes Wissen um die menschlichen Themen dahinterstand, als ich es bis dahin in Gruppen erlebt hatte. Wirklich erfahren habe ich das aber erst im Laufe der Zeit.

Ein anderes Thema, das sich durch mein ganzes Leben zieht, hängt mit dem Verhältnis von Gewalt und Liebe zusammen. Schon in meiner Studentenzeit in Heidelberg, als damals dort die

RAF aktiv war und es verschiedene Anschläge gab, wie auf das US-Hauptquartier, passierte es, dass sich einige meiner Bekannten aus Spontikreisen plötzlich radikalisiert haben und in den Untergrund gegangen sind oder sich im Umfeld der RAF bewegten. Gleichzeitig waren aber die internationalen Themen aktuell. Mich hat der Vietnamkrieg beeinflusst, die Situation in Chile und die weltweite Gewalt. Ich habe mich auch in Kreisen bewegt, die mit Drogen zu tun hatten, aber nicht mit harten Drogen. Wir haben unser Gras angepflanzt, aber wenn überhaupt, dann habe ich nur Marihuana geraucht. Härtere Drogen habe ich nie ausprobiert, auch nicht LSD. Trotzdem war das gang und gäbe.

Da gab es mal eine Situation mit meinem damaligen Freund, bei der mir während eines Gesprächs mit ihm das Bild kam, dass die ganze Gewalt, die wir immer auf der äußeren Ebene bekämpfen wollten, auf der zwischenmenschlichen Ebene genauso präsent ist. Ich hatte die Vorstellung von einem Eisberg, bei dem die Krise in der Welt nur die sichtbare Spitze ist und der unsichtbare Untergrund im zwischenmenschlichen sozialen Bereich liegt. Und so wie wir damals miteinander geredet haben, war die Gewalt präsent, denn er ist nicht auf mich eingegangen und hat mich nicht ernst genommen.

Dieses Gefangensein in den Männer- und Frauenrollen, das ist immer wieder mein Thema gewesen. Darin liegt eben unglaublich viel Gewalt. Und ohne dass das bearbeitet wird, kann ich nicht an eine erfolgreiche Friedensarbeit im Äußeren glauben. Auch wenn das ein sehr großer Bogen ist, aber so weit ist der Bogen für mich in meinem Leben gespannt. So hängen die beiden Bereiche zusammen. Ich kann sie nicht immer direkt miteinander verknüpfen, aber das ist ein Thema, das sich durch mein ganzes Leben zieht – die Frage: Woher kommt die Gewalt, ist Liebe eine genauso starke Kraft, kann Liebe Gewalt transformieren, wer ist eigentlich das Wesen Mensch, welches Potential steckt im Menschen? Wieso kann jemand Mörder sein oder im KZ Juden vergasen und gleichzeitig ein liebender Ehemann sein? Wie gehen diese Extreme, die doch in jedem Menschen vorhanden sind, zusammen? Das ist eine sehr ernsthafte Suche in meinem Leben. Da habe ich dann bei der »Bauhütte« radikale Experimente mitgemacht, um auch durch Selbsterfahrung mehr zu verstehen, wer ich bin und was ich eigentlich will. In der »Bauhütte« haben wir im Zusammenleben Forschungen betrieben und haben angefangen, alle Situationen, die zu Angst und Enge und damit zum Gewaltpotential führen, sichtbar zu machen, aufzuarbeiten und auch an uns selbst zu arbeiten, um dann durch bewusste Einflussnahme Gewalt transformieren zu können.

Ein Experiment war das Herren-und-Sklaven-Spiel, wo sich ein Teil der Gruppe – in spielerischer Form wohlgemerkt – zu Herren ernannt hat und der andere Teil in die Sklavenrolle geschlüpft ist. Das waren freiwillige Entscheidungen, wer in welche Rolle geht, und es wurde auch gemeinsam diskutiert, wenn jemand von der einen Seite auf die andere überwechselte und dann erst mal genauer erfahren musste, was Macht zu haben in ihm oder in anderen auslöst. Mit Sadomaso-Rollen hatte das übrigens nichts zu tun, auch wenn die Sexualität mit hineingespielt hat, aber das war nicht der Hauptfokus, denn es waren alle Ebenen betroffen. Man war vierundzwanzig Stunden am Tag Sklave, aber man hat dann eben auch in der Sklavengruppe gelebt und war nicht den ganzen Tag mit dem Herrn oder der Herrin zusammen. Und in der Gruppe gab es dann natürlich auch einen permanenten Austausch. Ich war aber immer nur Herrin. Obwohl ich mir liebend gern die Sklavenrolle gewählt hätte, aber mir wurde von der Gruppe immer gespiegelt, dass es für mich eine Herausforderung wäre, die Herrinnenseite in mir anzunehmen. Das ist auf jeden Fall die schwierigere Rolle. Es ist andererseits nämlich sehr lustvoll, einmal seine Entscheidungsgewalt über sich selbst abzugeben und einem anderen oder einer Gruppe zu übereignen. Ich glaube, diese Sehnsucht hat jeder Mensch stärker oder schwächer. Dadurch sind auch neue Liebesbeziehungen entstanden. Wir haben damals den Satz geprägt: »Liebe geht durch den Autoritätskanal.« Wenn man einem anderen nicht Befehle gibt, um ihn zu unterdrücken, sondern im Hinblick auf das, was man im anderen an Schönem sieht, an Qualitäten, an Stärken und das fördern will und in diesem Sinn seine Autorität einsetzt – das kann sehr viel Liebe und Dankbarkeit auslösen, eine der stärksten Erfahrungen in diesem Spiel. Der Prozess wurde immer durch die verschiedensten Gruppenformen begleitet, auf den verschiedenen Ebenen, auch gemischt, es gab also nicht nur reine Herren- oder Sklavengruppen.

Eine andere Form war, dass wir uns abends immer getroffen und das gemacht haben, was wir heute »Forum« nennen. Wo man alle Themen, die man mit anderen im Alltag hatte, Liebe, Konkurrenz, Streit, Nachlässigkeiten, unsoziales Verhalten, öffentlich ansprechen konnte. Auch wenn Eifersucht auftauchte. Wir haben ja als Gruppe von fünfzig Menschen in einem großen Haus alle sehr eng zusammengelebt. Da blieb nichts verborgen. Und wir hatten den Anspruch, gewaltfrei zusammenzuleben. Also haben wir versucht, alles was an Konflikten auftauchte, unter uns öffentlich zu bearbeiten und haben dafür eine Form entwickelt, in der niemand persönlich angegriffen wird. Wir haben auch andere Experimente gemacht, das war zum Beispiel eine Art Exerzitium, wo wir uns tage- und nächtelang gegenübergesessen und einander die Frage gestellt haben: »Wer bist du?« Dann haben wir abwechselnd zu diesem Thema geredet, bis uns manchmal nur noch Schwachsinn einfiel oder auch ganz erleuchtete Sätze kamen. Das waren für mich sehr intensive Selbsterfahrungszeiten. Daneben gab es Seminare, ökologischer Gartenbau, künstlerische Arbeiten. So haben wir einfach alle Ausdrucksformen genutzt, um an unserem Thema zu arbeiten: »Was ist die Liebe?«

Durch dieses intensive Zusammenleben und alle diese Themen, die sonst in »normalen« Gruppen eher unterschwellig ablaufen, die wir aber in unserer Gruppe öffentlich gemacht und bearbeitet haben, haben wir uns auch ein großes Wissen erworben. Die intensivste Zeit dauerte drei Jahre. Dann sind Teile der Gruppe an andere Plätze gezogen. Man kann einfach nicht auf Dauer, ohne sich zu sehr einzuschränken, so ein Inseldasein leben. Es braucht einen Ausgleich, wo jeder sich neu verausgaben kann und die Möglichkeit bekommt, sein Wissen auszuprobieren und weiterzuentwickeln.

Am Anfang dieser Zeit war ich eine sehr emotionale, solidarische, liebenswerte, treue Kämpferin, eine attraktive Frau, die viele Beziehungen hatte, aber in vielen Situationen eben auch verloren und hilflos dastand. Durch diese Erfahrungen habe ich dann viel Selbstbewusstsein erworben. Wissen über mich und über menschliche Verhaltensweisen, über das Zusammensein mit anderen Menschen und was man braucht, um solidarisch in Gruppen zusammenzuleben und gemeinsam etwas aufzubauen. Das war ja auch mein Ideal. Ich hatte immer die Vorstellung, dass es keine Trennung geben sollte zwischen dem privaten Bereich, der Arbeit und dem sonstigen Leben. Also ein eher ganzheitliches Bild. Heute, mit zwanzigjährigem Abstand zu diesem Experiment, würde ich sagen, ich bin nicht mehr so radikal. Im Moment lebe ich mit Pieter monogam, obwohl das nichts ist, was ich mir extra vorgenommen habe, aber faktisch ist es so. Ich habe sehr vieles ausprobiert in meinem Leben, im Bereich Sexualität und Liebe, habe mich in vieles hineingewagt, wovon ich jetzt profitieren kann, aber ich bin insgesamt in eine ruhigere Phase eingetreten und versuche eher, dieses Wissen auf eine unideologische Art weiterzugeben. Ich bin deswegen aber nicht ruhig und satt vom Leben, nur eben weniger auf Selbsterfahrung aus. Ich mache Friedensarbeit, regional und auf dem Balkan, zusammen mit Pieter und kann dort das, was ich an Wissen erworben habe, weitergeben.

Ich lebe jetzt zwanzig Jahre in diesem Projekt, das ich damals als »Bauhütte« kennengelernt habe, und damit in einer der größten Gemeinschaften Deutschlands und Europas. Ich denke, dass ich auch weiterhin immer in Gemeinschaftszusammenhängen leben werde. Ich habe mir hier Freundschaften aufgebaut, die schon die ganze Zeit halten und die bis vor einigen Jahren auch Liebeskontakte mit einschlossen. So hatte ich zu jeder Zeit einen

Hauptgeliebten. In meiner Jugend- und Studentenzeit zehn Jahre lang den gleichen, mit allen Hochs und Tiefs. Und so war das auch innerhalb der »Bauhütte«. Da war ich von Anfang an auf einen Mann, den Mario, konzentriert. Ich musste richtig lernen, öffentlich gegenüber der Gruppe zu dieser Liebesbeziehung zu stehen und sie nicht nur heimlich zu pflegen. Das war für mich wichtig. Wir haben später geheiratet, damit er in Deutschland bleiben konnte, er ist nämlich Schweizer. Das war aber kein formaler Akt. Wir mussten nämlich richtig kämpfen, dass wir heiraten *durften,* denn der Staat hatte uns durch unser Leben in der Gruppe unterstellt, dass wir nur eine Scheinehe schließen wollten. Wir würden uns ja gar nicht lieben. Dann hat man uns vor den Familienrichter geladen. Wir wurden zu unseren Vorstellungen über Liebe und Sexualität verhört, und uns wurde schließlich von diesem Richter bescheinigt, dass wir eine bessere Voraussetzung für eine Ehe hätten als die meisten Paare, weil wir uns so viele Gedanken gemacht hätten. Wir waren auch ständig mit Sektenvorwürfen konfrontiert. Man muss sich das mal vorstellen, so eine Gruppe im tiefsten katholischen Schwarzwald! Das mit dem Mario geht bis heute noch weiter, er lebt aber inzwischen mit einer anderen Frau zusammen. Wir haben eine ganz freundschaftliche Beziehung, und bis vor ein paar Jahren hatten wir auch sexuellen Kontakt miteinander. Siebzehn Jahre sind wir jetzt verheiratet und sind langsam auseinandergedriftet, aber das tut unserer Freundschaft keinen Abbruch. Jeder von uns hat seine eigenen Projekte, und jeder hat sich dann auch in jemand anderen verliebt.

So hatte ich im Laufe dieser Jahre immer wieder intensive Liebesgeschichten, die ohne Heirat zum Teil schon zwanzig Jahre dauern, und wenn ich diese Männer wiedertreffe, ist sofort eine große Vertrautheit da. Ich hatte auch Phasen, in denen ich mir ein Kind gewünscht habe, und das in dem solidarischen Umfeld einer Gemeinschaft aufwachsen lassen wollte. Lange Zeit habe ich nicht die Sicherheit gehabt, dass sich andere wirklich darüber freuen würden, wenn ich ein Kind bekomme, und mich voll unterstützen würden. Ich konnte mich nicht entschließen. So blieb es bei einer Abtreibung mit achtundzwanzig Jahren, noch bevor ich in dieses Projekt kam.

1995 ist dann plötzlich Pieter hier in unserer Gemeinschaft aufgetaucht. Da war ich schon drei Jahre lang in einer intensiven Liebesbeziehung mit Martin, die aber am Auseinandergehen war, weil wir beide sehr emotionale Typen sind, und er sehr eifersüchtig war. Ich übrigens auch. Ich habe zwar daran gearbeitet, aber es kommt immer mal wieder vor, und ich kann damit immer besser umgehen. Ich kann friedfertiger darauf reagieren. Besonders dieses Vergleichen mit anderen, was dazu führt, dass man sich seiner eigenen Qualitäten nicht bewusst ist oder sich selbst zu klein macht, hat bei mir in den letzten Jahren stark nachgelassen. Da habe ich einfach an Selbstbewusstsein entschieden dazugewonnen und komme daher nicht so leicht in einen Vergleich mit anderen Frauen.

Pieter kam damals gerade aus Bosnien und Kroatien zurück, wo er Friedensarbeit gemacht hatte. Das war für mich Liebe auf den ersten Blick, gleich am ersten Abend. Bei ihm war ich mir aber anfangs noch nicht klar darüber, ob er hierbleibt und was er weiterhin vorhaben würde. Er hat dann auch erst seine Frau und seine Kinder in Dänemark besucht, und ich habe über E-Mail einen ersten Liebesbrief von ihm gekriegt. Das war die erste E-Mail, die ich überhaupt von jemandem bekommen habe. Als er dann wiedergekommen ist, hat er beschlossen, dass er hierbleibt und innerhalb der ersten Monate ist zwischen uns auf allen Ebenen eine Liebesgeschichte entstanden, die bis heute andauert. Das sind jetzt schon neun Jahre. Anfangs dachte ich noch, ich könnte es schaffen, dass ich mit zwei Männern, Martin und Pieter, an einem Platz zusammenlebe, aber das konnte ich nicht unter einen Hut bringen. Ich habe mich damals in alle möglichen Halblügen verstrickt und versucht, beide Beziehungen sozusagen vom ideologischen Anspruch her miteinander zu vereinbaren. Martin hat mich auch immer mehr bedrängt, und dann kam es zum Bruch. Er ist irgendwann mal nach Portugal in eine andere Gemeinschaft gegangen, denn es war einfach klar, dass es mich stärker zu Pieter hinzieht.

PIETER ERZÄHLT WEITER: Ich hatte also damals in der Gemeinschaft »Rampenplan« gelebt. Wir waren viel auf Friedensmärschen unterwegs. Trotzdem sind immer mehr Pärchen entstanden, die dann zusammengezogen sind, und auch ich hatte mehr oder weniger lange Beziehungen. 1986 habe ich angefangen, Jugendcamps zu organisieren. Wir haben dann eine erste Aktion gestartet und sind als Karawane mit Bussen von Finnland durch alle ost- und westeuropäischen Länder als Protest gegen das Waldsterben gezogen. Wir waren mit über dreihundert Leuten aus verschiedenen europäischen Ländern in sechs Bussen unterwegs. Ich bin da mit meiner Freundin mitgefahren, sie hat in der Küche gearbeitet, und ich habe das alles organisiert. Auf dieser Tour habe ich mich dann in eine wahnsinnig schöne Frau, Ulla aus Dänemark, verliebt und habe mich mit meiner Freundin völlig verkracht. Sie hat mich absolut gefangengenommen, und das musste zu Schwierigkeiten mit meiner Freundin führen, die natürlich wissen wollte, woran sie mit mir ist. Ich habe erst mal so reagiert, dass ich gesagt habe: »Ich will überhaupt keine Beziehung mehr haben!«

Mit »Rampenplan« bin ich dann nach Mutlangen gezogen, um auf der Prominentenblockade zu kochen. An einem Tag waren Richter da, an einem anderen Politiker und so weiter. Jeden Abend wurden wir verhaftet und morgens wieder freigelassen. In der Polizeiwache von Schwäbisch-Gmünd bekam ich Geld für ein Telefonat und habe Ulla angerufen und gefragt, ob sie mich heiraten will. Zum ersten Mal im Leben hatte ich das Gefühl, dass ich aus Liebe heiraten will. Vorher war ich viermal verheiratet, aber nur, damit Osteuropäerinnen in den Westen ausreisen konnten. Und sie hat, ohne weiter nachzudenken, ja gesagt. Ich bin dann zu ihr nach Dänemark gefahren, um über die Konsequenzen dieser Entscheidung zu reden. Sie sagte nämlich, dass sie mich gern heiraten würde, aber sie wollte dann auch die einzige Frau für mich sein und monogam leben. Ich dachte mir, na ja, ich habe so viel Abenteuer und Liebesgeschichten gehabt, aber irgendwie bin ich doch immer einsam geblieben. Es gab ja keine Dauer in den Beziehungen. Also habe ich beschlossen, mich darauf einzulassen und mich diesem Experiment zu stellen. Schließlich hatten meine Eltern auch eine lebenslange Liebesgeschichte. Wie es in meiner Familie Tradition war, wollten wir am 7. Februar heiraten. Als sie mich im Dezember besuchte, wurde sie schwanger und später wurde mein ältester Sohn geboren. Wir waren eine echte Kleinfamilie als erste Bewohner in einem neuen Haus in einem Neubauviertel. Natürlich sind dann andere aus der Gruppe auch in das Haus gezogen. Es war ja in der Nähe von »Rampenplan«, so dass es schon wieder eine Art Kommune war, aber eben doch auch separat eine Kleinfamilie. So haben wir zusammengelebt. Einige Zeit vor der Wende war ich mit Umweltgruppen in Osteuropa unterwegs und hatte wieder mal meine Affären. Ich habe das Ulla erzählt und sie meinte: »Wenn ich die erste und wichtigste Frau für dich bleibe, dann ist das okay.«

Nach fünf, sechs Jahren, so um 1991, begannen die ersten Spannungen. Inzwischen hatten wir noch einen Sohn bekommen. Wir hatten unterschiedliche Auffassungen, was die Kindererziehung und die Verantwortlichkeiten dabei betraf. Es kamen auch Amerikaner in unsere Kommune, die viel über Mehrfachbeziehungen redeten, die waren dort, wo sie herkamen, gang und gäbe. Damals war auch ein Buch über die Frage erschienen, wie man verschiedene Beziehungen gleichzeitig führen kann, ohne dass es zur Krise kommt. Ulla wollte im Haus bleiben, und ich sollte mir woanders einen Platz suchen, so habe ich sie verstanden, und dann wollten wir sehen, wie wir aus dieser Krise wieder herauskommen. Aber eigentlich wollte sie – und das haben wir erst viel später geklärt – ein Doppelhaus mit zwei getrennten Eingängen und einer Verbindungstür im Innern haben, und das Missverständnis war, dass ich gedacht habe, sie wollte sich von mir trennen. Ich habe daraufhin sogar die Verantwortung für die Kinder an die Gemeinschaft »Rampenplan«

überschrieben, so sauer war ich, ich wollte nichts mehr damit zu tun haben, weil ich mich einfach weggeschickt fühlte.

Etwas später, 1992, kamen immer wieder Rückmeldungen von den Umweltgruppen in Jugoslawien, dass es dort jetzt zunehmend Schwierigkeiten gäbe, und sie fragten, ob ich nicht mal hinkommen könnte, um gewaltfreie Problemlösungen als Training anzubieten. Ich bin noch mit dem Gedanken dort hingefahren, wenn ich zurückkomme, fangen Ulla und ich wieder neu an. Aber ich habe mich dann in Kroatien innerhalb von drei Wochen in die Friedensaktivistin Vesta verliebt und bin mit ihr zusammengezogen. Mit ihr hatte ich drei Jahre lang eine ziemlich starke Beziehung. 1994 wollte Vesta dann ein Kind mit mir haben. Ulla, die inzwischen nach Dänemark zurückgezogen war, meinte aber, dass ich zu ihr zurückkommen solle. Sie war damals auf einem Ökotopia-Festival mit Leuten von dem Projekt, in dem ich hier heute lebe, zusammengekommen und hatte sich in Achim verliebt. Außerdem hatte sie zwei oder drei Beziehungen mit Freunden von mir laufen. Sie schrieb mir begeistert von dieser Gruppe, dass die sich auch um Liebesfragen kümmern würden, und sie wolle jetzt da hinziehen. Ich saß in Sarajevo und schrieb ihr: »Du bist bescheuert, ich ziehe nie im Leben in eine Sexkommune!« Ich habe sie dann in Dänemark besucht, und wir hatten zwei hocherotische Wochen. Es war das erste Mal, dass wir nach vier Jahren wieder miteinander im Bett waren. Sie war völlig verändert, aber durch die Männer, mit denen sie in der Zwischenzeit zusammen gewesen war, war der Kontakt mit ihr viel leichter geworden.

Als ich dann nach Kroatien zurückkam, wollte nun Vesta wissen, woran sie mit mir ist. Ich sagte ihr, eigentlich wolle ich in Kroatien bleiben. Darauf meinte sie, das wäre das Ende unserer Beziehung, denn ich würde nie ein Kroate werden und sie würde immer die Angst haben, dass ich mal wegginge. Wenn der Krieg vorbei wäre, gäbe es keinen Grund mehr für mich, dort zu bleiben. Das hat mich für einige Wochen sehr wütend gemacht. Ich habe sogar versuchte, ihr mit Gewalt klarzumachen, dass ich für immer und ewig in

Kroatien bleiben würde. Da haben dann die anderen Mitglieder der Friedensgruppe eingegriffen und gefordert, dass wir erst mal auseinandergehen. Wir konnten ja kaum noch überzeugend Friedensarbeit machen, weil wir ständig im Streit waren. Es war einfach eine bescheuerte Situation. Prompt traf ich in Zagreb auf der Straße eine Frau, bei deren Anblick ich dachte: »Wow, das ist die absolut schönste Frau, die ich je gesehen habe.« Ich setzte mich neben sie. Eine Kroatin konnte sie nicht sein, dann wäre sie mir schon bekannt vorgekommen. Und sie suchte auch noch unser Büro. Da stellte ich mich vor, und sie meinte nur: »Ach ja, ich kenne dich schon.« Es stellte sich dann heraus, dass sie Anisa, eine Freundin von Ulla, war. Sie hatten einen gemeinsamen Liebhaber, einen von den Amerikanern, die die Mehrfachbeziehungen vertraten.

Jedenfalls sind wir abends in Zagreb auf mein Zimmer gegangen und eine Woche lang nicht mehr herausgekommen. Wir kamen kaum zum Essen. Ulla hat dann auch beschlossen, nach Kroatien zu kommen, sie wollte unter anderem mit Vesta und Anisa reden und hat mir klargemacht, wenn ich nicht mit beiden absolut Schluss machen würde, wäre es zwischen ihr und mir vorbei. Sie war kaum in den Zug gestiegen, da war ich schon wieder bei Anisa. Wir wollten zusammen nach Polen fahren, um auf dem Ökotopia-Camp 1995 über die Friedensarbeit zu berichten, aber sie fuhr eine Woche früher in ihre Heimatstadt Prag, wo ich sie dann treffen wollte. In dieser Zeit haben etliche meiner Freunde auf sie eingeredet wegen dieses Beziehungschaos. Als ich in Prag ankam, war sie wütend auf mich, weil ich nicht ehrlich mit Ulla umgegangen sei. Dennoch sind wir zusammen nach Polen gefahren und haben beschlossen, wir schlafen dort zusammen in einem Zelt. Das war aber eine Absprache, die in unseren Kreisen zu der Zeit politisch nicht korrekt war. Man sollte auf so einem Camp keine Pärchen bilden, sondern jeder sollte seinen eigenen Rückzugsraum haben und offen für andere bleiben.

MONIKA: Das klingt ja wie in der Studentenbewegung: »Wer zweimal mit demselben pennt, gehört schon zum Establishment.«

PIETER: Jedenfalls waren die anderen Frauen ganz schön wütend auf mich, dass ich Anisa so weit gebracht habe, dass sie drei Wochen mit mir ein Zelt teilt. Die Emotionen kochten hoch und Leute von Monikas Projekt, die auch auf dem Camp waren, haben dann einen Abend organisiert, um die ganze Situation zu klären. Im Ergebnis musste ich mir einen eigenen Schlafplatz suchen, um die Sache zu entwirren, und auch damit wir uns nicht dauernd eifersüchtig anstarren. Das war ein heftiges halbes Jahr: Ich hatte Ärger mit Ulla bekommen, mich von Vesta getrennt, und Anisa hat mich rausgeschmissen. Ich traf dann Leila, die von Monikas Projekt kam und als Journalistin auf dem Camp war. Sie fragte mich, was ich jetzt tun will. Ich meinte: »Mich besaufen.« Darauf sie: »Ich hab eine Freundin, die hat noch eine Flasche Wodka da, die können wir holen.« Letztendlich bin ich mit Leila im Zelt eingeschlafen.

Ich wollte zwar direkt nach Kroatien zurück, aber die Leute haben mich überredet, doch erst mal nach Deutschland zu fahren und dieses seltsame Projekt, das scheinbar eine Sexkommune und gleichzeitig eine Ökogruppe war, zu besuchen. Ich dachte mir, was soll's, wenn es nichts bringt, kann es ja wahrscheinlich auch nicht schaden, da mal vorbeizuschauen. Denn die Leute von dort hatten ja schon fast freundschaftlich auf mich reagiert. Da bin ich dann mit einigen Jugendlichen von Ökotopia hierhergefahren. Leila hat mir erst einmal den Platz gezeigt und mich Jürgen, dem Koch, vorgestellt, und sie meinte: »Koch du mal mit ihm, du kannst das doch.«

Jürgen war gut drauf. Da kam doch eine Frau kurz bevor das Essen fertig sein sollte vorbei, und er meinte zu mir: »Mach du mal das Essen fertig, ich muss mit ihr was erledigen.« Das war schon eine interessante Situation für mich. Die anderen im Projekt dachten, ich spreche kein Deutsch, weil ich mit Leila nur englisch gesprochen hatte und ich hörte dann, wie sie miteinander tuschelten: »Wen hat sie denn da aufgetrieben?« Abends war ein Tanzabend, das kam mir schon sehr luxuriös vor, rote Plüschsofas im Raum, Frauen mit Stöckelschuhen und nahezu unbezahlbares Bier. Und um Mitternacht wurde die Veranstaltung geschlossen. Dabei kam man ja gerade erst in Stimmung. Ich dachte, wenn das eine Sexkommune ist, muss ich dann mit all den Frauen schlafen? Wird mich Leila etwa jetzt hier weiterreichen? Das war meine größte Angst. Da saßen wir nun, die wir vom Polencamp herübergekommen waren, im Freien vor dem Kulturhaus und klagten, dass wir kein Bier mehr hätten, doch dann kam eine Frau aus dem Projekt, die uns noch welches besorgte. Und da ich mit lauter Jugendlichen dasaß, die alle zwanzig Jahre jünger waren, schätzte sie mich auch jünger und zwar auf sechsundzwanzig! Obwohl sie schon graue Haare hatte und ich das Gefühl hatte, sie ist viel älter als ich, hat sie mich interessiert. Das war Monika. Ich hatte aber beschlossen, erst einmal zu Ulla nach Dänemark zu fahren. Und unterwegs habe ich einen Liebesbrief per E-Mail an Monika geschickt und ihr geschrieben, dass ich hoffe, sie noch einmal zu treffen.

MONIKA: Und dass dir mein schwäbischer Akzent gefallen würde!

PIETER: Und dass sie überhaupt eine von den wenigen Menschen war, mit denen ich an dem Wochenende normal geredet hatte. Die anderen Bewohnerinnen hatten nämlich ständig an meiner Kleidung herumkritisiert oder an meiner Art zu tanzen. Wobei ich dann immer dachte, ja, hey, ich will doch gar nichts von dir, du kannst mir erzählen, was du willst.

Ich war zehn Tage in Dänemark, habe meine Kinder getroffen, habe mich mit Ulla versöhnt, und wir haben uns vage versprochen, dass wir irgendwann wieder zusammenleben wollten. Ohne genau festzulegen, in welcher Konstellation. Aber die ganze emotionale Qualität war zwischen uns wieder da, als wäre sie nie verschwunden gewesen.

Trotzdem war mir klar, dass wir niemals mehr als Kleinfamilie zusammenleben würden. Sondern wenn, dann nur im Rahmen einer größeren Gemeinschaft. Ich war auf der anderen Seite so müde geworden, so krank vom Krieg in Kroatien und krank von den ganzen Liebesdramen, dass die Idee, nicht nach Kroatien zurückzugehen, immer verlockender wurde. Und da habe ich die Möglichkeit bekommen, hier bei Monika in dieses Projekt einzusteigen.

Ich hatte auch kein Geld mehr zu der Zeit. Erst einmal für ein paar Monate, so dachte ich.

MONIKA: Wir hatten damals auch den Gedanken gehabt, hier eine Art Erholungsplatz für Friedensarbeiter »von der Front« zu schaffen. Und das hat sich mit Pieters Anliegen auf jeden Fall getroffen.

PIETER: Ich bekam dann ein Zimmer, und habe auch Martin kennengelernt, der sich gut mit Computern auskannte, und als der mal nicht da war, konnte Monika sich richtig auf mich einlassen. Ich war ein wenig ängstlich, was hier in dem Projekt in Sachen Liebe auf mich zukommen würde. Erst nachdem ich drei, vier Nächte mit ihr geredet hatte, habe ich die Angst überwunden und habe sie auf mein Zimmer eingeladen, und so hatten wir die erste Nacht zusammen.

Dann kam Martin zurück, und sie erzählte mir, dass er ihr Freund sei. Da ging es in mir los: »Muss ich jetzt eifersüchtig sein? Nee, ich bin hier Gast! Ich kann froh sein, dass die Monika überhaupt Zeit für mich hat. Das ist ja der alte Freund, und der hat sowieso mehr Rechte.« Und was weiß ich noch alles. Plötzlich wurde dann offiziell über diese Angelegenheit im Forum vor allen gesprochen und bekannt gegeben, dass Monika zwei Freunde hat. Ich empfand das als total schwierig, aber immerhin, ich liebte diese Frau, und sie war mir so vertraut, als hätte ich nach vierzig Jahren meine Schwester getroffen. Die anderen haben auf uns vergleichbar reagiert, und das auch als passend empfunden.

MONIKA: Dazu kam noch – genau wie Pieter hatte ich meine Haare damals zum Pferdeschwanz gebunden, und die hatten auch noch ungefähr die gleiche Graustufe!

PIETER: Es musste damals im Rahmen einer Herbstaktion ein Gästehaus umgebaut werden. Die Leitung hatten Martin, Monika und Katja. Ich als jemand, der immer Gruppenleiter war, fand die Vorbereitung ziemlich schlecht, habe aber mitgeholfen. Was mich gewundert hatte, war, dass die fast keine Absprachen eingehalten haben. Inzwischen war es so, dass Monika immer abwechselnd eine Nacht bei mir schlief und eine Nacht bei Martin. Es war nie verabredet, das ergab sich so. Aber mit der Zeit wurden es immer mehr Nächte mit mir. Und es entstand eine Situation, wo Martin sich verhielt, als wäre da etwas, was er aushalten müsste. Ich dachte mir, was gibt es da auszuhalten, die machen das hier seit zwanzig Jahren so, die müssten doch inzwischen alle Fragen geklärt und alles mögliche miteinander erlebt haben. Dann ist Martin schließlich abgehauen und nach Portugal gegangen.

Aber Monika hatte ja auch noch andere Liebhaber, und ich musste anfangen darüber nachzudenken, ob ich das eigentlich kann, nämlich hinnehmen, dass sie mit anderen ins Bett geht. Ich habe beschlossen: Solange ich hier bin, muss ich einen Weg finden, damit umzugehen und habe es geschafft, nicht eifersüchtig zu werden. Aber ich hätte es lieber gehabt, dass sie es nicht tut. Ich weiß nicht, ob ich ihr das damals gesagt habe, ich hatte da richtig dran zu knabbern. Sie war immerhin innerhalb dieser Gemeinschaft eine von wenigen Ansprechpartnerinnen für mich, und ich habe mich bei ihr wie zuhause gefühlt. Vorher, in anderen Situationen, war ich meistens in der Position des Leiters. Hier stand ich in einem ganz anderen Zusammenhang. Die haben alle deutsch geredet und mein Deutsch war nicht so gut, dass ich mich hundertprozentig klar ausdrücken konnte. Sie haben mich zwar aufgrund meiner Friedensarbeit akzeptiert, aber von den Ideen dieses Projektes wusste ich gar nichts, und ich hatte auch weder die neueren Bücher von Dieter Duhm gelesen, noch hatte ich so ein durchdachtes Konzept für die Freie Liebe wie die Gemeinschaft hier.

Ich habe dann bei der Zeitung des Projektes das Layout gemacht, musste jeden Tag am Forum teilnehmen und wurde Zeuge, wie es täglich um dasselbe Eifersuchtsdrama von ein und demselben Menschen ging. Und ich hatte überhaupt keine Lust darauf, mir das immer wieder reinzuziehen. Ich hörte die Klagen eines Mannes, der seit zwei Jahren mit einer Frau ins Bett will, und jedes Mal würde sie »nein« sagen. Da dachte ich, der spinnt. Wenn eine Frau »nein« sagt, dann sagt sie »nein« und basta. Das muss er akzeptieren. So etwas war mir aus der Kultur, aus der ich kam, völlig fremd.

MONIKA: Es gibt für mich verschiedene Ebenen, auf denen bei mir Beziehungen oder Freundschaften entstehen können. Mit manchen Männern hatte ich rein sexuelle Beziehungen, aus denen auch Liebesbeziehungen entstehen konnten. Sexualität ist für mich im Idealfall eine ganz intime Kommunikation zwischen Mann und Frau. Wo dann aus intensiven sexuellen Beziehungen Liebe entsteht und Freundschaften wachsen, die ihren Grund auf einer ganz tiefen Ebene haben. Was ich verfolge, ist eine Verbindung. So dass die geistige Kommunikation auch zu einer hohen Attraktivität beim Sex führen kann. Gemeinsame Lebensentwürfe, politische Arbeit, Auseinandersetzungen über geistige Inhalte, über Projekte, die man gemeinsam kreiert und Sexualität, das gehört für mich zusammen. Insofern ist mein Liebesideal genau so ganzheitlich wie mein sonstiges Leben.

Mit Martin hatte ich bestimmte gemeinsame Ebenen, Technologie beispielsweise. Wir haben zusammen das Volumen, eine Traglufthalle, aufgebaut und über technische Neuerungen geforscht, und wir hatten eine starke sexuelle Ebene. Daraus entstand eine fast animalisch-emotionale, physische, sehr weit gehende Vertrautheit. Das war unsere stärkste Verbindung. Aber bei den politischen Themen wie bei der Friedensarbeit, die sich über Pieters ganze Familiengeschichte eröffnet hat – Versöhnung zwischen Deutschen und Juden, weil ja Pieter aus einer jüdischen Familie kommt –, fehlte mir bei Martin etwas. Dafür habe ich mit Pieter eine ganz intime Kommunikation in völlig neuen Themenbereichen entwickelt. Mit den politischen Inhalten, den ökologischen Themen, der Anti-Atom-Bewegung teilen wir gemeinsame Interessen, und wir haben uns da zusammengefunden. Was die Liebe betrifft, war es für mich »Liebe auf den ersten Blick«, fast so intensiv wie zwischen Bruder und Schwester. Durch die ähnlichen Hintergründe, durch den Weg, den wir gewählt haben, und die radikale Suche haben wir eben auch ganz ähnliche Sichtweisen. Und diese erweiterte Kommunikationsebene hatte ich mit dem Martin nicht. Bei Pieter kam dann die starke sexuelle Seite hinzu, die er nicht mit seiner Intellektualität verdeckt, und sein Interesse an der Gemeinschaft hier.

PIETER: In der Zeit vor neun Jahren, als die Beziehung zu Monika entstanden ist, waren wir fast jede Nacht zusammen und sind auch für alle sichtbar als Paar aufgetreten, was hier nicht unbedingt hundertprozentig akzeptiert war.

MONIKA: Das Gemeinschaftsmotto war ja »Freie Liebe«, wobei freie Sexualität früher mehr im Vordergrund stand als heute, und die Frage war, wie sich unter diesen Voraussetzungen stabile Beziehungen entwickeln konnten und welchen Platz sie in der Gemeinschaft finden. Zum Beispiel hat Martin die Nächte meistens bei mir verbracht, obwohl er viel mehr sexuelle Kontakte zu anderen Frauen hatte als ich zu anderen Männern, es sei denn, es war etwas anderes zwischen uns abgesprochen. Tagsüber oder bis in den Abend war er frei unterwegs. Ich wusste, mit welchen Frauen er zusammen war, manchmal wollte ich es aber auch gar nicht so genau wissen. Wichtig war, dass wir eine stabile Vereinbarung miteinander hatten. Das war für beide der Ausgangspunkt. Freie Liebe ist ja nur erst mal ein Anspruch; wie die Einzelnen das gestalten, wie sie versuchen, sich diesem Ideal anzunähern, ist sehr vielfältig. Und für mich hat sich herauskristallisiert, dass ich mich in den letzten drei, vier Jahren mit Pieter monogam verhalte.

PIETER: Bei mir ist das etwas anders, obwohl es nach außen mehr Kontakte zu sein scheinen, als es in Wirklichkeit sind. Zum Beispiel war ich mal eine Weile in Portugal, ein Jahr nachdem ich hier eingezogen bin. Und da habe ich mich in Esther verliebt. Wir haben seitdem eine ziemlich gute Beziehung, auch wenn wir uns selten sehen, schreiben wir uns regelmäßig. Wenn wir uns begegnen, heißt das aber nicht unbedingt, dass wir miteinander ins Bett gehen. Das gleiche Verhältnis habe ich zu Amelie. Dadurch, dass ich hier wohne, werde ich viel von Gästefrauen angesprochen, was einem als Mann natürlich sehr schmeichelt. Aber da läuft man doch Gefahr, dass man sich in Situationen begibt, die hinterher nicht mehr so ungezwungen erscheinen, als es vorher den Eindruck machte. Da gibt es viele Erwartungen oder Projektionen von Seiten der Frauen.

MONIKA: Pieter ist eben nicht nur ein Gemeinschafts-Mann, sondern auch eine Art VIP. Durch seinen Status als international tätiger Friedensarbeiter ist er eine bekannte Persönlichkeit. Da wird schnell eine Menge auf ihn projiziert.

PIETER: Da ist es anfangs auch zwischen uns zu Spannungen gekommen. Ich war eben sehr spontan. Wenn etwas zwischen mir und einer anderen Frau passierte, dann habe ich mich gehen lassen und habe Monika nicht unbedingt gesagt, dass ich etwas anderes vorhabe an diesem Abend. In den letzten Jahren versuchen wir, solche Angelegenheiten mehr miteinander abzustimmen. Ich bin aber noch immer nicht sicher, dass ich ihr alles erzählen sollte, was ich sonst so treibe. Vielleicht auch, weil ich Angst vor ihren Reaktionen habe.

MONIKA: Ich glaube, dass Pieter mich entweder manchmal falsch interpretiert oder Reaktionen befürchtet, die gar nicht kommen würden. Ich glaube aber, dass er mit den Jahren immer mehr Vertrauen in die Kommunikation entwickelt hat, die ich mit den anderen Frauen habe. Ich habe ja hier nicht nur eine Freundschaftsebene zu den Männern aufgebaut, sondern auch zu den Frauen. Ich habe zwar keine Liebesbeziehungen zu Frauen, aber sehr nahe Freundschaften. Da entdecke ich immer wieder, dass die Männer, die ich liebe, auch die Frauen bevorzugen, die mir nahestanden. Es gibt eine starke Verständigung unter den Frauen über ihre Liebeskontakte, und ich weiß daher manchmal sehr viel über das, was zwischen Pieter und einer Frau vorgeht, ohne dass er mir das erst erzählen müsste. Das ist manchmal eine Herausforderung, wenn es sich um Frauen handelt, die mir nicht so nahestehen und mit denen ich nicht so eine leichte Verständigung habe; aber mit Frauen, die mich selbst auch interessieren, da ist es ziemlich leicht. Und das ist eine Sache, bei der wir beide zu lernen haben und Vertrauen entwickeln müssen.

PIETER: Anfangs war mir das unheimlich. Ich fand das bedrohlich, so als würde ich hintergangen werden. Es ist, als würde man in einem Glashaus wohnen. In den letzten Jahren war ich aber immer froh, wenn Monika die Frauen kennenlernt, die mich auch interessiert haben, denn dann ist es einfacher für mich, ihr zu erklären, was mich an ihnen reizt. Und ich muss mir keine Gedanken machen, ob ich ihr lieber die Wahrheit sage oder stattdessen andere Erklärungen erfinde.

MONIKA: Natürlich gibt es auch Frauen, die Pieter an anderen Plätzen kennenlernt und mit denen er Liebesgeschichten hat. Das ist dann für mich manchmal etwas schwierig, weil er wirklich nicht alles erzählt und ich solche Sachen auch nicht irgendwie »abfragen« kann. Ich würde es mir zwar anders wünschen, finde es aber auch okay, wenn ich es nicht in allen Einzelheiten erfahre. Ich bin zu intuitiv, als dass ich Wichtiges nicht mitkriegen würde. Meistens sind es auch Frauen, die ich selbst sympathisch finde und zu denen ich dann versuche, einen eigenen Kontakt herzustellen.

Ich finde es auch nicht anstrengend, trotzdem monogam zu sein, weil ich das nicht extra beschlossen habe. Mir fehlt momentan der Impuls, die Lust auf andere Männer. Wenn sich das ändert, würde ich dem aber nicht einfach spontan nachgehen, sondern mich mit Pieter absprechen. Ich würde mir schon überlegen, was es mir wert ist, dieser Lust nachzugehen, und ob ich mich da auf etwas einlassen will, aber die Möglichkeit ist für mich grundsätzlich da. Dennoch habe ich im Grunde für mich beschlossen, dass ich das zurzeit nicht tue. Ob dies nun nur so eine Art Trott von mir ist oder ob es daran liegt, dass ich mich im Leben gerade auf andere Dinge konzentriere, kann ich nicht genau sagen.

Wir wohnen hier nicht zusammen, aber ich schlafe meistens bei Pieter. Mein Bungalow ist mein Alltagsbereich, wohin ich mich in Situationen, wenn ich mit ihm in Streit bin oder wenn ich weiß, dass er sich mit einer anderen treffen will oder etwas anderes vorhat, zurückziehen kann. Ich würde mir wünschen, dass er öfter zu mir kommt, und bin mir auch sicher, dass er das tun wird. Tagsüber sind wir ohnehin getrennt unterwegs.

PIETER: Meine Eifersuchtsgeschichte ist momentan mehr die, dass sich Monika viel zu stark in diesem Projekt hier engagiert und zu wenig Zeit für mich hat. Ständig ist sie irgendwo im Forum.

MONIKA: Ich bin eine sehr aktive Person, und ich denke, man kann auch auf eine Gemeinschaft eifersüchtig sein oder auf andere Projekte, mit denen man intensiv beschäftigt ist. Und diese Art Eifersucht spielt natürlich genauso in unsere Beziehung hinein, als wenn man auf einen anderen Liebespartner eifersüchtig wäre. Die Frauen, in die sich der Pieter verliebt, oder die Männer, die für ihn Freunde sind, das ist eine bestimmte Gruppe, die bilden eine Art »Liebesnetzwerk«, und es ist fast so etwas wie meine »Liebesfamilie«. Und Pieters engste Geliebte zum Beispiel, die Esther, die ist auch eine meiner engsten Freundinnen. Ich bin nicht eifersüchtig. Natürlich könnte ich trotzdem in eine Enge kommen, wenn sie jetzt hier wäre, er würde die Nacht mit ihr verbringen, und ich hätte vielleicht das Bedürfnis, auch mit ihm zusammen zu sein. Aber es gibt so etwas wie eine Solidarität zwischen mir und meinen Freundinnen, wo wir bereit sind, uns unsere Liebhaber zu teilen, und das ist für mich etwas Neues, das gab es früher in meinem Leben nicht. In unserer Beziehung sind wir eben nicht zwei Menschen, die sich irgendwie abschotten. Das entspricht nicht unserem Liebesbild. Vieles bleibt natürlich Idee und kann im Alltag nicht gelebt werden. Aber innerhalb eines bestimmten Kreises gibt es eine unglaubliche Liebe und Solidarität, dieser Kreis ist so etwas wie meine »Wahl-Liebesfamilie« geworden. Ich kann mir meine Liebe zu Pieter nicht ohne dieses Umfeld, mit dem ich in so einer guten Kommunikation bin, vorstellen. Das ist für mich das wichtigste Ergebnis meiner Auseinandersetzung der letzten zwanzig Jahre.

PIETER: Ja, ich denke, dass wir eine ganz spannende Beziehung miteinander haben und das auch nach so vielen Jahren. Also nicht, wie bei manchen, die nur deswegen zusammenleben, weil ihnen nichts Besseres einfällt. Immer wieder machen wir neue Erfahrungen miteinander oder entdecken alte Sachen wieder neu.

MONIKA: Wir haben schon einen bestimmten Trott, aber wir haben auch regelmäßig Sex. Und wenn er mit anderen Frauen Kontakt hat, ist es sogar eine Bereicherung für unsere Sexualität. Pieter ist dann einfach aufmerksamer mir gegenüber und bringt neue Ideen ein. Das mache ich mir immer wieder bewusst, wenn ich Gefahr laufe, eifersüchtig zu werden. Ich weiß, dass ich von den anderen Frauen profitiere und sie profitieren ebenso von mir.

»Du darfst Sexualität erleben, wann und mit wem du willst«

Maria (53, Psychotherapeutin)
und René (42, Psychotherapeut)

Maria erzählt: Ich bin eine richtige Berlinerin, anfangs in Kreuzberg aufgewachsen, in einfachen Verhältnissen. Meine Kindheitserfahrungen waren insgesamt sehr positiv. Wir haben im Kiez viel im Freien mit anderen Kindern gespielt. Allerdings war mein Vater recht streng und autoritär. Das ist etwas, was mich geprägt hat. Ich hatte also viel Angst vor ihm. Gleichzeitig war ich aber die Große und seine Lieblingstochter. Eine merkwürdige Mischung. Eigentlich habe ich ihn sehr geliebt. Später, in der Pubertät, habe ich deshalb mit meiner Mutter totalen Zoff gehabt. Denn er war für mich der Gute.

Als sie sich getrennt haben, da war ich zehn. Er ist mit einer fünfzehn Jahre jüngeren langbeinigen, großbusigen Blondine auf und davon und hat meine Mutter mit den zwei Kindern sitzenlassen. Das hat natürlich eingeschlagen in der Familie. Damit war er der Böse, und alle haben sich das Maul darüber zerrissen. Das hat mich in meinem Beziehungsverhalten stark geprägt. Ich habe später ausführlich an meiner Persönlichkeitsentwicklung arbeiten müssen, um zu erkennen, dass ich das Erbe meiner Mutter lange in mir getragen habe.

Es gab diese typische Rollenteilung – die Mutter hat für das Essen gesorgt und dafür, dass wir ordentlich angezogen sind. Ansonsten war sie eher kleinlaut, weil auch ihre Eltern da noch bei uns wohnten. Ich habe meine Mutter immer als die »Tochter ihrer Eltern« erlebt. Sie war sehr unsicher, zurückhaltend. Und nie wirklich erwachsen geworden. Da war es verständlich, dass sie sich mit meinem Vater einen autoritären Mann genommen hat. Und als der weg war, brach für sie eine Welt zusammen.

Meine Mutter ist dann depressiv geworden, und wir haben unter der Situation total gelitten, denn damals war es noch wirklich tabu, dass Eltern sich scheiden ließen. Ich durfte in der Schule nichts davon erzählen. Mein Vater war angeblich immer auf Dienstreisen. Das lag wie eine schwere, düstere Wolke über der Familie. Und ich fand es zuhaus unerträglich. So viel wie ich Angst vor ihm hatte, so sehr habe ich ihn auch vermisst. Er hat mich eben beschützt, denn er hat ja eine Stärke ausgestrahlt. Auf alten Fotos kann man sehen, wie ich auf der Kühlerhaube seines Autos sitze und wie sich ganz der Stolz meines Vaters in meinen Augen spiegelte. Später konnte ich dadurch immer gut mit Männern flirten und leicht Kontakt bekommen. Das war nie ein Problem. Woher sollte ich das sonst haben? Von meiner Mutter bestimmt nicht. Das war die narzisstische Zufuhr vom Vater – auf der einen Seite, neben der Angst auf der anderen.

Ich bin ein richtiges Scheidungskind, das verbindet mich mit René. So wie die mit der Trennung umgegangen sind, waren wir plötzlich Spielbälle für die Eltern. Meine Mutter hat dauernd meinen Vater schlechtgemacht. Und mein Vater hat mich mit zunehmendem Alter, zwischen elf und vierzehn, versucht zu locken: »Ja, wenn du bei mir wohnst, kriegst du Taschengeld und dürftest auch rauchen.« Er hat so richtig die Angel ausgeworfen. Und dann fand ich natürlich seine Freundin auch schick, die war viel lockerer als meine Mutter und meine Großeltern. Bei denen war irgendwie ein bisschen mehr High Life angesagt. Ich habe es dann wirklich fertiggebracht, mit vierzehn im Streit weg von meiner Mutter zu meinem Vater zu ziehen: »Und tschüss, mit dir will ich jetzt nichts mehr zu tun haben.« Das war ein sehr großer Eklat. Aber da habe ich es nur ein halbes Jahr ausgehalten, denn er hat sich ganz schnell als der autoritäre Despot erwiesen, der er ja immer schon war. Er wollte meinen Freund nicht so richtig akzeptieren und hat mich oft beschämt.

Den ersten Freund hatte ich schon mit dreizehn. Der wohnte im gleichen Haus. Mit dem hatte ich meine ersten Experimente mit Knutschen und Petting gemacht. Ich war ja auch sehr unaufgeklärt. Ich hatte keine Ahnung, wie Jungs eigentlich aussehen. Das Thema Aufklärung ist einfach ausgefallen. Meine Mutter konnte das nicht leisten. Und mit dem Freund habe ich das als sehr prickelnd erlebt, außer dass dessen Mutter immer gestört hat. Man hatte ja keinen eigenen Raum dafür. Das war aber auch ein Teil der Spannung. Mit dem zweiten, mit dem ich mich bei meinem Vater getroffen habe, war ich sieben Jahre zusammen. Mit dem bin ich, als ich siebzehn war, zusammen ausgezogen. Ich war ja dann wieder eine Zeit bei meiner Mutter. Der war wichtig für mich und auch drei Jahre älter. Ich hatte meinen ersten Geschlechtsverkehr mit ihm.

Die 68er-Bewegung hat mich eigentlich nicht so sehr tangiert, bis auf die Tatsache, dass ich dachte, ich wäre keine »richtige« Frau, weil ich keinen vaginalen Orgasmus hatte. Und dann bin ich in einen feministischen Buchladen geraten und habe mir das Buch *Der Mythos vom vaginalen Orgasmus** gekauft. So, dachte ich, da steht's, mit mir ist alles in Ordnung. Jetzt ist aber Schluss mit den ewigen Schuldgefühlen! Das hatte mir damals sehr zu schaffen gemacht. Meine Sexualität war überhaupt nicht so frei, wie sie hätte sein können, wenn ich eine entsprechende Aufklärung gehabt hätte. Mir hat es trotzdem Spaß gemacht, aber da war immer so ein Ungleichgewicht. Mein Freund wollte ständig Sex haben, und mir war es eigentlich zu viel. Ich war noch nicht zu dem gekommen, was mir wirklich Spaß gemacht hat, weil ich natürlich das Kind meiner Mutter war, also eher zurückhaltend und schüchtern. Ich konnte auch nicht sagen, was ich genau will, ich wusste nur – so wie es war, ist es noch nicht der Knaller. Später im Psychologiestudium haben wir eine typische Szene aus einer unserer Beziehungen gespielt und der Satz, der mir zuerst einfiel, war: »Ich will, dass

---

* Koedt, Anne: *Der Mythos vom vaginalen Orgasmus,* Athenäum Verlag 1968.

du mich mal verführst!« Das drang immer an mein Ohr, das wollte er. Und ich meinte, lass mir doch mehr Zeit und Luft und lass mich erst ein bisschen mehr kommen.

Ich habe natürlich auch einen Blick auf andere Jungs geworfen. Da fing das nämlich an, spannend zu werden. Eigentlich waren wir sehr, sehr innig miteinander. Wir waren die ersten, die zu dieser Zeit eine eigene Wohnung hatten, und andere Freunde haben uns besucht. Wie sich junge Leute eben so lieben, haben wir uns ja wirklich geliebt. Ich hatte aber in der Beziehung auch gemerkt – ja, mein Freund ist so toll, der kann alles und wer bin ich denn? Und wenn ich von anderen Jungs eine Anerkennung und Bestätigung bekam, wurde ich schon neugierig. Aber das war kein Thema, das ich offen ansprechen konnte. Denn das durfte nicht sein – wir sind ja zusammen, das geht ja nicht, dass da andere ins Spiel kommen. Es kam dann natürlich zum klassischen Fremdgehen, mit schlechtem Gewissen, aber auch mit viel Spaß dabei. Ich fand es super. Und gefährlich, denn ich wollte meine Beziehung nicht verlieren, das war klar. Ich hatte also keinen anderen Partner gesucht. Mein damaliger Freund, mit dem ich noch Kontakt habe, erzählt mir bis heute, wie schlimm das für ihn war und wie er gelitten hat. Später war er dann der Schlimme, in dieser Zeit hing er aber noch so an mir und hatte keine Ambitionen, mit anderen Mädchen etwas anzufangen.

Nach sieben Jahren war da schon etwas die Luft raus. Mein Freund war auch sehr eifersüchtig, das hat mich gestört. Ich hatte damals ein Praktikum gemacht. Er hat mich immer abgeholt von der Arbeit und meinte dann einmal: »Der Rüdiger, der sieht aber nett aus« – und hat mich dadurch erst auf ihn aufmerksam gemacht. Ich bin dann mit dem Rüdiger zusammengekommen, das ist der Vater von meinem heute erwachsenen Sohn. Sexuell interessant war, dass der Rüdiger jetzt der war, der nicht dauernd Lust hatte. Ich war mir ja meiner Lust durchaus bewusst geworden, und plötzlich war da ein Mann, der nicht wollte – was war denn mit dem los? Das hat mir aber auch gutgetan. Ich hätte es schon schön gefunden, wenn er mehr Lust gehabt hätte, aber für mein sexuelles Selbstbewusstsein war es gut so. Vor lauter Erwartungsdruck bei dem vorigen Freund kam ich gar nicht dazu, mich selbst zu finden.

Mit dem Rüdiger war es dann aber so, dass wir beide fremdgegangen sind. Und wir haben sehr gelitten, haben es uns nicht erzählt, aber es kam immer irgendwie heraus. Also es war nicht wirklich offen. In dieser Beziehung war nicht genügend Respekt und Akzeptanz von seiner Seite. Der Rüdiger ist so ein bodenständiger Typ. Der meinte immer: »Ach ja, die Psychos und die Sannyasins, die haben ja sowieso alle einen Sockenschuss!« Und ich war Sannyasin. Das hat mir natürlich überhaupt nicht gepasst, solche Sätze zu hören. So etwas war für mich Lebensblindheit.

Damals habe ich mich in einen anderen verliebt, der wollte mich sogar heiraten. Ich war achtundzwanzig und an dem Punkt, dass ich gesagt habe: »So Jungs, jetzt seht zu, was ihr macht. Ich liebe Richard, und ich liebe Rüdiger, aber ich sehe überhaupt nicht ein, dass ich mich entscheiden soll! Warum denn?« Aber das hat nicht funktioniert und ich bin zu Rüdiger zurück, ich hatte ja auch ein Kind, und den Richard kannte ich erst ein paar Wochen. Was uns zusammengehalten hat, war diese Bodenständigkeit, seine Häuslichkeit. Er hat gern gekocht, und wir mochten uns, und am Anfang haben wir uns ja auch geliebt. Aber es gab nicht so eine geistige Nähe. Die habe ich erst später gefunden, aber ich habe auch erst später danach gesucht.

Ich habe immer weiter therapeutisch an mir gearbeitet und musste zwei kürzere Beziehungserfahrungen machen, wo die Männer richtig besitzergreifend und gewalttätig waren. Da hat sich dann diese Vatergeschichte wiederholt. Einer hat mich geschlagen, weil er eben so eifersüchtig war. Den hatte ich bei einer Tantramassage kennengelernt, und der suchte Probanden zum Üben. Ich war total im Herzen und in der Seele berührt von dieser Massage. Das war wahnsinnig schön. Wir kamen uns sehr nahe, und er hat mich vor sich gewarnt: dass er auch noch andere Seiten hätte. Ich dachte mir nur, ach, an meiner Seite wird sich das schon alles glätten. Ich hatte ihm auch mal Bilder von einer Party bei meiner Therapieausbildung gezeigt, auf denen ich zufällig fünfmal neben dem gleichen Mann saß. Da drehte er völlig durch, packte mich und hat mich geschlagen. Das war die Krönung und mir war klar, dass ich so etwas nie wieder erleben wollte.

Ich hatte damals einen sehr guten Therapeuten, der mich wirklich konfrontiert und immer wieder meine Beziehung angesprochen hat. Der hat mir sehr geholfen, weil er mich genau bei meinen unerledigten Themen erwischt hat. Statt mit Hilfe der Männer meine Vaterthematik abzuarbeiten, besser zu schauen, was denn im Hier und Heute ansteht. Es kam eben heraus, dass ich ein Stück das gelebt habe, was in meiner Familie Motto war: »Die Männer sind irgendwie Schweine, und dein Vater ist das Oberschwein. Da muss man sich in Acht nehmen.«

Ich war dann Ende der siebziger Jahre zweimal in Poona, in diesem Osho-Meditationszentrum. Da war so ein Klima von freier Sexualität, alle waren sehr liebevoll miteinander, und jeder kann es so machen, wie er möchte. Das war unheimlich schön, denn ich hatte dort sehr viele Begegnungen mit einfühlsamen Männern. Es war auch heilsam. Die Sannyasins waren immer so ästhetisch und feinfühlig, verglichen mit den Männern vorher. Das war eine ganz wichtige Zeit, in der ich mich endlich aus meiner Herkunftsfamilie ablösen konnte und sozusagen eine neue Familie fand, denn da war auch geistige Nähe. Das Bedürfnis, sich weiterzuentwickeln und Hemmungen abzulegen. Frei sein. Es war schon sehr, sehr schön, und es ging für mich weniger um das, was Osho erzählt hat, als um das Miteinander der Menschen. Dem Rüdiger hat das natürlich alles überhaupt nicht gepasst. Ich habe aber diese unterschiedlichen Welten auch nicht zusammengekriegt. Und es war von daher ziemlich schwierig, das alles in mein Leben zu integrieren. Als Anfang der Achtziger mein Sohn geboren wurde, habe ich angefangen, Psychologie zu studieren. Und mit der Zeit ist dann die Beziehung zu Rüdiger auseinandergebrochen, das ging einfach nicht mehr.

Später traf ich René. Und da war ich entwicklungsmäßig an einem Punkt, an dem ich mich selbst mehr durchschaut hatte und erkannte, was für eine Selbstinszenierung das alles war, dass ich mir nämlich immer bestimmte Männer gesucht hatte, um bestimmte Erfahrungen zu machen. Dadurch, dass ich das Bewusstsein anfangs aber nicht hatte, habe ich natürlich viel Leid erzeugt, bei meinem ersten Freund zum Beispiel, der so eifersüchtig war, und habe aber auch eine Menge durchlitten in dieser Zeit. Ich hatte einfach zu wenig Aufklärung und Information, hatte keine ältere Freundin und war immer nur von Männern umgeben. Und deshalb ist das Thema Sexualität bei uns auch so wichtig, von Anfang an und bis heute. Ich merke immer noch, dass es Bereiche gibt, bei denen ich einfach verklemmt bin. René hat dann die Idee der offenen Beziehung eingebracht. Am Anfang dachte ich, wie furchtbar, denn ich war doch immer so eifersüchtig, also fehlendes Urvertrauen, würde ich heute sagen. Die Vorstellung, dass der mit einer anderen Frau etwas macht, hat mich in absolute Krisen geworfen. Trotz meiner vielen Erfahrungen musste ich sicher sein: Der Mann an meiner Seite ist der Mann an meiner Seite, und der geht nicht woandershin. Aber das hat sich inzwischen geändert. Ich bin ja zum Glück entwicklungsfähig.

Kennengelernt hatten wir uns in der Therapieausbildung. Wie das so ist, haben wir da abends auch Partys gemacht. Da haben wir zusammen getanzt, und ich war hin und weg. Es war so nahe, intensiv und so schön. Und weil es so schön war, haben wir uns gesagt, da können wir ja auch miteinander ins Bett gehen. Das war der Anfang unserer wunderbaren Beziehung. René ist dann ein halbes Jahr später nach Berlin gezogen.

RENÉ ERZÄHLT: Ich bin Pfälzer und die Pfalz hat eine spezielle Bedeutung in Bezug auf »Freie Liebe« oder das, was man dann da erleben kann. Weil es einfach Provinz ist. Aber dazu später mehr. Meine Eltern waren schon seit früher Kindheit immer im Streit miteinander gewesen. Es gab viel Anschreierei und Dispute, und ich stand immer irgendwie dazwischen. Ich habe vorgelebt bekommen, dass Beziehung etwas Angstbesetztes ist, dass das etwas mit Verletzungen zu tun hat, und dass es Gute und Böse gibt.

Mein Vater war der Typ »Flüchter«, meine Mutter die Alleingelassene, die ihn beschuldigt hat. Und ich stand gewissermaßen auf der Seite meiner Mutter, denn mein Vater hat sich wenig um mich gekümmert. Die enge Beziehung zu meiner Mutter hat dementsprechend mein Frauenbild geprägt. Bei dem, was ich an Konflikten zwischen beiden erlebt hatte, lautete die Erkenntnis: »Man darf sich nicht verletzen.«

Über die Jahre ist die Beziehung meiner Eltern immer mehr auseinandergegangen bis zu einer Trennung, aber im selben Haus. Ich hatte dann so eine Art Mittlerposition. Zu meinem Vater kam keine richtige Beziehung zustande, weil er sehr darunter gelitten hat, dass meine Mutter so sehr Stimmung gegen ihn machte. Er hat sich einfach innerlich zurückgezogen und war dadurch einer von diesen Vätern, die nicht präsent waren. Das hat später dazu geführt, dass ich lange Jahre Ersatzväter gesucht habe.

In diesem Spannungsfeld zwischen Mutter und Vater habe ich teilweise mitgemischt, wenn meine Mutter gegen ihn auftrat. Ich habe ihr einfach geglaubt. Mein Vater war eben das Schwein, und er hat sich auch in unglückliche Situationen hineinmanövriert, wo er das zu bestätigen schien, indem er zum Beispiel ankündigte, gleich zu uns ins Wochenendhäuschen zu kommen, dann aber nächtelang weg war. Meine Mutter hat dann geheult, und mir war klar, so verhält man sich nicht in Beziehungen. Warum er aber nächtelang weg war, war damals kein Thema. In der Pubertät wurde mir das alles zu eng mit meiner Mutter, denn sie hat die Stütze, die sie in mir hatte, auch weidlich genutzt, um sich in dieser schwierigen Situation zu stabilisieren – einerseits praktisch allein erziehend, andererseits der ständige Kampf mit diesem Mann. Sie konnte sich aber auch nicht durchringen, sich scheiden zu lassen, stattdessen gab es diese unsaubere Trennung, eine Situation, die noch bestand, als ich zwanzig war. Als ich meine ersten Freundinnen hatte, war klar, dass ich meine Ruhe will. Ich hatte meine zwei eigenen Zimmer, mit einer Tür zum Rest der Wohnung, die ich zumachen konnte. Das war dann okay. Und aus diesen Erfahrungen heraus beschloss ich, niemals zu heiraten.

Ich hatte aber großen Spaß an Beziehungen – das war ein total wichtiges Thema –, Beziehungen experimentell auszuprobieren und auszukosten. Bei meinen ersten Freundinnen ging es auch zum Teil mit der Eifersucht los, was ich, geprägt durch die Mutter, dann immer sehr schnell als beengend erlebt habe, denn es gab eben auch wenig Spielraum, etwas auszuprobieren und andere Kontakte zu haben. Ich wollte die Mädels ja nicht immer gleich heiraten. Da ich in Kaiserslautern lebte, gab es so gut wie keinen erlebbaren Nachhall der 68er-Bewegung. Ich weiß nicht, ob das nur die spezielle Situation des Kreises war, in dem ich verkehrte, aber ich denke, die Pfälzer beobachten vieles nur, machen dann aber ihr eigenes Ding. Es gab keine Vorbilder, die einem Alternativen zeigen konnten und so war es klar: Beziehungen sind eigentlich monogam; wenn was passiert, geht man fremd, und dann gibt es ein Drama. Ja und dann schaut man halt, wie es weitergeht. So wurden meine Beziehungen immer wieder schwierig – aus heutiger Sicht würde ich sagen, man hat die Probleme eskalieren lassen, um einen Grund zur Trennung zu haben, und dann gab es eben das nächste Experiment. Am Anfang gab es immer eine euphorische Phase der Verliebtheit. Das hat totalen Spaß gemacht, und es war einfach klasse, auch Sexualität in einem geschützten Rahmen auszuprobieren. Man war aufeinander bezogen, und es war alles sehr brav. Die erste Beziehung dauerte ein Jahr, die zweite dann schon zwei Jahre. In dieser Zeit hatte ich Kontakt zu einem Mann aus der therapeutischen Szene, der schwul war und mich toll fand. Anfangs war es eine Art väterlicher Zuwendung, dann wurde es aber auch sexuell. Das löste bei mir eine erste große Verunsicherung aus. Ich habe mich anfangs mehr passiv darauf eingelassen, aber dann ist eine ziemlich intensive und weitreichende Beziehung daraus entstanden. Ich fragte mich schon, ob ich jetzt schwul sei.

Andererseits war aber klar, dass ich auch Lust auf Frauen hatte. Ich bin mit dem Mann ja sozusagen fremdgegangen. Es war aber immer so ein Gemisch, weil er diese Vaterrolle hatte. Ganz am Anfang war er ja mein Therapeut. Und hat dann langsam diese Ebene verlassen.

Ich hatte, trotz dieser Konstellation, einen sicheren inneren Kern, der mir sagte, wenn ich keinen Bock mehr darauf habe, dann sage ich »stopp«. So lange finde ich es einfach klasse und genieße das mit ihm. Die Freiheit nehme ich mir. Meine Mutter hat das dann irgendwann mitgekriegt und ist Amok gelaufen, hat laut gegen die Tür getrommelt und wollte mich aus seiner Wohnung herausholen. Das waren schon dramatische Szenen. Irgendwann hat es auch meine Freundin mitgekriegt, und dann war ich ein »Fremdgänger«. Prompt war ich in der Rolle des Verletzenden, ob ich wollte oder nicht. Das ging bis hin zu einer Szene, wo mich diese Frau aus ihrer Verletzung heraus umbringen wollte. Und schon sah ich mich in der Rolle, die sonst mein Vater hatte: Ich war schuld am Leid einer Frau. Mir war damals absolut klar, dass dieses Beziehungsbild Unsinn ist, dass es nicht aufgeht. Ich wusste aber mit dieser Erkenntnis nichts anzufangen, weil die konkreten Vorbilder fehlten.

Der schwule Freund wollte mich dann immer mehr vereinnahmen, mir einreden, dass ich nun mein Coming-out hätte. Ich wusste aber, dass ich nicht schwul bin, sondern dass ich meine bisexuellen Anteile habe und die auch lebe, aber mehr nicht. Als das klar war, habe ich mich wieder befreien können. Aber dieser Mann hat lange Zeit, bis heute, in meinem Leben eine Rolle mit unterschiedlicher Intensität und Nähe gespielt.

Es gab dann eine neue Beziehung zu einer Frau. Ich war fünfundzwanzig, war total verliebt und dachte: »Die ist es.« Das ging zwei Jahre lang, da begann sie eine ziemlich intensive berufliche Karriere und musste aus Kaiserslautern wegziehen. Wir haben eine Wochenendbeziehung daraus werden lassen, worauf ich mich aus Vernunftgründen eingelassen hatte. Aber beziehungsmäßig war das doch ein ziemlicher Schnitt. Ihr Wegsein hat mich sehr verletzt. Ich bin wieder fremdgegangen, was mit der monogamen Beziehungsform, die wir natürlich installiert hatten, erneut kollidierte. Weniger bewusst, einfach aus Gewohnheit heraus. Es war zum Kotzen, wieder hatte ich dieses Thema am Hals. Denn ich habe das nicht ausgehalten, mir war nach Nähe, nach Körperkontakt, nach Sex und sie war nicht da – da war klar, ich suche mir jemanden. Aber nicht, um mich nebenher auf eine andere tiefere Beziehung einzulassen. Deswegen bin ich auch nur in Clubs gegangen oder zu Professionellen. Das war zwar aufregend, aber es war nicht das, was ich mir gewünscht hatte. Es hatte immer einen bitteren Beigeschmack und eine gewisse Traurigkeit.

Ich war verzweifelt, dass ich es nicht schaffte, so zu leben, wie ich mir das wünschte. Einerseits war es aufregend, mal in ein Bordell zu gehen, aber es gab auch den Teil in mir, der sich intensiveren Kontakt gewünscht hat und der unbefriedigt blieb. Und dann immer wieder die ähnlichen Beziehungsenden: Sich aus Frust heraus irgendwelche Dinge um die Ohren hauen und sich gegenseitig verletzen, bis klar war, dass man diese Beziehung nicht weiterführen konnte. Prompt hatte ich wieder eine Beziehung zu einer Frau, die zu Studienzwecken wegzog. Und dann ging die Bioenergetik-Ausbildung in Norddeutschland los. Die fand immer blockweise an Wochenenden statt. Ich war ja schon Heilpraktiker, hatte noch Psychologie studiert, aber das war mir zu theoretisch und zu langweilig, deshalb wollte ich Praxis durch so eine Therapieausbildung. Und dann kam es zu dieser Begegnung mit Maria, aus einer Haltung heraus: »Mensch, klasse, Therapieausbildung, jetzt befreie ich mich von dem pfälzer Muff und probiere was Neues – Befreiung, Lebendigkeit, Sexualität sind alles darin integrierte Themen, das kann man ja vielleicht auch leben!«

Es gab aber den Dämpfer, dass so private Beziehungen zueinander in solchen Ausbildungen nicht erlaubt sind. Das hatte insoweit seine Berechtigung, als wir ja auch angehalten waren, erst einmal die jeweiligen Beziehungen zuhaus zu klären, und man kommt dann mit einer neuen Klarheit noch einmal zusammen. Wir haben das beide daraufhin gemacht, mit dem Ergebnis, dass wir als Folge irgendwann beide eben solo waren. In dieser Phase sind wir uns noch einmal begegnet, und dann gab es kein Halten mehr. Nach kurzem Zögern sind wir übereinander hergefallen, und dann hatten wir jedes Mal dramatische Szenen des Abschieds, denn Kaiserslautern–Berlin ist so dermaßen weit, dass wir die Telekom und die Bahn reich gemacht haben, oder ich bin mit meinem kleinen Auto nachts zu ihr gefahren und am nächsten Mittag wieder zurück, das waren Wahnsinnsaktionen.

Die Ausbildung hat uns gar nicht mehr so gereizt. Wenn wir dort waren, haben wir uns die ganze Zeit sehnsuchtsschmachtend angesehen, nur um dann bei erster Gelegenheit auf dem Zimmer zu verschwinden. Trotzdem waren wir am Anfang in unserer Beziehung noch ganz klassisch in einer sehr engen Bezogenheit aufeinander und ausdrücklich monogam. Für mich war klar: Das ist die Frau meines Lebens. In dieser monogamen, anfänglichen Verliebtheitsphase war es aber auch ganz wichtig, diese Verlässlichkeit und Exklusivität miteinander zu haben. Da ist in mir viel geheilt an Ängsten. Und der Clou war dann, dass wir am Ende der Ausbildung vor allen offiziell unsere Hochzeit bekannt gegeben haben. Das war mental für uns ein ziemlicher Sprung, denn wir waren beide bisher auf der Linie zu sagen: Heiraten – nie, zu der Generation gehören wir nicht. Zunächst mal war aber klar, dass diese Distanz für uns auf Dauer unerträglich war. Und da Maria ein Kind hatte, bin ich nach Berlin gezogen. Jetzt bin ich mittlerweile schon über zehn Jahre hier. Wir wollten dieses Gefühl nach außen zeigen. Und das passende Ritual in dieser Gesellschaft ist eben die Hochzeit. Warum soll man die Kraft dieser Tradition nicht nutzen? Und dann haben wir einfach geheiratet. Es war klasse und ist es auch heute noch. Ich trage den Ring mit Freude. Denn mit Maria kann ich wirklich Pferde stehlen. Und das Besondere ist die Entwicklung über eine vorsichtige Öffnung zu einer Haltung: »Du darfst gern Sexualität leben, wann und mit wem du willst«, und dass wir es geschafft haben, uns dabei nicht zu verletzen, sensibel und aufeinander bezogen zu bleiben. Diese Entwicklung passierte nicht eruptiv, wie mit einem Knall, sondern es war eher eine Art Feintuning über mehrere Jahre hinweg.

MARIA: Das war so ein Bewusstwerdungsprozess, und es hat damit zu tun, was irgendwie so typisch ist: Meine sexuelle Lust hatte nachgelassen, obwohl sie anfangs sehr stark war. Und dadurch hatten wir dann Stoff für Auseinandersetzungen, denn das war für uns beide schwierig. Wir fragten uns: Was sollen wir jetzt tun? Wie gehen wir mit unserer Sexualität um, wenn die magische Anziehungskraft nachlässt? Wie können wir so damit umgehen, dass wir uns nicht verletzen? Denn jeder ist so, wie er ist, und braucht auch Akzeptanz dafür. Auf der Herz- und auf der Beziehungsebene war ja alles total schön. Und René hatte nun mal mehr Lust als ich. Wir haben beide genug Beziehungserfahrungen, wir wussten, wie das ist, wenn man sich verletzt und dem anderen die Schuld gibt oder einfach nur ausbricht und sich jemand anderen sucht. Das wollten wir so nicht, weil das, was wir aneinander haben, so wertvoll ist. Wir haben sehr viel darüber gesprochen. Und dann haben wir eine Art Ritual gemacht, in Form eines Ringes, den er mir ausgesucht hat und mit dem er mir meine Freiheit geschenkt hat. Als Signal und Ausdruck, dass wir uns von den Zwängen, die normalerweise mit einem Ehering verbunden sind, befreien wollen und möglich machen, dass man nicht, wie sonst in den Beziehungen, heimlich fremdgeht und dann so viel Leid entsteht. Es war klar, dass wir keine Heimlichkeiten entstehen lassen wollten.

RENÉ: Es war ein Weg über eine gemeinsame, vorsichtige Öffnung. Wie können wir mit der Sexualität so umgehen, dass noch einmal neue Impulse kommen? Und dann haben wir beschlossen, einen Tantra-Workshop zu machen. Da gab es natürlich eine intensive Konfrontation mit der Eifersucht, weil man ja auch mit anderen Rituale macht und im gleichen Raum ist. Da habe ich meine Eifersucht deutlich gespürt. Es kommen ja immer die Vergleiche, kriegt jetzt jeder gleich viel, hat sie vielleicht mehr Spaß als ich?

MARIA: Wir haben aber in diesen vier Tagen die Balance hinbekommen: Wenn der andere anfängt zu leiden, sagen wir uns stopp, und das ist dann die Maßgabe. Wir blieben irgendwie in Kontakt, und es machte jetzt nicht jeder plötzlich seins. Das hat uns noch mal so eine Sicherheit in der Öffnung gegeben, die gut funktioniert hat und wodurch wir am Ende von den anderen Teilnehmern ein tolles Feedback bekommen haben. Denn die haben uns sehr als Paar erlebt und zugleich sehr offen nach außen.

RENÉ: Und so hat sich das auch angefühlt. Was dort deutlich wurde, war, wie viel Steine, wie viel Verletzbarkeiten, wie viele Tretminen zu beseitigen sind, wenn man sich auf so einen Weg macht. Es gab eine Situation, da haben wir ein Massageritual gemacht. Ich war mit einer Frau zusammen, und ich spürte, dass wir beide reserviert waren. Sie war recht kühl, und die Chemie hat nicht ganz gestimmt. Gleichzeitig habe ich aber gehört, wie gut es Maria ging. Da war ich voll im Film, war eifersüchtig, fand das ungerecht, es hat mir den Magen umgedreht – da ging das volle Programm los. Und aus diesem Gefühl heraus nicht zu handeln, fand ich schwierig. Sondern darüber zu reden, sich zu beruhigen und zu merken, es ist ja gar nichts passiert. So wild war es doch nicht. In dieser Annäherung an das Thema Öffnung habe ich gemerkt, wie wichtig es ist, sich auch über Kleinigkeiten auszutauschen und die Dinge offenzulegen, damit diese Fantasien auch aufhören.

MARIA: Das war der Auftakt. Danach ging es dann immer mehr los. Wir wollten damit mehr Erfahrungen machen, es war doch so schön.

RENÉ: Der nächste Versuch war dann mit einer Tantramassage mit einem anderen Paar. Wir hatten die Idee, gemeinsam Erlebnisse mit anderen zu suchen, und haben einfach ein Paar angesprochen, bei dem sich herausstellte, dass sie auch gerade einen Tantrakurs gemacht hatten.

MARIA: Er ist da immer der Mutige, der Krieger, der vorangeht, und ich die, die sich ziert, nach dem Motto: »Ach nein, ich weiß nicht ...« Wenn ich dann dabei bin, ist alles gut. Es ging bald auch darum, in Clubs Sachen auszuprobieren. Da bin ich auch ganz schön mit meinen Hemmungen konfrontiert worden und habe mich kraft meines Bewusstseins immer wieder neu auf seine Vorschläge eingelassen. Das ist mir manchmal unglaublich schwergefallen. Themen kamen da, wie »Ich bin zu alt, zu schwer, in den Clubs sind sie alle erst Mitte zwanzig, und knackig dünn, die sind da sowieso zuhaus – ich kann da unmöglich hingehen«.

Dann gibt es solche Seiten, dass ich mich nicht traue, anderen beim Sex zuzuschauen. Ja und da dachte ich dann, da kann ich nicht hingehen, ich schäme mich in Grund und Boden. Wenn ich sehe, wie andere Sex haben, renne ich weg. So musste ich immer wieder unheimlich Anlauf nehmen. Es zeichnet René aber aus, dass er so viel Verständnis hat. Es würde alles erschweren, wenn er ungeduldig werden oder genervt oder mich abkanzeln würde. Da geht er wirklich innerlich mit. Anfangs bin ich wie ein HB-Männchen ausgerastet, wenn er andere Frauen besuchen wollte, um mit denen Sex zu haben: »Nein, mit der nicht, die will doch was von dir!« Er hat darauf ganz gelassen reagiert: »Okay, dann bleibe ich jetzt zuhaus.«

Diese Art, auf mich einzugehen, war der totale Türöffner. Ich dachte dann, dass ich ja auch nicht will, dass er sich hier jetzt festgenagelt fühlt. Ich brauchte nur die Sicherheit, dass er sagt: »Wenn es für dich wichtig ist, bleibe ich zuhaus.« Das war unglaublich toll. Da habe ich mich wieder beruhigt und ihm signalisiert, dass er doch jetzt einfach zu der Frau gehen soll. Daraufhin sitzt man eben zuhaus und macht seine Erfahrungen mit der Frage: »Halte ich das jetzt aus?« Entscheidend ist für mich, bei diesen Experimenten zu merken, er kommt immer wieder zurück, er hat eine große Verbindlichkeit, wir haben eine tiefe Liebe, und da spüre ich den Boden in mir und dass Vertrauen entstanden ist. Selbst habe ich keine anderen Liebhaber, da ist René schon der »Märchenprinz«. Aber das liegt auch daran, dass ich selten tolle Männer treffe.

RENÉ: Die Entscheidung mit dem Tantraworkshop und sich dabei zu öffnen war so ein Start. Der Karren kam dann ins Rollen und ist immer schneller gerollt. Ich hab mich mehr und mehr damit auseinandergesetzt, weil ich Sexualität und Erotik toll und spannend finde. Ich habe Dieter Duhm[*] gelesen und irgendwann war für mich klar, dass ich dieses alte Beziehungsmodell, das ich bis zum Exzess ausgereizt hatte, nicht mehr leben konnte. Es stimmte für mich nicht mehr, weil es einfach nicht funktioniert. Es funktioniert auch mit dieser tollen Frau nicht, weil ich da an meine Grenzen komme, denn sie hatte weniger Lust, und ich hatte ein Riesenbedürfnis nach Sex und wusste nicht, wohin damit. Ich wollte aber nicht verletzend fremdgehen, so wie ich es früher getan hatte. Und darüber haben wir uns lange ausgetauscht.

Anfangs hat Maria dann gesagt, dass sie noch nicht so weit wäre, aber ich habe signalisiert, dass ich so weit bin. Es war der erste Schritt für mich, zu sagen: »Okay, ich schenke dir deine Freiheit.« Bei diesem Ritual mit einem Ring, bei dem auch Freunde dabei waren, habe ich ihr ihre Freiheit zurückgegeben und gesagt, dass ich es jetzt wissen will – egal wie lange es dauert, bis sie mir meine Freiheit schenkt, ich warte. Und dann schauen wir halt. Dann kam der klassische Fall, Theorie und Praxis, Maria ist in eine Kur gefahren und sie rief von dort an und meinte: »Du, da wäre ein potentieller Kurschatten, wie ist es denn nun?« Ja, da saß ich nun auf meinem Sofa, hatte einen Schweißausbruch, und es war klar, wenn ich jetzt zustimme, was dann passiert. »Gut«, meinte ich, »mach nur, ich will es jetzt wissen.«

Ich habe aufgelegt, und dann ging es aber los bei mir. Ich hatte Schweißausbrüche, Herzrasen, Magenkrämpfe, da habe ich gedacht, ich muss Party machen. Ich kann nicht hier herumsitzen und abwarten, bis der nächste Anruf kommt. Zum Glück bin ich aber auf meinem Hintern sitzen geblieben und habe abgewartet, was weiter passiert. Dieser Abend war wie eine Meditation. Denn nachdem sich diese Aufregung gelegt hatte, habe ich gemerkt, dass das auch ein Stück Mitfreude war, denn sie hat mir ja genau er-

---

[*] Duhm, Dieter: *Der unerlöste Eros*, Verlag Meiga 1998.

zählt, was da los ist. Das ist das Schöne gewesen, dass wir uns sehr ausgetauscht haben. Ich war mit aufgeregt, sie hat mir von ihrer Aufregung erzählt – ja und ich habe gemerkt, dass Eifersucht auch ein Stück Aufregung ist. Die wird normalerweise als negativ eingeordnet. So hat es sich beim genaueren Spüren sogar ein Stückchen weit erotisch angefühlt, durch die Fantasien, die da in mir entstanden sind. Das Geschenk für mich war, dass ich irgendwann auf diesem Sofa saß und mich entspannen konnte und auch wieder in mein Herz kam und denken konnte: »Es ist toll, dass sie so etwas erleben kann.« Das war der absolute Knackpunkt, es hat im Gehirn geknackt und ist in jede Zelle geschossen, es war ein Hochgefühl.

Maria hat dann angerufen, mir von ihrem Erlebnis erzählt und wir hatten ein sehr erotisches Telefonat. Wir waren sehr nahe und intim miteinander auf diese Distanz, und das war ein sehr schönes Gefühl. Das war natürlich die optimale Basis, von der aus man weitere Experimente starten konnte. Irgendwann hat mich Maria überrascht und mir meine Freiheit zurückgeschenkt, und dann bin ich losgegangen. Wobei ich das als Mann immer etwas schwierig fand, weil ich oft auf Frauen getroffen bin, die mehr Beziehung wollten, als sich nur erotisch auszuprobieren.

MARIA: Meine Erfahrung mit diesem Kurschatten war, dass ich gemerkt habe, mir geht es da nicht um den Sex. Ich fand es einfach toll, der war über zehn Jahre jünger und hat mit mir geflirtet und das in meinem Alter. Der hat mich wahrgenommen und ich fand das einfach schön. Ich wollte mich erst mal mit ihm unterhalten, aber für ihn war völlig klar, worum es jetzt geht.

RENÉ: Bei diesem Experimentieren war es auch meine Absicht, dass wir gemeinsam Dinge erleben.

MARIA: Der Kurschatten war dann noch mal hier, und wir waren zu dritt.

RENÉ: Das war eine aufregende Nacht. Und das hat uns immer mehr diese neue Haltung bestätigt, was an tollen Erfahrungen möglich ist, wenn man sich öffnen kann. Wir haben einiges zusammen probiert, Maria wollte aber nicht immer, und dann bin ich auch mal allein losgezogen, in einen Swingerclub, und habe dort ein Pärchen kennengelernt. Die haben uns zu einer Bootstour eingeladen, und es ist eine erotische Freundschaft daraus entstanden, bei der wir auch zu viert miteinander sind. Das tun wir bis heute.

MARIA: Für mich ist es ein Abenteuer, mich immer wieder einzulassen und neue Erfahrungen zu machen. Zumal ich auch nicht immer gleich Lust habe. Ich bin dann neulich über meinen Schatten gesprungen, und wir vier waren in einem Club – das war richtig schön. Ich kann also doch Lust bekommen, aber die Nähe zu den Menschen ist für mich schon wichtig. Totale Anonymität – das ist es nicht. Jetzt sind wir Freunde, und da ist es besser. Damals bei den Sannyasins gab es immer so eine Herzebene. Und was mich am Anfang in den Clubs abgeschreckt hat, ist, dass es da *nur* um Sex geht.

RENÉ: Für mich ist es so, dass ich von der Clubatmosphäre fasziniert sein kann, ich kann da meinen Voyeurismus ausleben, mich in die Szene verstricken lassen und das klasse finden, ohne dass ich die Leute kenne. Aber wenn es intimer wird, gewinnt auch die Beziehungsebene an Bedeutung. Eins bedingt nicht das andere, beides kann nebeneinander existieren. Und ich habe nach wie vor eine große Lust zu experimentieren.

MARIA: Für mich gibt es die Perspektive, dass da noch eine Menge an Hemmungen zu befreien sind. Ich bin nicht befreit, auch wenn ich sicher an einigen Stellen schon so frei bin, dass einige Freunde wirklich staunen, nach dem Motto, was ihr da macht, das würden wir uns nie trauen. Aber ich merke bei mir genau, wo es noch klemmt und ich noch nicht befreit bin. Alles braucht eben seine Zeit. Natürlich muss nicht alles befreit sein, aber an den Stellen, wo die Hemmung mich von Erfahrungen abhält, finde ich es schade, wenn ich merke, dass die Lust schon so unter der Oberfläche lauert und nicht herauskann. Ich denke manchmal, vielleicht liegt da noch irgendwo ein Schatz, durch den ich viel mehr Lust kriege, selbst noch in meinem Alter. Wir haben noch nicht alles ausprobiert.

RENÉ: Wichtig ist mir noch, dass es ein Wagnis war. Es war auch riskant. Auf der einen Seite war mir die Beziehung so viel wert, auf der anderen Seite war mir wichtig, mich auch ernst zu nehmen und mich in meinem Bedürfnis nach anderen auszuprobieren. Das war schon ein ziemlich hohes Risiko und wieder eine Zuspitzung dieser Spannung, die ich ganz oft schon in Beziehungen erlebt habe. Ich kann nur sagen, es hat sich total gelohnt, diese Schritte zu gehen. Es ist eine ganz große Bereicherung für mein Lebensgefühl. Beides haben zu können – das Gefühl von Freiheit und das in einer wirklich glücklichen Beziehung. Das ist ein Gottesgeschenk für mich. Über diesen Weg habe ich verstanden, wie schwierig so etwas ist. Ich arbeite ja auch therapeutisch mit Menschen, und das war mit ein Anlass, mich da immer wieder zu befragen und mit meinen Glaubenssätzen auseinanderzusetzen, weil ich das Elend in anderen Beziehungen ja gesehen habe. Es ist manchmal zum Verzweifeln, wenn man sieht, wie die Menschen in diesen Klammern hängen und nicht erkennen, was eigentlich ganz natürlich möglich wäre und wie viel Elend aus diesen Schranken im Kopf entsteht. Die eigene Befreiung am eigenen Körper zu spüren, war eine heftige Erfahrung.

MARIA: Durch die Öffnung gibt es erstaunlicherweise eine neue Sicherheit.

RENÉ: Ja, Öffnung schafft totale Nähe. Das ist das Verrückte. Wenn ich früher angefangen habe, auf meinen Bedürfnissen herumzuhocken, auf meinem Frust, ist sofort eine Distanz in der Beziehung entstanden. In dem Moment, wo ich angefangen habe, darüber zu reden und mich zu öffnen, entsteht eine erstaunliche Nähe. Es stimmt doch etwas nicht, wenn man das Bedürfnis nach einer anderen Frau seinem besten Freund bei einem Bier erzählen würde, aber nicht seiner Frau. Diese Unmöglichkeiten, dass wir die auflösen konnten, das ist wirklich ein Geschenk.

MARIA: Es ist auch wichtig, dass man das nicht aus totalem Frust und Mangel heraus macht, sondern wirklich aus einer liebevollen Verbundenheit. Ich finde es einfach toll, dass ich mit einem anderen Mann ins Bett gehen könnte und dann nachhause kommen und davon erzählen kann. Ich bin echt in einer glücklichen Situation. Das hebt einen irgendwie im Unterschied zu diesem gedrückten, eingeengten »Und wenn du das machst, dann geh ich dir an den Hals«. Da wird man klein. So kann ich dem anderen sagen: »Ja, ich habe einen Mann zuhaus, und ich kann mit dir ins Bett gehen, wenn du willst.« Das ist schön so.

»Unsere Beziehung
ist eine Entdeckungsreise«

Isabelle (40, Körpertherapeutin) und
Bertram (43, Projektmanager)

ISABELLE ERZÄHLT: Geboren und aufgewachsen bin ich in einer oberbayrischen Kleinstadt, erzkatholisch, streng konservativ, als drittes von vier Kindern. Wenn man die damalige Familiensituation beschreibt, so ist der passendste Vergleich das Märchen »Aschenputtel«. Die große Schwester, das arme Mädchen, die Stiefmutter – genauso bin ich letztlich aufgewachsen. Ich hatte eine große Schwester, die das Abbild meiner Mutter ist, angepasst und der Liebling vom Vater. Ich dagegen war das kleine Mädchen, war krank und habe immer nur Probleme gemacht. Ich war nicht angepasst, nicht folgsam in dem Sinne, wie meine Eltern mich haben wollten. Ich habe später lange gebraucht, um da herauszukommen und mein eigenes Leben zu entwickeln. Da hat mir auch Bertram sehr zur Seite gestanden.

Ab dem elften Lebensjahr bin ich etwa zwei Jahre lang sexuell missbraucht worden. Meine Entjungferung mit dreizehn war eine Vergewaltigung. Von daher gab es für mich eine absolute Notwendigkeit, mich mit dem Thema Sexualität und allem, was damit zusammenhängt, auseinanderzusetzen. Dadurch habe ich aber auch viel mehr die Freiheit gefunden, mich in die Sexualität hineinfallen zu lassen und selbst meinen eigenen Weg zu finden. Wenn man so etwas erlebt hat, gibt es eigentlich nur zwei Möglichkeiten: Entweder will man nie wieder freudvoll Sex haben oder man setzt sich damit so auseinander, dass man über diesen Punkt hinwegkommt. Und da hatte ich in Bertram einen ganz wunderbaren, rücksichtsvollen und sehr fürsorglichen Partner gefunden, der mir sehr viel geholfen hat, meine Sexualität erst einmal wieder von diesen Erlebnissen zu befreien, zu entdecken und zu genießen. Dazu gehört auch, wie ich heute sage, die Einsicht, dass ein Partner allein nicht reicht – oder besser: Immer Pizza-Salami essen ist auf Dauer fad. Und so sind wir beide auf die Idee gekommen, dass wir uns öffnen wollen, zumal wir sehr jung waren, als wir uns kennengelernt haben: Ich war fünfzehn, Bertram war achtzehn. Es war Sommernachtsfest in einem Yachtclub, in dem meine Eltern Mitglied waren und wo ich mich nie so recht wohl gefühlt hatte, weil dort sehr arrogante, überhebliche Menschen unterwegs waren. Da kam plötzlich jemand, den ich immer ganz nett gefunden hatte, und meinte: »Ach komm, setz dich mit zu uns, das wird bestimmt lustig.« Da sah ich dann am Tisch einen jungen Mann und dachte mir sofort: »Du gehörst mir.« Das war Bertram. Ich sah ihn und wusste, der ist es. Ein kleines schüchternes Bübchen. Wir waren zwei absolute Extreme. Ich – komplett extrovertiert, teilweise in dem Alter auch hysterisch – und er schweigsam, zurückhaltend. Ich war für ihn die erste Frau.

Bertram war der erste Mann, bei dem ich Freude am Sex finden konnte. Als wir uns sechs Jahre kannten, wurde ich schwanger. Wir haben schnell heiraten müssen. Es war dann ein Sechsmonats-Kind, nach dreieinhalb Jahren kam das zweite Kind. Und dann ist man sowieso erst einmal komplett eingebunden. Wenn man zwei kleine Kinder hat, hat man eben nicht die Möglichkeit, so viel außen »herumzumachen«. Bis es nach zwölf Jahren passierte, dass Bertram einmal auf einem Kurs war und am Tag nach der Hochzeit seines Bruders – wir lagen noch miteinander im Bett – meinte: »Ich muss dir noch etwas erzählen. Ich habe auf dem Kurs eine Frau kennengelernt und habe mit ihr geschlafen.« Im ersten Moment habe ich alle Läden dichtgemacht und gedacht, du Arsch du, erst poppt er noch mit mir, und dann erzählt er, dass er mit einer anderen gepoppt hat.

BERTRAM: Um so etwas zu sagen, ist der Zeitpunkt nie richtig.

ISABELLE: Am Anfang war es erst einmal schwierig für mich, damit umzugehen. Ich war ein unglaubliches Biest und habe aber irgendwann gemerkt, dass es so nicht weitergeht. Wir waren im Park spazieren und ich meinte: »Wir gehen jetzt nicht nachhaus, bevor wir nicht über alles gesprochen haben. Ich möchte wissen, was los ist.« Nach einer Weile kamen dann klare Aussagen, in der Art, dass ich im Prinzip nur konsumiere, mich nur hinlegen und bedienen lassen würde. Das war für ihn nicht besonders prickelnd und konnte auf Dauer nicht gutgehen. Dieses Gespräch war der Startschuss zu unserer offenen Ehe.

Wir haben dann vor zehn Jahren unseren besten Freund, den Manfred, kennengelernt, mit dem wir eine Dreierbeziehung eingegangen sind. Wir trafen ihn in einer Bar, und ich dachte sofort: »Den willst du kennenlernen.« Ich habe gewusst, da ist etwas. Es war genauso wie damals, als ich Bertram das erste Mal traf. Manfred ist sehr groß, ganz schlank und hat lange Haare bis zum Gesäß. Ein wilder Vogel. Sein bester Freund Roland, beide sind Physiker, ist deutlich kleiner. Und beide waren immer ein unzertrennliches Gespann. An dem Abend, an dem wir uns kennenlernten, hat Roland zu Manfred gesagt: »Die beiden sind Swinger.« Damals waren wir ja auch schon seit Silvester 1993 in der Swingerszene unterwegs. Bis ich einen wirklichen Kontakt zu Manfred herstellen konnte, dauerte es zwar noch ein halbes Jahr, aber dann sind wir ziemlich schnell übereinander hergefallen.

Dadurch, dass ich selbständig bin, konnte ich auch vormittags mal zu ihm fahren. Wir hatten viel Spaß, und ich habe es Bertram erst einmal nicht gesagt, sondern es nur genossen. Ich war zunächst unsicher, wie kompatibel die beiden, Bertram und Manfred, miteinander sind. Denn das ist für mich einer der wichtigsten Punkte überhaupt. Da habe ich in der Folgezeit sehr darauf geachtet, dass sich in dem Dreieck alle drei Seiten gleichwertig entwickeln. Also auch, dass die Männer unabhängig von mir eine Freundschaft zueinander haben. Denn nur so funktioniert es. Wenn es nur über mich läuft, bin ich Dreh- und Angelpunkt, und sie haben keinen eigenen Kontakt zueinander. Das kann dann irgendwann scheitern, wesentlich eher, als wenn man das als Dreieck aufbaut. Schließlich habe ich Bertram nach einem halben Jahr von Manfred erzählt, und es war am Anfang schon schwierig, weil die beiden Männer auch sehr unterschiedlich sind. Manfred ist sehr raumbeherrschend, exaltiert, ein wahnsinnig guter Liebhaber. Und so entstand am Anfang eine Konkurrenzsituation, die ich dadurch entschärft habe, dass ich die beiden zusammenbrachte, damit sie sich näherkommen können. Das klappte zum Glück ganz gut.

Kurze Zeit später kam dann eine Frau ins Spiel, die den Bertram aber für sich allein haben wollte. Wir hatten sie in einer therapeutischen Selbsterfahrungsgruppe kennengelernt, bei der eine ganz starke energetische Verbindung untereinander hergestellt wurde. Sie hat dann versucht, das auszunutzen und ihn völlig für sich einzunehmen. Das war für mich eine extrem schwierige Phase. Ich habe nichts dagegen unternommen und ihn laufen lassen, weil ich mir dachte, dass ich ihn nicht festhalten kann. Ich dachte mir, wenn sie ihn glücklicher machen sollte, muss er eben gehen. Nicht im Bösen, sondern weil ich ihn liebe. Bertrams Wohlbefinden war mir auf jeden Fall wichtiger. Das habe ich konsequent durchgezogen, habe aber im Nachhinein gemerkt, dass ich selbst dabei fast eingegangen bin. Und da war Manfred mein Fels in der Brandung. Mit ihm konnte ich sehr viel reflektieren. Er hat letztlich sehr positiv auf unsere Beziehung gewirkt, denn zwischen Bertram und ihm hatte sich ja auch schon eine Basis entwickelt, so dass sie auch miteinander darüber nachdenken konnten. Ich denke, Manfred hat damals unsere Ehe gerettet. Er war das verbindende Glied, bis wir so weit waren, dass wir wesentlich klarer weitermachen konnten. Im Nachhinein bin ich froh und dankbar, dass es passiert ist, da wir dadurch auch viel gelernt haben und uns Gedanken darüber machen mussten, wie wir uns sehen und was wir bereit sind zu geben. Solche Phasen stellen jede Beziehung in Frage. Entweder man definiert die Beziehung neu und erweitert sein Spektrum, oder man trennt sich, wie es sehr häufig passiert. Wir hatten eigentlich nie den Wunsch, uns zu trennen, als alles sehr auf der Kippe stand. So haben wir letztlich an Tiefe gewonnen, denn diese Erfahrungen verbinden.

Manfred hat uns später in ein SM-Studio mitgenommen, wo man am Wochenende Partys gefeiert hat. Wir hatten damals mit dem Thema SM noch überhaupt keinen Kontakt gehabt. Manfred aber schon, über seine damalige Freundin. Wir saßen dann da an der Bar und dachten: »Oh je, was sollen wir hier?«

BERTRAM: Das war der totale Kulturschock für uns.

ISABELLE: Es hat aber nicht lange gedauert, dann hab ich gedacht: »Geil, mitmachen!« Ich hatte ja am Anfang schon mein Thema »Missbrauch und Vergewaltigung« erwähnt. Damit hatte ich mich die ganzen Jahre intensivst auseinandergesetzt und auch Manfred hat mir dabei sehr geholfen. So dass ich zu diesem Zeitpunkt meine Sexualität so weit geklärt hatte, dass sowohl Missbrauch als auch Vergewaltigung für mich keine Themen mehr waren. Häufig ist das ja bei Menschen, die sexuell extremer unterwegs sind, ungelöst. Bei mir ist es so, dass ich mich aus einer Position der Stärke hingebe. Ich kann jederzeit »nein« sagen, und dann war es das. So kann ich viel freier genießen. Um zu verstehen, was mich daran reizt, muss ich ein Stück weit ausholen. Mit zwölf Jahren musste ich von heute auf morgen jegliche sportliche Aktivität einstellen. Ich war eine begeisterte Tänzerin und habe vier-, fünfmal die Woche trainiert. Das hat mir wirklich Spaß gemacht. Aber ich habe eine Spondylolyse, eine Fehlkonstruktion des Wirbels, und auch noch eine im Knie, da passen Schienbein und Kniescheibe nicht zusammen, so dass ich das Tanzen aufgeben musste. Zur selben Zeit bekam ich auch noch Rheuma. Schmerzen haben mich seitdem ununterbrochen begleitet. Ich wurde damals lange Zeit falsch behandelt. Es hat Jahre gedauert, bis ich an einen Arzt geriet, der endlich mal eine saubere Diagnose gestellt hat. Bis dahin hieß es immer, ich würde simulieren. Mir blieben nur zwei Möglichkeiten: Entweder gibt man sich dem Leid hin oder man sagt, okay, der Schmerz ist da, aber ich will lernen, mit dem Schmerz zu leben. Und dann wird er Bestandteil des Lebens, ohne dass er einen zu starken Einfluss hat.

Im SM konnte ich zu der leidvollen Erfahrung von Schmerz plötzlich ein Gegengewicht erleben – Schmerz als lustvolle Wahrnehmung. Durch die lange Erfahrung konnte ich relativ klar mit Schmerz umgehen, aber das Gefühl war immer negativ besetzt. Jetzt erlebte ich es plötzlich positiv: Das eine war der Schmerz, auf den ich keinen Einfluss habe, das andere ein Schmerz, der mir absichtlich und erwünscht zugefügt wird, mich insoweit auch ein Stück an meine Grenzen bringt, wobei ich aber genau weiß, ich kann jederzeit »stopp« sagen. Es ist für mich also ein Lernen gewesen, anders mit Schmerz umzugehen.

BERTRAM: Ich glaube, dass es durch diesen bewussten Umgang mit Schmerz zu einer Art Übersprung zwischen den benachbarten Schmerz- und Lustzentren im Gehirn kommt, so dass dann beide gleichzeitig getriggert werden und der Schmerz lustvoll erfahren werden kann.

ISABELLE: Diese Verbindung zwischen Lust und Schmerz hat mir auch im Alltag geholfen. Wobei ich sagen muss, dass SM für mich mehr ist als die Verbindung Schmerz/Lust. SM hat ja eine irrsinnig große Bandbreite. Was zum Beispiel ich als Switcherin[*] in der dominanten Rolle mache, ist, mit dem Geist zu spielen. Wenn ich mit einem devoten Mann »spiele«, brauche ich einen starken, klaren Spielpartner. Ich mag niemanden, der sich wie ein kleines Häschen passiv verhält, sondern einen, der sich mir aus einer Position der Stärke hingibt, denn nur dann bekomme ich auch wirkliche Hingabe. Deswegen mache ich erst einmal sehr viel über die psychischen Spiele – das berühmte Kopfkino –, zum Beispiel indem ich mein Gegenüber auffordere, von seinen geilsten Erlebnissen zu erzählen. Ich führe dabei Stück für Stück weiter und zeige auch die Tür, durch die er gehen kann und führe so über eine Grenze, die derjenige bis dato nicht überschritten hat. Ich komme ihm dann entgegen, indem ich ihm auch mein geilstes Erlebnis erzähle. Er muss mir ja nicht die Wahrheit erzählen, er kann ja irgendetwas erfinden – so hat er die Möglichkeit, in die Tiefe zu gehen, ohne sich

---

[*] Mit Switcherin oder Switcher bezeichnet man im SM Menschen, die zwischen den Rollen dominant/sadistisch und devot/masochistisch hin und her wechseln, im Gegensatz zur Mehrheit der in ihren Neigungen eindeutig ausgerichteten SM-Liebhaber.

zu entblößen. Und gleichzeitig bekomme ich ein Bild davon, was ihn geil macht. So liebe ich das Spiel im SM, so fange ich immer aus der dominanten Rolle heraus an, weil ich mein Gegenüber auf diese Weise viel besser kennenlerne und viel besser die Szenarien entwickeln kann, bei denen er sich am stärksten fallenlässt.

Ich liebe einfach das Spiel mit dem Geist. Manche Menschen sind in ihrem Geist sehr eng, und ich liebe es, das zu weiten. Je ebenbürtiger aber ein Gegenüber ist, desto spannender ist es auch für mich, weil ich dann selbst an Grenzen komme. Den Geist zu weiten, ist letztlich meine Lebensphilosophie. Dadurch kann man alles hinter sich lassen, egal, was man erlebt hat. Wenn man missbraucht und vergewaltigt worden ist, findet das in einem relativ engen Feld statt. Wenn man aber anfängt, seinen Geist zu weiten, relativieren sich die Dinge. Wenn ich den Missbrauch nicht erlebt hätte, wäre ich mit Sicherheit nicht da, wo ich heute bin, denn so gab es für mich eine absolute Notwendigkeit, mich mit diesen Dingen auseinanderzusetzen. Ich wünsche das Gleiche nicht meinem schlimmsten Feind, aber die Chance, die darin steckte, war für mich groß. Gerade in meiner therapeutischen Arbeit hatte ich viele Klienten mit diesem Thema. Und ich konnte ihnen dadurch helfen. Denn ich habe ein »Leben danach« entwickelt.

Zu der therapeutischen Arbeit kam ich, weil ich schon früh das Gefühl hatte, dass meine Hände Dinge »sehen«, die man nicht spüren kann. Ich berühre jemanden und ich spüre, wo etwas nicht stimmt. Deshalb hatte ich 1993 eine Ausbildung zur strukturellen Körpertherapeutin begonnen: Rolfing in Verbindung mit Hakomi. Ich habe vorher auch schon eine intensive Atemtherapie gemacht und mich mit dem Meridiansystem beschäftigt. Das beschreibt in etwa das Spektrum meiner Tätigkeit.

BERTRAM ERZÄHLT: Wenn ich an diese Familiensituation anknüpfe, dann gibt es ja auch Pendants zum Aschenputtel, in meinem Fall den Froschkönig. Da war ein kleiner schüchterner Junge, der gewissermaßen von der Hexe verzaubert zu einem hässlichen Frosch wurde. Wie es genau gekommen ist, kann ich nicht nachvollziehen, aber als Jugendlicher – wir sind beide an verschiedenen Orten aufgewachsen – war ich ein kleines, schüchternes graues Mäuschen, das den Mund nicht aufbekommen hat und sehr schnell an die Grenze kam, wo es nicht mehr wusste, was es machen sollte und dann wie paralysiert dastand.

Ich bin ja auch von zwei sehr dominanten Frauen erzogen worden und konnte dieser Frauenpower nichts entgegensetzen. Meine Großmutter und meine Mutter mussten nach dem Krieg aus dem Sudetenland fliehen und alles allein bewältigen, weil mein Großvater in Gefangenschaft war. Sie waren auch entsprechend resolut. Meine Mutter musste nach dem Tod ihres Vaters mit dreißig alles allein managen, da war mein Vater ihr nicht so eine große Stütze, der hat sich mehr im Hintergrund gehalten. Dann starb auch noch ihr Bruder, so dass sie den männlichen Part in der Familie ganz allein übernehmen musste. Was den Vergleich mit dem Märchen vom Froschkönig so passend macht, ist, dass ich Isabelle geholfen habe, sozusagen die Goldkugel aus dem Brunnen zu holen und dafür dann in das Haus durfte. Aber ich war lange Zeit nicht wirklich konfliktfähig, denn wenn es später zu Auseinandersetzungen kam, fühlte ich mich wieder wie »an die Wand geklatscht«.

Ich hatte damals zwar schon Interesse an Frauen, aber überhaupt keine Ahnung, wie ich mich ihnen nähern sollte. Auch heute gibt es immer wieder Situationen, wo ich denke: »Scheiße, was machst du jetzt?« Situationen, in die andere vielleicht gar nicht kommen. Damals war ich extrem verkopft. Vielleicht spielt auch mit hinein, dass ich mal bei meinem Vater Pornohefte gefunden hatte und mir in einer ruhigen Minute immer mal einen heruntergeholt habe. Als mein Vater dahinterkam, war sein einziger Kommentar: »Ist okay, wenn du dir die ausleihst, aber denk dran, dass die Realität doch noch ein bisschen anders ist.« Da war also schon eine gewisse Toleranz da. Und durch seine Beschäftigung mit dem Laden waren mein Bruder und ich tagsüber eigentlich allein, und wir konnten tun und lassen, was wir wollten.

ISABELLE: Ich habe Bertram dann bei dem Sommernachtsfest einfach aufgegabelt.

BERTRAM: Ich dachte, he, da ist eine, die will was von mir, die hebt ja sozusagen bereitwillig ihr Kleidchen. Auf der anderen Seite war auch für mich zu spüren, dass das nicht so ganz einfach ist. Dazu kam noch eine Entfernung von siebzig Kilometern.

ISABELLE: Als wir uns das erste Mal wiedertrafen, kam anschließend von ihm ein Anruf: »Du, Isabelle, wir lassen das lieber, das funktioniert nicht.« Da war ich wieder am Boden angekommen. Und dieses Thema kam dann mehrfach. Als ich schwanger war mit unserem ersten Kind, sagte er plötzlich: »Ich liebe dich nicht.« Er hat das dann noch relativiert und spezifiziert, im Sinne von: »Ich liebe dich nicht so, wie du meinst, dass ich dich liebe.« Aber es war auch immer wieder spannend, weil daraus etwas Neues entstehen konnte.

BERTRAM: Es war für mich in der Situation extrem schwer, auszudrücken, was nicht stimmte. Es war schon schwer genug zu sagen, »nein, so nicht«. Das herauszubringen war eine extreme Anstrengung, dafür zu sorgen, dass etwas Vernünftiges herüberkommt. Insofern bin ich heute noch überrascht, dass wir es miteinander geschafft haben. Aber wir hatten auch immer das Bestreben, die Beziehung weiterzuführen.

ISABELLE: Wenn man nicht in der Lage ist, seine Gefühle auszudrücken, ist es auch unglaublich schwer zu sagen, wie man es haben will. Für mich war es die größte Herausforderung, ihn dazu zu bringen, dass er seine Gefühle wahrnehmen und die Dinge auf den Punkt bringen konnte. Ich bin dann manchmal sehr provokant auf ihn losgegangen, damit er etwas spürt.

BERTRAM: Das fand ich erst mal nicht so lustig, und es war immer eine ganz schöne Herausforderung. Auf der anderen Seite aber war es eine Sache auf Gegenseitigkeit nach dem Motto: »Ich helfe dir, dafür hilfst du mir, das Verhalten zu verändern, mehr Bewusstsein zu schaffen, damit mehr möglich wird zwischen uns.« Das war der Grundtenor. Und natürlich habe ich mit meiner etwas ungelenken Offenheit eben im ersten Moment oft Gefühlsausbrüche bei ihr ausgelöst. Insofern ist unsere Beziehung eine Entdeckungsreise, bei der man erst einmal durch ein paar Höllen gehen muss, bevor man ins Elysium kommt.

ISABELLE: Auf der einen Seite gab es bei ihm oft diese Hilflosigkeit, aber auf der anderen Seite, wenn er der Meinung war, »da muss ich hin«, dann mit der Energie einer Dampfwalze. So dass ich dann erst einmal gesagt habe: »Stopp«.

BERTRAM: So lief das manchmal ab. Das war auch das, was es Isabelle ermöglicht hatte, zu sich selbst zu finden, weil sie den Freiraum hatte, den sie für sich gebraucht hat. Und ich hatte eben jemand, der mich notwendigerweise immer mal wieder »an die Wand geklatscht hat«, damit ich anfange, mich selbst zu spüren und zu mir zu kommen. Das war so das grundlegende Setting. Mich hat mit siebzehn Jahren ein Buch sehr stark fasziniert, das war *Schicksal als Chance* von Thorwald Dethlefsen[*]. Den habe ich auch selbst kennengelernt und bei ihm im Institut eine Reinkarnationstherapie gemacht. Er hat bei mir eine Menge bewegt und mich dazu gebracht, permanent zu schauen, wo sind Veränderungen möglich, damit es noch ein Stück besser wird. Immer schauen, wo passt etwas noch nicht und wie kann ich es verändern, damit es sich bessert. Nach der Reinkarnationstherapie habe ich eine Atemtherapie gemacht und Isabelle hat mich dann, noch während ihrer Ausbildung, gewissermaßen als »Versuchskaninchen« benutzt.

ISABELLE: Ich habe ihn noch mal drei Zentimeter wachsen lassen. Denn meine Arbeit richtet auf und streckt, so dass letztlich der Mensch zu der Größe kommt, die in ihm steckt. Das beste Beispiel ist die Entwicklung in die Offene Ehe. Unsere Sexualität stagnierte und war festgefahren, alles lief immer gleichförmig ab.

BERTRAM: So krass hatte ich das allerdings nicht erlebt.

ISABELLE: Als du das erste Mal mit einer anderen Frau im Bett warst, hast du mir im Nachhinein ganz klar gesagt, dass es für dich nicht mehr stimmt, dich immer nur bedienen zu lassen.

---

[*] Dethlefsen, Thorwald: *Schicksal als Chance,* Goldmann 1979.

BERTRAM: Am Anfang war das relativ einfach. Auf einem Kurs war eine Frau, die sich ein bisschen an mich heranmachte. Ja und dann habe ich mir eben gedacht, frag sie halt, ob sie nicht Lust hat, die Nacht mit mir zu verbringen. Sie hat eingewilligt. Also, das war jetzt nicht so, dass ich dauernd das Gefühl hatte, dass der Sex mit Isabelle generell zu langweilig gewesen wäre. Es war mehr so nach dem Motto: »Gelegenheit macht Diebe.« Und wer bin ich, dass ich ein schönes Blümchen am Wegesrand stehen lasse? Sie war im Grunde auch erst meine zweite sexuelle Erfahrung außer meiner Frau. Da war ich Anfang dreißig. Wir hatten ja vorher öfter theoretisch darüber gesprochen, und das schwang bei der Überlegung, ob ich es nun mache, auch mit. Denn wir hatten ja schon erwogen, dass Sex mit anderen grundsätzlich möglich sein müsste. Und nun war es die Probe aufs Exempel. Die Theorie zur Praxis werden lassen. Als ich Isabelle davon erzählt habe, gingen bei ihr erst einmal die Rollläden herunter. Da war dann ein paar Tage Sendepause, und sie war extrem kurz angebunden. Lustig war das nicht gerade, denn sie hat sich mir sexuell erst einmal verweigert. Eigentlich hatten wir ja vereinbart, dass es okay wäre, wenn jemand von uns mit einem anderen Sex hat. Und auf einmal war es nicht okay. Letztlich gab es dann ein etwas längeres Gespräch, um die Angelegenheit zu klären und zu verstehen, warum das jetzt passiert ist. Wir haben dabei bemerkt, wie sehr wir tatsächlich in monogamen Strukturen und Konventionen gefangen waren. Aber das konnten wir ja dann bei dem Gespräch im Park, von dem Isabelle ja schon erzählt hat, alles klären. Der Wunsch, zusammenzubleiben, und der Wunsch nach ständiger Verbesserung sind eigentlich die Stützpfeiler unserer Beziehung.

Mit dem ersten Seitensprung hatte ich quasi den Startschuss gegeben. Isabelle war aber die, die richtig Gas gegeben hat. So ist es meistens bei uns abgelaufen. Wir sind Silvester 1993 das erste Mal in einen Swingerclub gegangen. Wir dachten uns, das wäre vielleicht ein geeigneter Rahmen, um Sex mit anderen einmal ausprobieren zu können. Allerdings sind wir ohne konkrete Vorstellungen dort gewesen. Wir hatten uns schlaugemacht und beim *Playboy* angerufen, ob die einen guten Club empfehlen könnten. Die haben uns dann einen Artikel zugeschickt mit ein paar Empfehlungen, und was uns am besten gefallen hat, war ein Club in der Nähe von Bonn. Die machten Silvester eine große Party, und das war ein sehr schöner Einstieg, denn bis Mitternacht war gesittetes Beisammensein mit Abendessen und Feuerwerk, und erst danach ging es los. Das war für uns ein geschützter Rahmen. Wir waren auch beide mit anderen sexuell aktiv. Und ohne Eifersucht.

ISABELLE: Ich habe da meine erste gleichgeschlechtliche Erfahrung gemacht.

BERTRAM: Auch hier war es so: Isabelle hat Gas gegeben, und ich wusste wieder nicht, wie in drei Teufels Namen spreche ich andere Frauen so an, dass auch für mich etwas läuft. Ich rette mich dann immer mit dem Gedanken, dass es Frauen grundsätzlich leichter haben. Allerdings ist das nur eine halbe Rettung. Aber es hat dann tatsächlich für mich geklappt. Seitdem sind wir in der Swingerszene unterwegs.

Isabelle hatte ja erzählt, dass es schon eine Weile mit Manfred ging, bevor sie sich entschlossen hatte, mir davon zu berichten. Ich habe natürlich ganz schön geschluckt, als ich davon erfuhr. Sie war aber geschickt genug, nicht zu sagen, wie lange das mit ihm schon ging, und hat die ganze Sache deutlich niedriger aufgehängt, als es den Tatsachen entsprach. Ich bin aber zu dem Schluss gekommen, dass Manfred eher ein stabilisierender Faktor in unserer Ehe war. Denn irgendwie hatte ich eingesehen, dass ich Isabelle damals auch in sexueller Hinsicht nicht alles bieten konnte. Ich dachte mir, es ist besser, sie hat einen Liebhaber als ständig wechselnde Partner. Isabelle hat es dann arrangiert, dass ich Manfred kennenlerne und ihm näherkomme. Natürlich hatte ich Konkurrenzgefühle, aber Konkurrenz, die Erfahrung konnte ich machen, belebt durchaus den Sex. Es wurde dann mit der Zeit eine sehr gute und konstruktive Dreierbeziehung daraus. Da haben wir viel gelernt, wenig ausgelassen und hatten auch zu dritt Sex.

ISABELLE: Viel, ausgiebig und wundervoll.

BERTRAM: Das ganze Lehrbuch rauf und runter. Manfred hatte eine äußerst gute Ausbildung in NLP[*] und hat von sich gesagt, dass er ungefähr mit siebenhundert Frauen Sex gehabt hätte, dabei war er ein Jahr jünger als ich. Das war schon faszinierend, weil das einer war, der die Frauen reihenweise abschleppt, und ich habe mich immer gefragt, wie er das wohl macht. Kann ich mir da eine Scheibe abschneiden? Sexuell habe ich definitiv einiges von ihm gelernt, nur was das Anbaggern betrifft, hätte ich mir gern noch ein paar Scheiben mehr abgeschnitten. Aber irgendetwas braucht man ja für die restlichen zwei Drittel des Lebens zum Lernen. Was das Thema Sexualität angeht, war das extrem befruchtend. Bis hin zu der Frage, welche Techniken kann ich ohne Hilfsmittel anwenden, damit ich bei einem Orgasmus nicht ejakuliere, was ja nicht so ganz einfach ist für einen Mann. Und dann kam irgendwann der Zeitpunkt, wo es ohne diese Techniken einfach keinen Spaß mehr gemacht hat. Weil die Intensität einfach noch mal deutlich gesteigert wurde.

ISABELLE: Manfred war sehr bewandert in Tantra und hat dieses Wissen mit uns geteilt, ohne dass wir deswegen auf irgendwelche Kurse gegangen sind.

BERTRAM: Dazu kommt, dass wir mit Qigong erst einmal eine Grundlage geschaffen haben, um mit Energie arbeiten zu können, und das haben wir dann für sexuelle Erfahrungen nutzbar gemacht. Ich konnte mich dank Qigong imaginativ in Frauen hineinversetzen. Das hat was, so eine gegengeschlechtliche Erfahrung zu machen – wie fühlt es sich an, eine Frau zu sein, ohne von einem Mann penetriert zu werden.

ISABELLE: Ich habe mir zum Beispiel einen rein energetischen Schwanz vorgestellt und mich mit dem selbst gevögelt und dabei supergeile Orgasmen gehabt. Das muss man sich wie einen magisch-energetischen Prozess vorstellen.

---

[*] Neurolinguistische Programmierung.

BERTRAM: Es ist wie ein Film, von dem man ein Teil wird, nur läuft dieser Film im gesamten Raum ab. Das hat schon eine andere Qualität und ich weiß, es klingt total abgefahren. Nur wenn man erst mal ein paar Jahre lang die Basis mit Qigong-Übungen schafft und Schritt für Schritt so etwas aufbaut, ist da einfach etwas Machtvolles. Man hat dann auch einen Energielevel, auf dem man normalerweise im Alltag gar nicht unterwegs ist. Und das eigentlich Interessante ist ja, das Ganze in den normalen Level zu integrieren.

1997 sind wir mit der Hexenszene in Berührung gekommen. Ich bin einfach mal mit Isabelle mitgegangen und fand es zwar alles etwas seltsam, aber bevor ich sie allein gehen lasse und keine Ahnung habe, was da los ist, dachte ich, geh ich lieber mal mit. Da hatten sich ein paar Neulinge, die das alles spannend fanden, zusammengefunden. Und da hieß es dann, wir machen ein Ritual zusammen. Eine gewisse Ariane hat die »Hohepriesterin« gespielt, und mir ist der Part des »Hohepriesters« zugefallen. Im Nachhinein betrachtet, ist alles falsch gelaufen, was falsch laufen kann. Trotzdem war es sehr intensiv, es war sehr viel Energie unterwegs. Bei einem hatten wir echt Mühe, ihn wieder einzufangen. Der war vermutlich kurz vor dem Abdriften in die Psychose. Vor allem Isabelle hat da Schwerstarbeit leisten müssen, um das Schlimmste zu verhindern.

Der Hammer war aber, wie die »Hohepriesterin« zu Isabelle sagte: »Darf ich mir mal deinen Mann ausleihen?«, denn es sei so üblich, dass nach einem Ritual der Hohepriester und die Hohepriesterin miteinander Sex hätten. Und das war so in etwa das Bescheuertste und am weitesten von der Realität Entfernte, was uns passiert ist. Das war so etwas von extrem gefährlich, denn es war Sexualmagie, die da ablief, und die ist unheimlich intensiv. Die fixe Idee, dass das so sein müsste, kam von ihr. Es hat dann eine gegenseitige Energieübertragung gegeben, die eine Verstrickung zur Folge hatte. Sie war extrem heftig und gefährlich und hat etwa sieben Jahre gehalten. Und erst dann war es mit Hilfe von kompetenter dritter Seite möglich, das Ganze wieder aufzulösen. Das hat etwa diese sieben Jahre lang für ungeheure Verstrickungen gesorgt und war definitiv kein Spaß. Es war zwischen mir und Ariane ein ständiges Zueinanderhin- und Voneinanderweg-Wollen. Manchmal haben wir uns ein, zwei Jahre überhaupt nicht gesehen, und wenn wir uns dann über den Weg gelaufen sind, ging es wieder heftig los, weil diese energetische Verbindung sofort da war. Am Anfang war ich ja auch verliebt, aber später war ich auf der Suche nach einer Lösung aus diesem Dilemma. Auch heute würde ich sagen, da ist noch etwas ungelöst. Wobei es heute wenigstens auf einer energetischen Ebene gelöst ist. Das haben wir im Oktober 2004 hinbekommen. Am Anfang hat unser Freund Manfred geholfen, aber es gab noch Hilfe von dritter Seite, die ich hier nicht näher erläutern möchte. Nur Isabelle war nicht mit involviert, weil es ihr zu nahe ging.

ISABELLE: Es war ein Schutz für mich und unsere Beziehung, dass ich mich da herausgezogen habe. Sonst hätte unsere Beziehung größeren Schaden genommen. Da bin ich dann sehr konsequent.

BERTRAM: Es gab durchaus einen Zeitpunkt, da wäre, wenn es von Ariane ein eindeutiges Signal gegeben hätte, unsere Beziehung auseinandergegangen. Aber sie war eben sehr widersprüchlich: Komm her – geh weg. Ich will – ich will nicht. Ich denke, auch von ihrer Seite her war ein ganz klares ungelöstes Beziehungsthema da. Allerdings glücklicherweise noch so unbewusst, dass sie sich über vieles nicht im Klaren war. Einerseits hat es mich zu ihr hingezogen, aber anderseits hatte ich keinen Bock darauf, irgendwann komplett allein dazustehen. Diese Gefahr habe ich damals auch schon gesehen. Auf der anderen Seite waren von Isabelle aus die Signale sehr klar. Doch sie hat sich herausgehalten, aber deutlich gezeigt, dass sie die Beziehung mit mir weiterleben will.

ISABELLE: Ich konnte das auch nur deswegen durchstehen, weil eben Manfred da war. Der war für mich damals einfach ein Fels in der Brandung, an dem ich mich immer wieder festhalten konnte.

Ich war zu diesem Zeitpunkt wie ein ruderloses Schiff im Wasser. Und Manfred hat ganz klar unsere Beziehung gerettet. Er hat dann später seine langjährige Freundin geheiratet, diese wollte aber leider eine monogame Beziehung, so dass sich das Ganze in eine Freundschaft gewandelt hat.

Unsere Ehe ist ein Hafen zum Meer hin. Die Mole schützt und gibt uns die Sicherheit, wodurch wir alles Mögliche probieren können. Aber ab und an ist es durchaus schön, mal den Hafen zu verlassen und auch mal etwas Stürmisches zu erleben und dann wieder zurückzukommen. Man hat sich etwas zu erzählen, man hat neue Dinge erlebt und Inspirationen bekommen, die man dann wieder in die Beziehung einbringt. Jeder für sich oder auch mal gemeinsam auf Tour gehen. Das ist unser heutiger Stand. Das leben wir in Toleranz, in Liebe und Offenheit.

BERTRAM: Es ist noch nicht alles wunderbar, es ist immer noch etwas zu verbessern, aber wir wollen weitermachen, ja – es passt einfach. Die Beziehung ständig zu verbessern, ist eigentlich die Hauptkonstante. Und das ergibt sich einfach von selbst. Von meiner Seite aus ist es so, dass es keine Situation geben darf, in der ich mich nicht sicher und souverän bewegen kann. Und wenn, dann gibt es was zu lernen.

»Mitfreude ist ein total schönes Gefühl«

Anna (25, Berufsfachschülerin),
Rafael (26, Informationswirt)
und Sandra (29, Masseurin)

ANNA ERZÄHLT: Ich bin in einer Kleinstadt in Niedersachsen aufgewachsen. Meine Eltern sind bis heute verheiratet und haben meines Wissens bis jetzt keine Nebenbeziehungen gehabt. Auch meine zwei und vier Jahre jüngeren Geschwister sind recht konservativ. Mehrfachbeziehungen hat mir dort niemand vorgelebt. Dass ich gemerkt habe, dass ich anders ticke, kam eher aus mir selbst als durch irgendwelche Einflüsse meiner Umgebung. Ich war von Anfang an, als ich begann, Erfahrungen mit Beziehungen zu machen, nicht monogam. Da war ich vierzehn. Es hat mich schon nachdenklich gemacht, dass ich mit meinem Lebensstil nicht dem Ideal von der »einen großen Liebe« entsprach. Auch wenn ich monogame Beziehungen hatte, habe ich mich trotzdem in andere Menschen verliebt. Männer und Frauen.

Ich habe dann begonnen, nachzuforschen. So bin ich schließlich ziemlich spät, so vor drei oder vier Jahren, im Internet auf den Begriff »Polyamory« gestoßen und war sehr erleichtert, dass es noch andere Menschen gibt, die ähnlich fühlen und so leben möchten wie ich. Mir geht es so, dass ich von Beziehungen weniger erwarte, dass meine Bedürfnisse befriedigt werden, als dass ich mich weiterentwickle, zusammen mit den Menschen, mit denen ich eng vertraut bin. Und da ist es von Vorteil, nicht nur einen engen Vertrauten als Partner zu haben, sondern mehrere, weil mir das ermöglicht, mich in mehrere Richtungen zu entwickeln. Das ist, als wenn ich mich in mehreren Spiegeln sehe und mir jeder etwas anderes widerspiegelt.

Die erste längere Beziehung dauerte vom sechzehnten bis zum achtzehnten Lebensjahr, die zweite von neunzehn bis zweiundzwanzig. Die erste war sehr realistisch und nüchtern. Wir haben in vielen Bereichen auf einer Wellenlänge gelegen, aber es war klar, dass das nicht »der Mann fürs Leben« ist. Er war eher einfach gestrickt und sehr bodenständig, was mir auch gutgetan hat. Aber in manchen Bereichen war er mir eben zu einfach. Es gab daher viele Dinge, über die ich gar nicht mit ihm reden konnte. Wir hatten uns ganz viel Zeit genommen, bevor wir miteinander geschlafen haben, was ich als sehr schön empfunden habe. Sexuell wurde die Beziehung dann von beiden Seiten aus sehr experimentierfreudig.

Die zweite längere Beziehung, die zu Malte, war dagegen mehr narzisstisch-symbiotisch. Wir waren sehr aufeinander fixiert, haben uns aneinander festgeklammert und uns gegenseitig sehr idealisiert. Ich habe zwei Jahre in England gelebt, davon ein Jahr mit diesem Mann. Davor war es mehr eine Fernbeziehung. Er ist dann nachgekommen und hat sich mit mir ein WG-Zimmer geteilt. Dann hatte er aber auch einen Job, so dass wir uns zeitweise nur zwei Stunden gesehen haben, weil ich tagsüber gearbeitet habe und er nachts, bis er einen anderen Job mit den gleichen Arbeitszeiten wie ich gefunden hat. Es gab ganz wenig Konflikte zwischen uns, was eben auch meine harmoniesüchtigen Anteile befriedigt hat. Meine konfliktscheue Seite wurde in dieser Beziehung bedient. So kamen erst gar keine Probleme auf.

Wir haben uns dann entschieden, nach Deutschland zurückzugehen, weil ich eine Ausbildung und er ein Studium anfangen wollte, und wir nahmen uns eine 3-Zimmer-Wohnung. Trotz dieser Symbiose haben wir uns innerhalb ganz kurzer Zeit auseinandergelebt und uns getrennt.

Aber wir sind wenige Wochen später noch einmal zusammengekommen und während dieser sechs Wochen, die wir dann zusammen waren, hatte Malte eine zweite Partnerin, was ich aber erst später über eine gemeinsame Freundin erfahren habe. Ich dachte mir dann, dass das ja für mich okay gewesen wäre, wenn er mir davon erzählt hätte. Das Schmerzhafte war mehr, dass er das verheimlicht hat.

Wir hatten während unserer Beziehung über solche Themen gesprochen, er wusste, dass ich eine Sehnsucht danach habe, eine weitere Beziehung zu einer Frau zu haben, was für ihn unter Umständen in Ordnung gewesen wäre, aber das hatte sich nicht ergeben. Und bisexuelle Erfahrungen hatte ich damals auch noch keine. Im Übrigen hatte ich mich, trotz des symbiotischen Charakters unserer Beziehung, in dieser Zeit auch in andere Männer verliebt. Ich war dann sehr zwiegespalten, weil ich mir einerseits gewünscht habe, das auszuleben. Ich habe darüber mit Malte gesprochen, hatte aber dadurch das Gefühl, dass es ihn verletzen würde, wenn ich es auslebe.

Meine Geschwister sind durch mich zum Teil irritiert, besorgt oder verunsichert, was ihre eigenen Beziehungsmuster angeht, aber durchaus auch an meinem Anderssein interessiert. Meine Schwester fühlte sich sogar in Frage gestellt. Meine Eltern nicht, die sind seit fünfundzwanzig Jahren verheiratet, da wird sich wohl nichts mehr ändern. Die machen sich allerdings Sorgen in Bezug auf meine aktuelle Beziehungssituation. Ich hatte ja bis vor kurzem bei meinen Eltern gewohnt, so dass sie zwei Jahre lang mitbekommen haben, wie mein Liebesleben vonstatten gegangen ist, denn sie haben alle meine Partner gleich auf dem Tablett serviert bekommen. Das war für alle Beteiligten nicht so einfach. Jetzt fühle ich mich nicht mehr so kontrolliert. Ich denke auch, dass ich ihnen einen Teil der Sorgen nehmen konnte. Mein Bruder hält mich für verrückt, meine Schwester ist zwar neugierig, aber kann sich diese Lebensweise für sich nicht vorstellen.

Nachdem die Beziehung mit Malte auseinandergegangen war, gab es eine Phase, in der ich viel herumprobiert habe. Ich hatte kürzere und längere sexuelle Abenteuer, auch mal einen Dreier, von vornherein unverbindlich angelegt. Ein Afrikaner war dabei, das hat mich mal fasziniert. Ich hatte mir das alles gezielt ausgesucht, weil ich einfach neugierig war und herauskriegen wollte, wie sich verschiedene Erlebnisse anfühlen. Irgendwann fand ich im Studentenportal im Internet verschiedene Gruppen, in die man sich eintragen konnte. Da habe ich mich dann für die Gruppe »Polyamory und offene Beziehungen« entschieden, allerdings verdeckt, da ich mich damals in meinem Freundeskreis noch nicht damit geoutet hatte. Das heißt, dass meine Mitgliedschaft in der Gruppe nur für Leute zu sehen ist, die selbst auch in der Gruppe sind. Rafael hat mich dort gefunden. Er hatte ja mal in Lauenburg gewohnt, was ich als Ort angegeben hatte.

RAFAEL ERZÄHLT: Ich hatte sieben Jahre meines Lebens dort verbracht. Als ich Anna im Internet, in dem Studentenportal, fand, lebte ich gerade in Holland und war gelegentlich in Lauenburg. Mich hatte überrascht, dass es selbst dort Ausläufer der Poly-Szene gibt, denn sonst hat sich das eher in größeren Städten verbreitet. Und so traf ich auf Anna. Zurzeit schreibe ich gerade meine Abschlussarbeit als Informationswirt, früher nannte man das Bibliothekar, je nachdem, wen man fragt. Ich stamme ursprünglich aus dem Ruhrgebiet, habe da die ersten acht Jahre meines Lebens verbracht und war dann fünf Jahre in Oberbayern, danach in Lauenburg und Umgebung. Das war bis dahin die Zeit bei meinen Eltern.

Als ich achtzehn war und mein Abi hatte, bin schnell von zuhause ausgezogen, denn die Konflikte mit meinen Eltern hatten sich immer mehr verstärkt, weil sie mich mein Leben nicht so leben lassen wollten, wie ich das gern gehabt hätte. Das fing schon mit Diskussionen an, ob ich nicht endlich mein Zimmer aufräumen wolle oder endlich das Bad wischen, nachdem ich mit meiner Freundin dort geduscht hatte. Das war mir einfach alles zu bürgerlich-spießig, da musste ich raus. Ich ging dann nach Stuttgart und für ein halbes Jahr nach England und in die Schweiz. Vor einem guten Jahr reiste ich nach Holland, und meine Freundin trennte sich von mir, denn sie hatte sich in eine ganz andere Richtung entwickelt. Und vor kurzem kam ich nach Berlin.

Ich hatte natürlich auch erst einmal versucht, das allgemein anerkannte gesellschaftliche Ideal einer monogamen Beziehung zu leben, weil ich auch gar keine anderen Modelle kannte. Ich stellte aber fest, dass mich das überfordert. Von meiner ersten richtigen Beziehung hatte ich mich getrennt, weil ich das einfach nicht mehr aushielt. Diese totale Fixierung auf einen Menschen hat mich völlig zermürbt. Ich fühlte mich eingesperrt und hatte den Eindruck, nicht mehr meinen eigenen Gefühlen folgen zu können, weil ich auf diese eine Frau festgelegt war. Denn dafür, dass es meine und ihre erste Beziehung war, waren wir schon viel zu konkret bei der Zukunftsplanung. Da war ich siebzehn. Und ich konnte dann einfach nur noch aussteigen, als mir klar wurde, dass ich mich da völlig übernehme.

Das war ein ganz schwieriger Trennungsprozess, weil sie mich nicht wirklich loslassen wollte. Sie hat es sogar fertiggebracht, mich in so eine Nachmittags-Talkshow zu ordern: »Du bist mein Traummann, ich will dich zurück!«, hieß die. Die Produktionsfirma hatte freundlicherweise im Hotel für uns verschiedene Zimmer gebucht, und sie hat es geschafft, die Leute vom Hotel so zu beeinflussen, dass sie in meiner Abwesenheit meine Sachen in ihr Zimmer bringen konnte, nur damit ich bei ihr schlafen muss. Wahrscheinlich hat mich das so traumatisiert, dass mir klar wurde: Eine Beziehung, bei der man sich gleich für die nächsten vierzig Jahre festlegen muss – das kann ich einfach nicht.

Danach hatte ich erst einmal nur kürzere Beziehungen, vielleicht auch, weil es einfach nicht so gut gepasst hat. Mit neunzehn lernte ich dann Katrin kennen, im Stuttgarter Studentenwohnheim. Mit ihr bin ich in eine WG gezogen. Allerdings hatte sie Probleme mit den anderen beiden Männern dort. Wir haben uns schließlich eine Zweieinhalb-Zimmer-Wohnung gesucht und haben dort fast drei Jahre zusammengelebt. Viel will ich über die Beziehung gar nicht erzählen, denn das, was für sie bezeichnend war, war eigentlich das Ende. Das kam nämlich in dem Moment, wo ich Conny über ein Internetforum kennengelernt habe. Nachdem ich sie einige Male getroffen hatte, war mir klar, dass ich mich unheimlich verliebt hatte in diese Frau – aber ich hatte ja noch eine Freundin. Und ich wusste nicht, wie ich in der Situation handeln sollte. Ich hatte ein sehr starkes Bedürfnis, Katrin davon zu erzählen, obwohl gerade ein Studienfreund bei ihr war. Und dann saßen wir zu dritt zusammen, haben versucht, eine Lösung zu finden, bis ich schließlich mitten in der Nacht Conny anrief und meinte, wir würden jetzt zu ihr kommen, weil wir ohne sie nicht weiterkämen. Wir haben dann zu fünft, denn Connys Exfreund war auch noch dabei, bis in den Morgen zusammengesessen, bis schließlich Katrin sagte: »Ach weißt du, ich würde dich ja teilen.« Die anderen meinten dann sofort: »Ach was, das funktioniert doch nicht, völlig undenkbar, wie soll denn das gehen?« Auch ich hatte diese Bedenken.

Im Nachhinein habe ich dann doch bedauert, dass ich mich auf diese Lösung nicht eingelassen habe, denn die Trennung von Katrin, die dann folgte, damit ich mit Conny zusammen sein konnte, war sehr schmerzhaft. So hat es mir oft leidgetan, dass ich die Chance nicht genutzt habe. Auch Conny war ja eigentlich dagegen, aber sie war es, die nach einem Jahr plötzlich einen zweiten Freund, Thomas, hatte. Der hatte allerdings anfangs die Funktion eines Ventils, als es zwischen mir und ihr die ersten Probleme gab. Statt die Probleme mit mir zu lösen, wich sie auf diese zweite Beziehung aus. Erst wollte sie mit mir Schluss machen, um eine Beziehung mit Thomas aufzubauen, bis sie dann merkte, dass sie ohne mich auch nicht klarkam. Sich von Thomas zu trennen und nur mit mir zusammen sein, ging aber auch nicht, so dass wir dann doch schließlich nach einem Jahr in einer Mehrfachbeziehung landeten.

Zu diesem Zeitpunkt entdeckte ich den Begriff »Polyamory« im Internet. Ich habe mich dann auf Literatur zu dem Thema gestürzt und zum Beispiel *The Ethical Slut* von Dossie Easton[*] gelesen. Das Buch hat mich sehr beeindruckt, und ich habe, als ich diese Liebes-

---

[*] Easton, Dossie: *The Ethical Slut – A Guide to Infinite Sexual Possibilities*, Greenery Press 1997. Dieses Buch ist in der Polyamorie-Szene und darüber hinaus sehr bekannt, aber bislang noch nicht auf Deutsch erschienen.

form gefunden habe, gemerkt, dass das so echt mein Ding ist. Nur wusste ich nicht, dass es einen Begriff dafür gibt. Und ich kann Dinge für mich schlecht annehmen, die ich nicht in Worte fassen kann. Ein Begriff gibt mir dann sozusagen die ideelle Erlaubnis. So hatte ich endlich gefunden, was ich schon lange suchte und beschloss, jetzt jeder Liebe nachzugehen, die sich für mich ereignet. Wir haben dann in Stuttgart einen Polyamorie-Stammtisch aufgemacht und waren gleich große Aktivisten. Thomas hatte allerdings ein ganz großes Problem mit dieser Dreierbeziehung und hat sich dann herausgezogen. Rettungsversuche von Conny hatten nicht so richtig gefruchtet. Durch diesen Unmut hat auch die Beziehung zwischen ihr und mir gelitten. Conny ist dann in die Schweiz gegangen, und wir sahen uns nur noch alle paar Wochen. Außerdem hat sich mit der Zeit gezeigt, dass wir in starre Kommunikationsmuster gefallen waren, die es uns unmöglich gemacht haben, mit unserer Beziehung weiterzukommen und Konflikte wirklich zu klären. Ich geriet immer sehr schnell in eine Verletztheit, wogegen sich Conny abgrenzte, weil sie sich emotional unter Druck gesetzt fühlte.

Auf einer Party lernte ich Tamara kennen, die dort die Musik auflegte. Wir fanden beide, dass wir ziemlich gut miteinander klarkommen. Daraus hat sich dann auch eine Beziehung entwickelt, die aber ganz problematisch wurde, weil Tamara mit Polyamorie überhaupt nichts anfangen konnte. Ich hatte ihr allerdings von Anfang an von Conny erzählt. Sie hatte sich trotzdem auf mich eingelassen, aber im Laufe der Zeit gemerkt, dass sie damit nicht zurechtkommt. Wir trennten uns. Es folgte bei ihr eine Phase, in der sie in schneller Folge mehrere Männer nacheinander hatte, was sie aber auch nicht sehr glücklich machte. Seit einigen Monaten nähern wir uns wieder aneinander an.

Die Kommunikationsprobleme mit Conny wurden immer heftiger. Da hatte sich einiges verfestigt, was ich nicht mehr lösen konnte. Ich empfand ihre Art, mit mir umzugehen, als sehr verletzend. Wenn ich aus dieser Verletzung heraus reagiert habe, erlebte sie das als grenzüberschreitend, emotional erpressend. So hingen wir immer an der gleichen Stelle fest. Ich entschied dann für mich, dass ich dringend eine Pause brauchte. Und weil ich das Angebot hatte, ein Auslandssemester in den Niederlanden zu machen, zog ich bei ihr aus, auch mit der Hoffnung, dass, wenn erst einmal Luft dazwischenkommt, wir einen Weg finden würden, wieder zusammenzukommen, wenn das Semester vorbei ist. Und mir war klar, dass ich nach Berlin gehen würde, was Conny ja auch vorhatte. Ich hoffte, dass wir uns in Berlin wieder zusammenraufen, um zu sehen, wie es dann weitergeht. Conny hat wiederum gefunden, dass ihr die Beziehung mit mir nicht guttat, und den Schluss für sich gezogen, dass es keine Rettungsmöglichkeit mehr gibt. Mein Eindruck war, dass sie sich so verhielt, als sei alles in Ordnung, dabei hatte sie sich innerlich völlig von mir zurückgezogen. Angekündigte Treffen mit ihr kamen nicht mehr zustande. Sie war mir aber sehr wichtig, und ich habe aus meiner Verzweiflung heraus versucht, wieder den Kontakt herzustellen, doch es gelang mir nicht. In dieser katastrophalen Zeit in Holland habe ich Anna im Internet über das Studentenportal kennengelernt.

ANNA: Erst habe ich ja nur seine Version gehört und habe dann aber auch Kontakt zu Conny aufgenommen, um beide Sichtweisen kennenzulernen. Ich habe gemerkt, wie sehr Rafael die Situation wehtut und dass ich nicht wirklich etwas für ihn tun konnte, weil ich mich zu sehr mit seinem Leiden identifizierte. Ich mag die Conny sehr und denke, dass es eine Bereicherung für mich wäre, wenn es da nicht diese Probleme gäbe. In der Zeit, als ich Rafael kennenlernte, habe ich auch Steffen kennengelernt. Der wollte sich nicht auf eine Beziehung einlassen und auch von Polyamorie nicht so viel wissen, hat es aber akzeptiert, dass ich gleichzeitig eine Beziehung mit Rafael angefangen habe. Inzwischen habe ich zu Steffen nur noch freundschaftlichen Kontakt. Er hat über mich Conny kennengelernt, und er ist jetzt mit ihr zusammen. Wir sehen uns manchmal zu Spielabenden oder zum Kochen.

RAFAEL: Es gab auch, als ich in Holland war, eine Zeit, da sah alles wunderbar aus, da dachte ich, es könnte sich zu einer schönen

Vierecks-Beziehung entwickeln, aber leider haben sich Steffen und Conny abgekapselt. Steffen von Anna vielleicht nicht in dem Maß, wie Conny sich von mir. Als ich nach Berlin kam, habe ich zuerst in einer Wagenburg gewohnt. Die war mir aber zu weit außerhalb. Ich hatte vorher schon verschiedene Gemeinschaftserfahrungen gemacht und bin dann über eine offene Yoga-Gruppe in Kontakt mit dieser tantrischen Gemeinschaft getreten, in der ich jetzt lebe. Ich hatte bei der Gelegenheit besprochen, wie ich mich einbringen könnte, und so hat das dann vor einigen Monaten geklappt.

Wir gehen hier alle sehr offen miteinander um. Einmal in der Woche hat die Gemeinschaft einen Clubabend, wo man etwas zusammen macht. Zum Beispiel massiert man sich gegenseitig. Dadurch haben wir ein sehr offenes, intimes Verhältnis zueinander. Das ist eine viel schönere Art zu leben als beispielsweise in irgendeiner WG, wo man sich nur um Koch- oder Putzdienste streitet. Gemeinschaft ist für mich eng an die Art und Weise gebunden, wie ich leben will. Für mich ist die Kleinfamilie ein rotes Tuch. Ich könnte mir nicht vorstellen, mit einer Partnerin allein irgendwo zu leben, sondern es ist mir schon wichtig, viele Leute um mich zu haben, in einem Rahmen, in dem Offenheit herrscht und die Möglichkeit, sich gegenseitig spirituell oder mental zu befruchten. Für andere mag das ein Problem sein, für mich aber nicht. Außerdem habe ich schon in meiner Stuttgarter Zeit eine tantrische Massageausbildung gemacht, so dass ich damit auch Geld verdienen kann. Denn die Gemeinschaft bietet das ja für andere an. Ich bin nicht unbedingt darauf fixiert, mein Geld als Kommunikationswirt zu verdienen. Zwischenzeitlich habe ich erst einmal Arbeitslosengeld beantragt, bis ich mich hier so einbringen kann, dass es mir möglich ist, davon zu leben.

ANNA: Ich hatte am Anfang erst einen unheimlichen Respekt, eine ziemlich starke Autoritätsprojektion auf den Gründer dieser Gemeinschaft, aber das hat sich dann schnell gegeben.

RAFAEL: Für mich war das ähnlich. Aber ich hatte am ersten Abend das ungemein heilsame Erlebnis, mit ihm die Kochwäsche aufzusetzen. Dabei konnte ich den Sockel, auf den ich ihn gestellt hatte, ganz schnell wieder demontieren.

SANDRA: Das Problem hatte ich nicht, ich halte grundsätzlich nichts von Personenkult.

ANNA: Als ich Rafael das erste Mal nach seiner Hollandzeit in Berlin besuchte, wohnte er noch auf einem Bauwagenplatz. Beim zweiten Mal hat er schon hier gelebt. Ich habe das als sehr stimmig empfunden, denn ich mag die Menschen hier. Ich bin froh, dass er nicht den Winter im Bauwagen verbringen musste. Ich habe das Gefühl, dass ich mich entfalten kann und stelle mir vor, dass ich, wenn ich demnächst meine Ausbildung beendet habe, ebenfalls herziehen werde.

SANDRA ERZÄHLT: Bevor ich hier eingezogen bin, habe ich in Hamburg gelebt. Ich habe tantrische Workshops belegt und irgendwann bin ich einfach dageblieben. Ursprünglich stamme ich aus einem Dorf im Allgäu, im biederen, konventionellen, katholischen Bayern. Liebe und Sex habe ich nie wirklich trennen können, auch Freundschaft und Sex oder Freundschaft und Liebe nicht. Seit ich vierzehn war, habe ich mich immer auch für beide Geschlechter interessiert.

In Beziehungen habe ich stets vertreten, dass ich meine Freiheit brauche. Ich habe meistens Partner gehabt, die dann irgendwie damit klarkamen, aber das hat auch zu Trennungen geführt. Natürlich hatte ich ein schlechtes Gewissen, aber meine Eltern haben mir zum Glück gar nicht so die Hölle heiß gemacht. Mich hat zum Beispiel Folgendes erstaunt: Als ich zuhaus einen Freund hatte und mit meinen Eltern im Urlaub war, hatte ich dort ein Techtelmechtel mit einem anderen, was sie natürlich mitkriegten. Aber sie haben mir überhaupt keinen Vorwurf gemacht. Sie meinten dann schon manchmal, dass ich es wohl etwas übertreiben würde mit meinen Liebhabern. Ich habe aber nie mitgekriegt, dass meine Eltern noch andere Partner gehabt hätten und glaube es auch nicht. Aber sie haben mir keine Vorschriften gemacht und nicht gefordert, dass ich nur einen Freund haben dürfte. Meine zwei älteren Schwestern sind nicht so offen wie ich. Aber ich mache einfach mein Ding. Und wenn ich authentisch, offen und klar darüber rede, dann akzeptieren mich andere auch so wie ich bin. Wenn mich Menschen nicht akzeptieren, dann sind das auch keine Freunde mehr für mich.

Für mich war das Gefühl, dass ich vielleicht etwas Unmoralisches tue, schon manchmal schwierig. Durch das Tantra und die Gespräche mit Rafael kam ich aber zu der Überzeugung, dass das so in Ordnung ist. Wenn man ehrlich und authentisch ist, sich mit Liebe und Achtsamkeit begegnet, dann geht das auch. Für Tantra habe ich mich schon lange interessiert und immer mal etwas gelesen. Ich bin dann über einen Bekannten aus Hamburg hierhergekommen, weil ich gemerkt habe, dass mir in meinen Beziehungen und in meinem Liebesleben etwas fehlt. Ich wusste instinktiv, ich will irgendwas. Und im Tantra habe ich mich dann wirklich wiedergefunden. Der Ansatz lautet: Ich darf jeden Menschen lieben, wie weit ich gehe, ist meine Entscheidung, und ich darf jeden sexuell lieben. Nicht nur eine Person, auch gleichzeitig mehrere. Das erlebe ich als sehr heilsam, weil ich innerlich schon immer mit den Konventionen gekämpft habe. Und mittlerweile merke ich, das muss ich gar nicht. Hier ist das in Ordnung und selbstverständlich. Andere Menschen können gern so leben, wie es sie glücklich macht. Ich tuc das auf meine Weise auch.

Ich hatte ja viele Beziehungen, und alle waren unbefriedigend. Irgendwann ist mir dann aufgefallen, dass mir eine Person einfach nicht reicht. Ich habe gleichzeitig eine SM-Neigung, ich möchte dominant sein, aber auch devot, ich liebe Tantra, und überhaupt – ich brauchte als Partner sozusagen eine eierlegende Wollmilchsau. Wenn ich einen Menschen finden würde, der das alles erfüllt, müsste der auch bisexuell sein, denn ich will mal einen Dreier mit zwei Männern oder einen Vierer erleben. Und selbst wenn das alles erfüllt wäre, will ich trotzdem noch andere Erfahrungen machen, andere Menschen erleben. Ein Mann kann sich ja nicht in mehrere Menschen spalten.

Auf den Workshops hier habe ich festgestellt, dass es sehr interessant ist, verschiedene Körper zu erleben. Jede Hand berührt anders. Und mit verschiedenen Menschen komme ich an verschiedene Themen und erlebe mich unglaublich vielseitig. Ich will in die Oper, ins Theater, mich über Literatur und Kunst austauschen. Und das alles nur mit einem Menschen zu erleben, wäre einfach Quatsch. Die Energie muss frei fließen, und das geht nicht, wenn sich Menschen auf immer und ewig füreinander festlegen. Eine feste Beziehung, selbst wenn sie offen wäre, wäre für mich mittlerweile gar nicht mehr passend. Wenn sich das von allein entwickelt, schön und gut, aber eigentlich möchte ich die Freiheit behalten.

Ich habe natürlich auch Probleme mit Konventionen, wer hat die nicht? Wir sind ja alle irgendwie geprägt, haben Glaubenssätze, Dogmen und verwechseln manchmal das, was wir wirklich wollen, mit dem Fremdbestimmten. Fühle ich das jetzt wirklich oder ist das nur so, weil ich es nicht anders kenne? Rafael mit seiner Polyamorie – das war für mich etwas Neues. Bisher kannte ich es so: Ich habe eine Beziehung, und da bin ich die Nummer eins. Selbst wenn man sich öffnet, wenn noch jemand anderes hinzukommt, ich bleibe weiterhin die Nummer eins. Und das andere sind mehr Abenteuer. Das hat ja auch mit Macht zu tun. Aber Macht macht einsam. Es hat zu tun mit Komplexen, mit Verlustangst. Warum muss ich definieren? Warum muss ich einengen? Vielleicht hat der Partner gerade wichtige Themen mit jemand anderem, und ich bin dann eben gerade mal nicht die Nummer eins. Warum kann der andere nicht frei sein und immer zu mir kommen, wenn er das Bedürfnis hat? Und ich genauso zu ihm. Wenn wir alle wirklich frei sind, passiert alles von allein.

Hier in den Workshops und in der tantrischen Gemeinschaft erlebe ich, dass das mit mehreren Menschen geht, wenn alle achtsam und liebevoll sind und sich gegenseitig vertrauen. Je mehr es sind, desto besser. Es gibt Themen, mit denen gehe ich zu der einen Person, oder welche, da gehe ich lieber zu einer anderen. Ich kann nicht von einem Menschen erwarten, dass der für alles Verständnis hat. Je mehr achtsam miteinander umgehen, desto mehr Heilung für alle. Wenn mir nach Kuscheln ist, dann gehe ich zu dem, mit dem ich kuscheln kann, wenn mir nach Dominanz ist, suche ich jemanden, mit dem ich das gut ausleben kann. Entweder man einigt sich, oder man geht eben woandershin. Es war so oft unbefriedigend, wenn ich etwas wollte, aber der Partner nicht.

Durch meine Arbeit brauche ich privat jemanden, der sich um mich kümmert, eine starke Schulter zum Anlehnen, und das habe ich bei Rafael zurzeit leider nicht. Wenn ich das woanders finde, läuft es vielleicht bei uns besser. Er gibt mir im Moment nicht das, was ich brauche, aber es ist ja alles im Fluss. Bei den Dingen, die mir fehlen, finde ich eben auch zu mir selbst. Rafael löst Widerstände bei mir aus, indem er Sachen will, wie mehrere Liebesbeziehungen gleichzeitig, bei denen ich erst mal dachte – nein, das will ich nicht. Und das haben wir gemeinsam: Wir bringen uns an unsere Themen. Wir haben uns schon angeschrien, da geht es dann wirklich ans Eingemachte.

RAFAEL: Wir spiegeln uns gegenseitig verschiedene Anteile. Wir sind beide immer wieder an Beziehungen gescheitert. Und wenn wir aneinander geraten, merken wir ja ganz schnell, wo es hakt und wo etwas fehlt. Das heißt eben ganz bestimmt nicht, dass da zwischen uns die große Harmonie herrscht. Aber so gut wie mit Sandra habe ich noch nie festgestellt, wo es bei mir wirklich Probleme gibt. Und es gibt eine Menge Dinge, hinter die kommt man nicht von heute auf morgen. Da braucht man schon jemanden, der einem das ins Gesicht sagt, um überhaupt einen Schritt weitergehen zu können.

SANDRA: Ich bin ja auch aggressiv und fordernd und kam dann auf die Idee zu fordern, trenn dich von deinen anderen Freundinnen, worauf er natürlich meinte: »Nee, mache ich nicht.« Und da fällt mir auf, mein Gott, was habe ich gerade für Ideen? Ich sehe dann, dass ich mir selbst im Wege stehe: Das ist *mein* Ego, das ist *meine* Prägung, das sind *meine* Themen. Früher kam ich in Beziehungen gar nicht bis an diese Punkte. Da habe ich mir Männer gesucht, für die ich die Einzige war. Die haben akzeptiert, dass ich mache, was ich will, aber die haben mir auch keine Grenzen gezeigt. Rafael hätte mir nun gar keinen Gefallen getan, wenn er sich getrennt hätte von Anna, denn dann wäre ich ja nicht in Kontakt mit meinem Thema gekommen. Mein Machtdenken stand mir im Wege.

Eigentlich will ich ja nichts anderes. Tief in mir habe ich die Sehnsucht, dass wir alle auf der Welt eins sind und uns alle irgendwie lieb haben, so ganz kitschig. Ich sehe auch, dass das geht und wünsche es mir, nur stehe ich mir oft selbst im Wege. Ich denke, wir haben alle die gleichen Probleme, wir haben ein großes Leitthema, nämlich die Angst, einfach nicht angenommen zu werden, wie wir sind, obwohl dies unser größter Wunsch ist. Egal wie wir uns verhalten, ob wir heulen, ob wir aggressiv oder manipulativ sind, es hat immer mit der Angst zu tun, dass wir nicht angenommen werden, wie wir sind. Dann fangen wir an, uns verrückt zu verhalten. Aber wenn wir es schaffen, den anderen anzunehmen, wie er ist, dann ist alles möglich. Auch mehrere Partner zu haben. Wir bilden uns immer ein, ich brauche Sicherheit, ich muss die Einzige sein, ich muss Macht oder Kontrolle haben, ich brauche Liebesbeweise, aber das ist alles Quatsch.

ANNA: Ich sehe schon, dass es beiden guttut, dass sie sich so an ihre Themen bringen. Aber ich habe auch das Gefühl, dass es für die Beziehung zwischen Rafael und mir besser ist, wenn ich nicht so dominant bin und ihm so mehr Raum gebe, seine stärkeren Seiten zu leben, was mir aber auch nicht immer gelingt. Je mehr ich mich zurücknehme, desto mehr Raum bekommt er.

SANDRA: Ich bin durchaus dominant und hätte auch gern einen Mann, der mich da in meine Schranken weist. Dominant sowohl im kommunikativen als auch im erotischen Sinne. Da hatte ich schon mal mit Rafael Schluss gemacht, als mir einfach gar nichts mehr gepasst hat, weil er sich zu oft von mir einschüchtern ließ. Aber was mir gutgetan hat, war, dass er sich nicht hat beeinflussen lassen.

ANNA: Eine starke Schulter zum Anlehnen brauche ich weniger. Für mich ist es okay, wenn Rafael weich und verletzlich ist.

SANDRA: Für mich ist Rafael, obwohl er seinen eigenen Kopf hat, schon zu weich. Daher brauchte ich eigentlich noch einen Mann, der dominanter ist oder auch beide Seiten hat. Stark und weich. Wie ich schon sagte, je mehr Beziehungen, desto besser. Dann stellt man sich nicht hin und sagt: »Du musst dich jetzt aber ändern.« Das ist Quatsch, das funktioniert ja sowieso nicht.

RAFAEL: Als Sandra sich von mir getrennt hat, habe ich überlegt, ob ich da jetzt aktiv gegensteuere. Ob ich mich von ihr verbiegen lasse und versuche, jemand zu sein, der ich gar nicht bin. Bloß um ihr zu gefallen. Das hätte wahrscheinlich zu einer Katastrophe geführt, denn dann wäre ich überhaupt nicht mehr authentisch gewesen. Oder ob ich eben sage, im Moment passt es mit ihr nicht, aber ich bleibe trotzdem so wie ich bin, und sie wird ja sehen, was sie an mir hat.

SANDRA: Das wäre das Allerschlimmste gewesen, wenn du dich angepasst hättest, die Beziehung hätte dann überhaupt nicht funktioniert, und ich wäre überhaupt nicht an meine Themen gekommen. Er tut ja keinem einen Gefallen, wenn er sich verbiegt. Also ich bin herrisch, ich bin extrem, aber ich will auch nicht, dass ein anderer sich das von mir gefallen lässt. Es wäre völliger Quatsch, wenn Rafael jetzt dominanter werden würde. Anna und Rafael haben eine Harmonie miteinander, es wäre ja schlimm, wenn ihr auch noch so agieren würdet wie wir. Insofern hat diese Beziehung ihre ganz eigene Qualität. Und Anna muss sich gar keine Gedanken darum machen, ob sie eventuell nicht dominant genug wäre. So gleicht sich alles aus. Wenn jeder authentisch ist, dann läuft es automatisch so, wie es soll. Nicht so viel nachdenken – »sollte ich denn …«

RAFAEL: Der eine hört gern Bach, der andere Penderecki, und das eine kann das andere nicht ersetzen.

ANNA: Sandra meinte, je mehr Beziehungen, desto besser. Aber das hat ja auch seine Grenzen und zwar ganz einfach zeitlich, besonders wenn Fernbeziehungen dabei sind. Wenn ich meine Partner nur an den Wochenenden treffen kann, dann sind die Möglichkeiten eben eingeschränkt.

RAFAEL: Wenn ich im Zusammenhang mit Beziehungen an Kinder denke – ich habe ja noch keine –, bin ich der Überzeugung, dass es eigentlich ideal für sie sein muss, in einer Art »Stamm« zu leben. Klar, wir haben gesellschaftliche Zwänge, und was die meisten Menschen am wenigsten haben, ist Zeit. Wenn man Kinder hat, ist es hilfreich, wenn man die Verantwortung auf mehrere Schultern verteilen kann. Alleinerziehende Mütter, habe ich den Eindruck, sind irgendwie permanent überfordert. In einem Netzwerk von mehreren Leuten kann es eine sehr schöne Erfahrung sein, wenn man als Paar dann mal etwas unternehmen kann und andere in der Zeit auf die Kinder aufpassen.

ANNA: Ich glaube, dass es für Kinder unterstützend sein kann, mehrere enge Bezugspersonen zu haben, die das Erleben der Kinder bereichern, indem sie auch gleich unterschiedliche Lebensentwürfe kennenlernen. Da wird man einfach offener und sicherer in sich selbst.

SANDRA: Mein großer Traum ist ja, dass ich mit all meinen Beziehungspartnern in einer Gemeinschaft zusammenlebe und man dann Kinder bekommt. Und wer mit wem und wie – das ist wieder völlig egal, es fließt in der Energie, und es sind auch alle für die Kinder da. Hier in der Gemeinschaft hat das bisher ganz gut mit den Kindern funktioniert, denn es kümmert sich immer jemand. Das habe ich so nirgends erlebt, denn Kinder sind stets vernachlässigt, sie können gar nicht genug Aufmerksamkeit bekommen. Es ist auch gut, wenn sie gleich mitkriegen, du darfst viele Menschen lieben, und sie nicht nur auf Mama und Papa fixiert sind. Mir gefällt, dass Kinder nicht mit so vielen Dogmen aufwachsen wie wir.

RAFAEL: Zumal Kinder auch selbst ein Gespür dafür haben, von wem sie am meisten lernen können.

SANDRA: So ein gemeinschaftliches Aufwachsen ist ein gutes Mittel gegen Eifersucht. Die hatte ich ja ganz schlimm. Ich hatte versucht, mich damit anzufreunden, dass Rafael andere Partnerinnen hat, aber ich bin am Anfang gar nicht damit klargekommen. Aber was ist Eifersucht? Eifersucht ist Verlustangst, ein Minderwertigkeitskomplex, man denkt, da bekommt jemand anderes etwas, was ich jetzt nicht kriege. Wenn ich aber von meinem Partner alles bekomme, habe ich doch gar keinen Grund, eifersüchtig zu sein. Dann kann ich ihn doch gehen lassen und sagen: »Schön, dass es dir da gutgeht.«

RAFAEL: Mitfreude ist ein total schönes Gefühl.

SANDRA: Und der Partner bringt ja aus anderen Begegnungen etwas mit und lernt dazu. Man kann wirklich aus allem das Positive herausziehen, wenn man denn will, und mit Lust seine Themen bearbeiten, statt zu jammern: »Ach, ich habe Probleme zu wälzen.« Oh, spannend, gehen wir es an!

ANNA: Ich empfinde Eifersucht, wenn ich mich ausgeschlossen fühle. Also zum Beispiel, als Rafael Sandra massiert hat und ich danebensaß. Aber ich wäre genauso gern an Rafaels Stelle gewesen wie an Sandras. Ich kann das dann vorbeiziehen lassen, lege aber Wert darauf, später darüber zu sprechen und zu schauen, wie ich das in Zukunft anders machen kann.

»Wir wissen noch nicht, wohin die Reise letztendlich geht.«

Jenny (26, Studentin) und
Robert (31, Bundeswehroffizier)

Jenny erzählt: Ich bin in einem Magdeburger Einfamilienhaus und ganz ohne Geschwister aufgewachsen. Ein typisches Einzelkind. Meine Großeltern wohnten gleich zwei Häuser weiter. Bei ihnen war ich dann auch sehr häufig, wenn meine Eltern arbeiten waren, so dass ich zur Hälfte dort aufwuchs. Meine Oma war Technische Zeichnerin, arbeitete aber, um mich zu betreuen und die Familie zu bekochen, nur halbtags. Sie hat sich eigentlich um alles gekümmert. Meinen Opa, einen Maschinenbauingenieur, habe ich aber nur am Rande wahrgenommen. Er war eher wortkarg und verschlossen, so dass Kontakt zu ihm zu kriegen nicht so einfach war. Aber irgendwie habe ich ihn doch sehr lieb gehabt. Ich glaube auch, dass sich meine Großeltern sehr gemocht haben, aber offene Liebesbekundungen gab es eigentlich nie zwischen ihnen.

Meine Mutter hatte ebenfalls Maschinenbau studiert arbeitete in der gleichen Firma wie mein Opa, wechselte aber während meiner Grundschulzeit zu einer Hamburger Firma, für die sie als Vertriebsmitarbeiterin im Außendienst arbeitet. Dafür hatte sie sich ein Büro bei uns im Keller eingerichtet. Sie war dadurch immer wieder beruflich unterwegs. Da war ich in dieser Zeit jeden Nachmittag bei meiner Oma, geschlafen habe ich aber zuhause. Mein Vater arbeite als Zerspaner im Schwermaschinenbau. Es gab ein intellektuelles Gefälle zwischen beiden, das auch ich spüren konnte. Sein materielles Geltungsbedürfnis ist sehr groß, und die Straße, in der meine Eltern immer noch wohnen, ist auch fast wie ein Dorf für sich, da wird man wirklich beobachtet von den

Nachbarn. In der fünften Klasse schickten mich meine Eltern auf das Ökumenische Domgymnasium. Damals wusste ich überhaupt nicht mal, was »ökumenisch« bedeutet und dachte, es wäre dasselbe wie »ökologisch«. Ich hatte ja überhaupt keinen Bezug zum christlichen Glauben. Aber meinte Eltern hielten die Schule für die beste und meinten, es wäre deshalb gut für mich, da hinzugehen. Relativ schnell merkte ich, was ich dort für eine Außenseiterin bin.

Mit der Zeit fühlte ich mich richtig ausgegrenzt, ich bekam schlechtere Noten als die anderen und ging immer weniger gern dort hin. Richtig gemobbt fühlte ich mich, und stellte mir die Frage, ob das wohl der Inhalt des christlichen Glaubens wäre. Durch dieses Hinterfragen bin ich dann zur Gothic-Musik gekommen und in die entsprechende Szene. Durch die Auseinandersetzung mit dieser Musik wurde ich noch mehr zum Außenseiter. Zum Glück konnte ich meine Eltern davon überzeugen, mich von dieser Schule zu nehmen, und von da an ging es mir besser. Später ist das Verhältnis zwischen mir und meinen Eltern immer mehr in die Brüche gegangen. Sie hatten mir nie wirklich zugehört. Sogar jetzt noch, da ich längst erwachsen bin, reagieren sie auf mich immer nur von oben herab und versuchen mir zu zeigen, dass ich das Kind bin.

Wenn ich an meine Pubertät zurück denke, fällt mir ein, dass ich mit dreizehn den ersten näheren Kontakt zu einem Jungen hatte. Mein Jugendschwarm! Das war Armin, der in Österreich lebte, eine Ferienbekanntschaft aus dem Ort, in den wir jedes Jahr fuhren. Mit dem habe ich mal einen Abend in seinem Zimmer verbracht. Da hat er mich massiert und wir haben uns gestreichelt. In ihn war ich jahrelang verliebt, obwohl von ihm danach nichts mehr kam. Und wir hatten uns nicht einmal geküsst. An meinem fünfzehnten Geburtstag bekam ich von einer Freundin meinen ersten richtig guten Kuss. Ewig dauerte er. Da waren wir aber alle schon etwas angetrunken. Kurz bevor ich schließlich Robert kennenlernte war ich kurze Zeit, etwa einen Monat, mit Adrian zusammen. Mit ihm hätte ich fast mein erstes Mal Sex gehabt, aber es hat nicht so richtig zwischen uns funktioniert, und wir haben das Spiel abgebrochen. Kurze Zeit später war auch schon Schluss.

Mein Opa starb mit siebenundsechzig Jahren. Das hat meine Oma damals sehr mitgenommen, sie erkrankte und baute sehr rasch körperlich und seelisch ab. Nach einem Jahr starb auch sie, ebenfalls mit siebenundsechzig. Vorher flog ich mit ihr zusammen nach Ägypten, damit sie etwas Ablenkung hat. Wir haben zusammen eine Kreuzfahrt auf dem Nil gemacht, damit sie nach dem Tod meines Opas nicht so ins Grübeln verfällt. Auf dem Schiff waren ungewöhnlich wenige Gäste. Es gab eine Bar mit Kaffee und Kuchen. Plötzlich tauchte Robert mit einem Freund auf. Junge Leute gab es kaum an Bord. Der sieht ja ganz nett aus, fand ich, aber weiter dachte mir noch nichts dabei. Abends, als meine Oma schon im Bett war, ging ich in die Bar und fragte, ob ich mich zu ihnen setzen könnte. So entstand der erste Kontakt.

ROBERT ERZÄHLT: Ich stamme aus dem Eichsfeld und bin dort in einem kleinen Dorf aufgewachsen. Das ist eine sehr katholische Gegend. Mein Umfeld war dem entsprechend geprägt: Meine Eltern und alle Verwandten sind katholisch und ich war Messdiener. Ich bin viel mit der katholischen Jugend unterwegs gewesen, in den Sommerferien, für ein oder zwei Wochen. Das hat mir großen Spaß gemacht, und ich fühlte mich von meinen Eltern auch gar nicht unter Druck gesetzt, was Glaube und Religion betraf. Während so einer Ferienfreizeit habe ich auch mit Vierzehn meinen ersten Kuss bekommen. Das war schon ziemlich aufregend für mich und viel bedeutender als später der erste Sex. Mit wachsendem Alter und zunehmender zeitlicher und räumlicher Distanz zum Erlebnisraum meiner Kindheit flachte später das Verhältnis zur Kirche mit der Zeit sehr ab. Meine Eltern sind seit über dreißig Jahren verheiratet und das durchaus sehr glücklich, so dass ich zwischen ihnen durchaus auch Zärtlichkeit im Umgang miteinander beobachten konnte. Selten gab es Streit. Sie kümmerten sich sehr um meinen drei Jahre älteren Bruder und um mich. Ich fand es sehr angenehm zu Haus, und es gab auch keine typischen

Pubertätskonflikte. Eigentlich war ich stark auf meine liebevolle Mutter fixiert, mit der ich mich sehr gut verstand. Dagegen habe ich in der Jugendzeit mit meinem Vater kaum gesprochen. Er war ein zurückhaltender Typ und nicht gerade jemand, der mit mir einfach mal eben Fußball spielte. Er hat sich eben mehr um das Haus gekümmert und mich in Ruhe gelassen. Wenn ich Kummer hatte, bin ich meistens zu meiner Mutter gegangen. Seitdem ich mit achtzehn ausgezogen bin, hat sich das Verhältnis zu meinem Vater gebessert, so dass es jetzt sogar ziemlich gut ist. Irgendwie scheine ich seine Erwartungen erfüllt zu haben: Ich habe das Studium beendet, bin verheiratet, habe zwei Kinder. Das ist jetzt schon eine andere Gesprächsebene zwischen uns als von ihm aus gesehen mit mir als Jugendlichen.

Mit zwanzig hatte ich, relativ spät, den ersten Sex. Davor erlebte ich eine große Enttäuschung, als ich mich mit Achtzehn in ein Mädchen verliebte, mit dem ich zusammen Kampfsport trainierte. Wir haben damals viel miteinander unternommen, aber sie hatte auch ständig wechselnde Freunde. Irgendwann war dann auch ich mal an der Reihe. Wir lagen nackt im Bett, hatten ein schönes Vorspiel, da bricht sie plötzlich alles ab und meinte, nein, das würde jetzt aber unsere Freundschaft zerstören. Diese Nacht und ihr Verhalten mir gegenüber in den folgenden Wochen war für mich so deprimierend, dass ich danach zwei Jahre lang die Nase voll hatte von Frauen. Schließlich ging ich zur Bundeswehr und dann in die Offiziersausbildung. In diesem Rahmen fuhren wir eines Tages nach Berlin, um uns die wichtigen Sehenswürdigkeiten anzuschauen. Abends lernte ich in einer Bar eine Frau kennen, die war ein Jahr älter als ich. Keine vier Stunden später verlor ich meine »Jungfräulichkeit«, auf einem Schulhof. Sie war sehr erfahren, und ich bin dann alle zwei Wochen nach Potsdam gefahren um sie zu besuchen. Da ging es aber wirklich rund! Sie war ganz schön fordernd. Das war aber auch ganz gut, denn danach war ich viel gelöster. Aber als eine reine Sexbeziehung war mir das auf Dauer auch nicht erfüllend genug, und deshalb machte ich vor dem nächsten Urlaub mit ihr Schluss. Ja und dann lernte ich Jenny auf einer Nilkreuzfahrt kennen. Ich hatte Jenny gleich bemerkt, und weil ich sie sehr reizend fand, machte ich von ihr beiläufig Fotos. Abends kam sie plötzlich in die Bar und setzte sich zu uns. Es fing erst mal mit ganz harmlosen Plaudereien an.

JENNY: Ich hatte damals immer mal Kreislaufschwierigkeiten und ging daraufhin raus an die frische Luft. Robert kam hinterher, und wir haben uns dann fast die ganze Nacht auf dem Oberdeck unterhalten. Das machten wir von da an jede Nacht bis drei, vier Uhr so. Und weil wegen der Hitze die Ausflüge auch sehr früh starteten, haben wir eigentlich die Nächte durchgemacht.

ROBERT: Am letzten Abend fasste ich endlich den Mut, Jenny zu küssen. Ich fühlte mich aber noch gehemmt, auch durch die Tatsache, dass es ja mit ihr, wenn überhaupt, nur eine Fernbeziehung werden könnte. Auf der anderen Seite hatte ich großes Herzklopfen und musste das erst einmal überwinden. Aber dann war es total schön. Wir haben uns bestimmt eine Stunde lang geküsst. Am nächsten Morgen bin ich dann noch ganz früh mit meinem Freund noch zu einem Badeurlaub zum Roten Meer aufgebrochen, und Jenny flog mit ihrer Großmutter wieder nach Hause.

JENNY: Wir haben ja noch gar keine Adressen ausgetauscht, fiel mir plötzlich ein, so dass ich extra früh aufstand um noch tschüss zu sagen und die Telefonnummern und Adressen auszutauschen.

ROBERT: Während des Badeurlaubs spürte ich, wie sehr ich Jenny vermisse. Zum Glück wollte sie mich unbedingt wieder treffen, als ich nach dem Urlaub gleich bei ihr anrief. So fuhr ich bei erster Gelegenheit zu ihr nach Magdeburg.

JENNY: Ich wollte endlich mit Robert ins Bett, hatte aber meine Tage und verschob es daher, aber am nächsten Abend habe ich es einfach nicht mehr ausgehalten.

ROBERT: Das war schon eine merkwürdige Situation für mich als sie mich fragte: »Schläfst du mit mir, auch wenn ich meine Tage habe?« Na ja, fiel mir ein, so habe ich ja das ja schon mal bei einer anderen erlebt und dachte so bei mir, was für ein geiles Luder!

Dann musste ich schmunzeln. Ja und dann haben wir miteinander geschlafen.

JENNY: Zu Hause gab es später seinetwegen Konflikte. Meine Eltern haben damals aus nichtigen Gründen versucht, mir den Kontakt zu Robert zu verbieten. Es war ja eine Fernbeziehung, bei der wir uns nur am Wochenende sehen konnten. Mein Vater ist dann irgendwann so ausgerastet, dass er mich geschüttelt und auf den Fußboden geschleudert hat, so dass ich eine Gehirnerschütterung bekam. Letzten Endes beschloss ich damals, so schnell wie möglich auszuziehen. Ich fühlte mich ständig unwohl und unter Druck. In meinem Zimmer ging es mir wie in einem Pförtnerhäuschen, in das man von fast allen Seiten hineingucken konnten. Zum Garten hin hatte es ein riesengroßes Fenster, so dass man von dort aus hinein schauen und jede Ecke sehen konnte. Von der Straße aus war es nicht ganz so schlimm. Die Tür hatte ein Matt-Glasfenster, durch das man zumindest das Licht sehen und ahnen konnte, was innen passiert. Wenn ich mal das Rollo unten gelassen habe, wurde das sofort kritisiert. Meine Eltern haben auch nie geklopft, bevor sie in mein Zimmer kamen.

In Mathe und Informatik war ich sehr gut. Ich fand für mich das Studium der Medieninformatik. Das war auch ganz praktisch, da es das nicht in Magdeburg gab. Robert hat in dieser Zeit in München studiert, wo ich mich daraufhin auch an der Uni eingeschrieben habe. Aber meine Eltern verweigerten jedes Gespräch über Unterhaltsfragen. Sogar einen Anwalt schalteten sie ein, um sich gegen meine Ansprüche zu wehren. Seitdem ist das Verhältnis zu ihnen fast völlig zerbrochen. Sie wollten einfach über mein Leben bestimmen, besonders mein Vater.

ROBERT: Ich mietete mir einen LKW und fuhr nach Magdeburg, dort räumten wir ihr Zimmer aus und auf ging es nach München. Seitdem haben wir so oft wie möglich zusammen gewohnt, wenn es die Umstände zuließen.

JENNY: Wir hatten ja auch immer wieder eine Fernbeziehung, und ich dachte mir wenn wir getrennt waren, dass ich eigentlich gar nicht eifersüchtig bin. Zumindest würde es mir nichts ausmachen, wenn Robert auch mit anderen schläft, solange es nicht zu Lasten unserer gemeinsamen Zeit geht. Und mir passierte es, als ich noch in Magdeburg war, dass ich in einer Sendung des Offenen Kanals Stefan, einen alten Freund, wieder sah. Zwischen uns hatte es nie wirklich geklappt. Den habe ich angerufen und weil er von außerhalb war, kam das Gespräch auf die Frage, wo er denn schläft. Er wollte eigentlich schon wieder mit dem Zug nach Haus fahren, hätte aber vier Stunden in der Kälte warten müssen. Da habe ich ihn zu mir eingeladen: »Nimm dir ein Taxi und komm her, aber sei leise wegen meinen Eltern!« Wir landeten dann natürlich miteinander im Bett. Er fing sofort an, an mir herum zu fummeln. Ich dachte: »Mist, was mache ich jetzt, ich habe doch einen Freund.« Ich schob seine Hand weg und sagte ihm, dass ich jetzt nicht will. Ich fühlte mich wie in einem Zwiespalt. Dieses Erlebnis führte nun aber dazu, dass ich anfing, genauer nachzudenken und mir sagte: Ich liebe Robert, er ist der Mann meines Lebens, aber was Sex anbetrifft, möchte ich auch andere Sachen ausprobieren. Ich will nicht, wenn ich alt bin, da sitzen und an all das denken, was ich vielleicht verpasst habe. Darüber habe ich dann mit Robert gesprochen und er meinte: »Okay, wir sehen uns nun einmal nicht ständig, lass uns doch einfach eine Offene Beziehung führen.«

ROBERT: Ich hatte schon länger bemerkt, dass ich wenig eifersüchtig bin. Auch als Jenny mir von Stefan erzählte, hat das gar keine Besorgnis bei mir ausgelöst. Ich hatte das Gefühl, dass mich das nicht weiter betrifft. Ich fand es einfach cool für mich, denn ich hatte ja vor ihr auch nur mit einer anderen Frau Sex gehabt. Ich stimmte ihr daher zu und meinte, dass es ja den Versuch wert wäre, wenn es klappt. Ich wollte unbedingt mit Jenny zusammen bleiben, aber auch nicht auf irgendetwas verzichten. Daher war es gut, dass sie das angesprochen hatte. Bis wir das dann umgesetzt haben, hat es aber schon noch eine Weile gedauert.

JENNY: Noch in Magdeburg, in der dreizehnten Klasse, verliebte ich mich in meine Schulfreundin Karina. Das war aber so ein Hin

und Her mit ihr. Mal hat sich mich rangelassen, dann wieder weg-
gestoßen. Ich habe schon sehr früh gemerkt, dass ich mich nicht
auf ein Geschlecht bei der Partnerwahl festlegen konnte, wobei ich
mir deswegen nie groß Gedanken gemacht habe. Wir haben sogar
in einem Bett geschlafen, gekuschelt, geküsst, waren zusammen
auf einem Konzert. Es wurde auch irgendwie sexuell, aber nicht
so richtig. Am letzten Abend, während der Abiturprüfungen, bevor ich nach München zog, war ich mit Karina und einer anderen
Freundin beim Grillen und beide kamen danach noch mit zu mir.
Meine Eltern waren nicht da. Aber ich wollte nicht, dass die andere
nun auch noch bei uns schläft, denn ich wollte ja mit Karina allein
in einem Bett schlafen. Und nicht zu dritt. Doch dann kam es zu
einem großen Streit, weil Karina das nicht einsah und meinte, die
andere könne ja auch hier mit uns schlafen. Ich wollte aber nicht.
Es hat sich für mich so angefühlt, als wenn sie diese Freundin als
»Schutzschild« vor zu viel Nähe mit mir benutzt. Da war für mich
erst einmal Schluss mit Karina. Später, als ich in München war,
hat sie sich nach einigen Monaten wieder gemeldet, aber da hatte
ich das Gefühl, dass sie noch nicht wirklich wieder bereit für mich
wäre. Sie hat uns vor dem nächsten Weihnachten in München besucht und mit uns in einem Bett geschlafen. Weil ich sah, dass sie
sich auch mit Robert gut versteht, dachte ich, es wäre schön wenn
das jetzt eine Dreiecksbeziehung würde. Ich kam nachmittags mal
von der Uni und sah die beiden in Unterwäsche, sie auf seinem
Schoß und dachte: »Juhu, es klappt ja!«, aber als ich mich dazu
legte, merkte ich, wie sie genau das gleiche Ja-Nein-Spiel, das sie
früher mit mir veranstaltet hatte, jetzt auch mit Robert abzog, der
das aber gar nicht mitbekam. Da bin ich richtig ausgetickt und
hatte einen Wutausbruch. Danach redete sie nicht mehr mit mir.
Mit Robert war ich daraufhin auch erst mal zerstritten. Jetzt mussten wir aber die Tage bis Weihnachten irgendwie über die Runden
kriegen, weil sie mit uns nach Magdeburg zurück fahren wollte,
wo wir das Fest mit den Eltern verbringen wollte. Der Konflikt hat
sich dann extrem hochgeschaukelt.

ROBERT: Ich möchte an dieser Stelle von einem Erlebnis berichten. Als ich zum Studium in den USA war, hatten wir am letzten Abend vom Kurs aus eine Abschiedsfete. Mit einem Kumpel zusammen und einer hübschen Mormonin waren wir später noch zusammen in einem Schwimmbad und es kam dort zu dritt zum Petting. Für mich war total schön, dass ich das ohne schlechtes Gewissen erleben durfte. Und von daher war es auch für mich ganz selbstverständlich, dass Jenny dieses Interesse an Karina hatte. Ich fand es zu dieser Zeit mit dreiundzwanzig auch einfach sehr wichtig, sexuelle Erfahrungen zu sammeln. Auch heute ist das noch so. Dass Jenny sagte, dass sie in Karina verliebt sei, empfand ich nicht als schlimm. An so etwas wie eine polyamore Beziehung mit Karina dachte ich damals aber noch nicht. Karina hatte mir während dieser Woche vor Weihnachten auch gestanden, dass sie schon länger in mich verliebt sei. Und als sich dann der Streit so hochschaukelte, fühlte ich mich wie zwischen den Fronten. Ich dachte damals, weil mich Karina so fasziniert hatte und ich mich so auf sie konzentrierte, hätte ich Jenny so stark verletzt. Was jedoch wirklich ablief, war mir in dem Moment nicht bewusst. Den Konflikt zwischen den beiden hatte ich irgendwie nicht wirklich verstanden oder mitbekommen. Für mich war gar nichts vorgefallen. Ich verstehe auch bis heute nicht, warum Karina nicht einfach nach Hause gefahren ist. Nur weil sie noch da geblieben ist, eskalierte das so.

JENNY: Ich spürte plötzlich diese Verletzung, die entstand, als sie mit uns so umging, dieses »erst Locken und dann Verweigern«. Das machte mich wütend. Mich regte aber auch auf, dass er sich so auf ihre Seite stellte. Und dass beide taten als würden sie nicht verstehen, was mich ärgerte, egal was ich zu erklären versuchte.

ROBERT: Mein Verständnis war einfach beeinträchtigt, weil ich so in Karina verliebt war. Ich hatte einfach eine rosarote Brille auf. Auch an den nächsten Tagen war es so, immer wenn es die Möglichkeit zum Sex gegeben hätte, wollte sie nicht. Wenn es unmöglich war, wie im Auto bei der Rückfahrt, erzählte sie, wie geil sie gerade sei. Ich war aber noch so gestimmt, dass ich das mit großer

Toleranz hinnahm. Im Nachhinein sehe ich das als eine negative Erfahrung, aus der ich aber gelernt habe. Denn als ich mich ein paar Tage später noch einmal mit Karina traf, um das alles zu klären, stellte sie mich vor die Wahl: »Trenn dich von Jenny, dann bin ich für dich bereit.« Natürlich wollte ich das nicht. Und dennoch haben Jenny und ich uns danach fürchterlich gestritten.

JENNY: Mich hat damals richtig wütend gemacht, dass Karina versucht hat, mir Robert wegzunehmen. Und weil er so für sie gesprochen hat, hatte ich die Angst, er lässt sich darauf ein.

ROBERT: Irgendwie ist das so eine Art negatives Schlüsselerlebnis in unserer Beziehung geblieben, etwas Prägendes. Wir achten bei Affären jetzt immer sehr darauf, dass niemand versucht, uns auseinander zu treiben. Wir haben seitdem schrittweise gelernt, dass wir, egal wie schlecht es uns gerade geht, Konflikte nur über die Kommunikation lösen können. Wir haben ansonsten viel Negatives erleben müssen. Ich hatte heimliche Mailkontakte, habe heimlich telefoniert, Teller flogen durch die Küche, tagelang haben wir kein Wort miteinander geredet, waren wütend aufeinander und konnten jeder doch nicht ohne den anderen sein. Teilweise ging das über Wochen und Monate so. Wir liebten uns und konnten nicht kommunizieren, fanden keine gemeinsame Ebene mehr. Wir haben schließlich fünf Stunden Paarberatung, kostenlos vom Studentenwerk aus, in Anspruch genommen. Damals habe ich zum ersten Mal ihre Sichtweise wirklich verstanden. Und sie die meine. Von da an ging es wieder bergauf. Interessanter Weise hatten wir in dieser Zeit selbst dann Sex, wenn wir gerade überhaupt nicht miteinander reden konnten. Wie eine Art Aggressionsabbau. Und was wir auch gelernt haben: Keine Heimlichkeiten mehr. Es läuft alles offen ab.

JENNY: Der Umbruch kam mit der Beratung, aber plötzlich ziemlich abrupt. Es klingelte nämlich eines Tages und die Polizei stand vor der Tür.

ROBERT: Plötzlich hatte ich ein Ermittlungsverfahren am Hals, was sich aber nach zwei Wochen in Luft auflöste, denn die Polizei hatte einen Ermittlungsfehler gemacht. Jenny stand in der Zeit absolut loyal zu mir. Sogar die Wohnung haben sie durchsucht. Auch wenn sich alles als Irrtum herausstellte, war es doch eine extreme Belastung. Ich hatte mir auch eine Anwältin genommen, die ziemlich teuer war, denn ich wollte das alles schnell beenden. Die Erfahrung, dass Jenny so zu mir stand, trotz der Meinungsverschiedenheiten, führte dann auch dazu, dass ich davon abkam, immer nur auf meinem Standpunkt zu beharren. Insofern war das auch ein Schlüsselerlebnis für mich, und diese Grunderfahrung, dass Jenny stets loyal zu mir hält, hat sich auch später in den elf Jahren, die wir jetzt zusammen sind, bestätigt. Ich wurde schließlich nach dem Studium ins Allgäu versetzt, was dazu führte, dass wir wieder anfingen eine Fernbeziehung zu führen. Mein Büro teilte ich dort mit meinem Kameraden Max, der sich vom Studium an Jenny erinnern konnte und offenbar Lust hatte, sie kennenzulernen. Ich lud ihn einfach zu uns nach München ein, wo wir auch prompt alle drei miteinander im Bett landeten.

JENNY: Ich habe mich schnell in ihn verliebt, wir haben viel miteinander unternommen und haben uns alle drei in einer kleinen Wohnung in der Nähe von Roberts Standort getroffen, wo wir auch zusammen auf einem Sommerfest waren. Max hatte aber Angst, dass die Leute tratschen könnten und so schön er es mit uns auch fand, letzten Endes wollte er die Beziehung nicht vertiefen und dachte mehr daran, ganz konventionell zu heiraten und mit Frau und Kindern zusammenzuleben. Er hat sich dann mit allerlei Frauengeschichten abgelenkt, was ich sehr schade fand, denn ich mag ich heute noch sehr. Unregelmäßig sehen wir uns noch.

ROBERT: Ich hatte nebenbei in München eine Affäre, die Irina. Und mit ihr und einer ihrer Freundinnen gab es mal eine Verabredung zu einem Dreier. Daraufhin kam es zu einem Streit zwischen Jenny und mir, denn sie hatte mich gebeten, an diesem Abend nicht wegzufahren, weil sie wegen Max so traurig war. Sie hatte mich aber auch nicht direkt dazu aufgefordert, sondern es mehr so indirekt ausgedrückt: » Es wäre schön, wenn du hierbleibst«. Das habe ich in der Situation aber nicht ernst genommen, und meinte nur: »Nein, ich muss jetzt weg.«

JENNY: Die beiden Mädels hatte ich schon mal kennengelernt und eine davon fand ich so merkwürdig, dass ich Robert sagte, ich möchte nicht, dass er mit der etwas anfängt, denn die macht das dann nur, um mir eins auszuwischen. Natürlich hat Robert sich nicht daran gehalten. Ich rief ihn mitten in der Nacht an, worauf er sagte, er käme gleich. Fünf Stunden später war er schließlich da und meinte erst, er hätte sich nur verfahren. Da bin ich richtig wütend geworden, weil mir klar war, dass er lügt.

ROBERT: Wir haben uns damals richtig gestritten. So sehr, dass wirklich eine Trennung im Raum stand. Zum Glück hatte ich diese Wohnung in Standortnähe, in die ich mich erst mal zurückzog. Ich habe das auch Max erzählt, der hat mir mächtig den Kopf gewaschen und gefragt, was ich da eigentlich mache. Schließlich bin ich zurück nach München gefahren und habe mich ganz klassisch mit einem Rosenstrauß entschuldigt. Inzwischen verstand ich ja, wie bescheuert ich mich verhalten hatte. Doch die Aussicht auf ein Abenteuer mit den zwei Mädels hatte einfach meine Wahrnehmung so verändert, dass ich gar nicht mitbekam, wie wichtig Jenny war, dass ich bei ihr blieb. Und ein Jahr später haben wir dann geheiratet.

JENNY: Ich wollte dass wir immer zusammenbleiben, hatte aber ein bisschen Angst, zu leicht ersetzbar zu sein. Irgendwie wollte ich nicht nur eine von vielen sein. Die Heirat sollte unsere Beziehung festigen, egal mit wem wir sonst noch zusammen sein würden.

ROBERT: Für mich war dieser Gedanke nicht so vordergründig, denn man sollte nicht aus einem Streit heraus und um diesen zu schlichten heiraten. Aber ich dachte damals, wir haben so viele Konflikte bewältigt, an denen andere Beziehungen scheitern. Ich liebe sie und ich wollte unbedingt mit Jenny zusammen bleiben, also heirateten wir dann auch ein Jahr später. Sie hat daraufhin das Studium der Medieninformatik abgebrochen, weil es auch inhaltlich nicht mehr so gepasst hat, und wir zogen ins Allgäu. Sehr abgeschieden, außerhalb des Dorfes wohnten wir. Da haben wir eine sehr schöne Ruhephase als Paar genossen. Zwei Jahre waren wir dort, und in dieser Zeit gab es auch keine anderen Partner. Das hatten wir nicht extra so beschlossen, es ergab sich einfach nicht. Wenn wir zum Beispiel mal zu einem Konzert wollten, mussten wir sehr lange fahren. So haben wir einfach viel die Natur genossen und sind zur Ruhe gekommen.

JENNY: Nach einer Weile habe ich mich beruflich umorientiert und bewarb mich, um ein Studium für eine Beamtenlaufbahn. Ich bekam für ein halbes Jahr eine Praktikumsstelle in Baden Württemberg am Bodensee. Die Wohnung im Allgäu hatten wir noch, doch da wurde Robert wieder versetzt, diesmal nach Bonn, und schon waren wir wieder in einer Fernbeziehung, so dass wir uns nur noch am Wochenende in der gemeinsamen Wohnung trafen. Das Praktikum war schließlich zu Ende, das Studium sollte beginnen, da war ich plötzlich schwanger. Ich habe dann noch mit diesem Studium in Ludwigsburg begonnen, aber was nun? Wie sollten wir das jetzt machen? Er ist in Bonn, ich bin hier, es gab keine Betreuungsplätze für Kinder unter drei Jahren. Da wir aber auch nicht wussten, wohin Robert als nächstes versetzt wird, das passierte immer so in Phasen von etwa zwei Jahren, habe ich das Studium abgebrochen und wir zogen wieder nach Magdeburg, um wenigstens in der Nähe meiner Eltern zu sein. Das Verhältnis zu ihnen hatte sich unter dem Einfluss meiner Schwangerschaftshormone wieder etwas gebessert, Ich hoffte, dass sie uns unterstützen könnten, wenn das Kind dann da sein würde.

ROBERT: Und auch weil Magdeburg Studienmöglichkeiten hat, sind wir da hin gezogen und nicht auf das platte Land.

JENNY: Da habe ich mich für Soziologie eingeschrieben, weil ich wenigstens etwas in einer ähnlichen Richtung studieren wollte. Ich habe aber bald gemerkt, dass mich das nicht so interessiert. Ich wollte doch lieber Öffentliche Verwaltung studieren, diese Arbeit mit Gesetzen macht mir einfach mehr Spaß. Bald merkte ich, dass es mit meinen Eltern doch nicht funktioniert. Sie waren einfach zu nah. Also wieder umziehen. Als Auswahl hatte ich Halberstadt oder Berlin. Und weil ich dachte, Robert wird sowieso nie nach Berlin versetzt, das wäre ja viel zu schön, habe ich mich für Halberstadt entschieden. Da konnte ich auch früher anfangen zu studieren. So zogen wir nun nach Halberstadt. Unsere Tochter ging dort in den Kindergarten.

ROBERT: Zuerst war ich ein Jahr in der Elternzeit, ich war also zuhause. Mit anderen Partnern lief in der Zeit nichts. Ja und dann, als ich wieder anfing zu arbeiten, wurde ich nach Berlin versetzt.

JENNY: Ich saß also in Halberstadt mit meiner Tochter und bekam Besuch von Stefan. Da dachte ich mir, ich versuche es noch mal mit ihm. Wir lagen dann bald zusammen im Bett und plötzlich, er saß mit hoch aufgerichtetem Glied auf mir, meinte er: »Ich kann nicht, du bist doch Mutter.« Ich war irritiert. Ich dachte, darf ich jetzt nie wieder mit einem anderen Sex haben, nur weil ich ein Kind habe? Er hatte irgendwelche komischen Ausreden, meinte, er glaube nicht, dass Robert das so gut findet, obwohl ich ihm vorher erzählt hatte, wie es bei uns läuft. Nein, er sähe uns quasi als »Heilige Familie« und könne da jetzt nicht hineingrätschen. Ich hatte in dem Moment den Eindruck, dass er uns vorschreiben wollte, wie Familie eigentlich aussehen muss. Da habe ich mich dann schon gefragt: Sind wir eigentlich die einzigen, die sich wirklich offen ausleben wollen? Ich forschte im Internet nach und fand bei »StudiVZ« eine Gruppe »Polyamorie und Offene Beziehungen«. Da ich den Begriff »Polyamorie« nicht kannte, suchte ich bei Google nach der Bedeutung. Dabei fand ich in Berlin eine Gruppe, die sich regelmäßig trifft. Das war richtig eine Erlösung für mich: Es gibt mehr Leute wie uns! Ich fühlte mich plötzlich nicht mehr so isoliert.

ROBERT: »Da gehen wir mal hin«, schlug ich vor und irgendwann schaffte ich es auch, das mit dem Dienst so zu koordinieren, dass es auch klappte. Ich empfand es als sehr befreiend, dass da so offen über diese Themen geredet wurde und lernte auch gleich eine interessante Frau kennen, mit der ich mich länger unterhielt und auch ein paar Mal traf. Weil die räumliche Trennung zwischen Jenny und mir aber auf Dauer einfach zu belastend wurde, haben wir uns schließlich in Berlin zusammen eine Wohnung gesucht.

JENNY: Ich empfand es auf Dauer als sehr belastend mit dem Kind das Studium zu schaffen. Es wurde mir einfach zu viel. Unsere Tochter schlief schlecht, und wenn ich sie abends ins Bett gebracht hatte, war ich selbst todmüde. Robert nahm sie dann mit nach Berlin und versuchte, das alles irgendwie mit Teilzeitarbeit auf die Reihe zu kriegen. Ich musste bald ein Praxissemester machen und habe natürlich dafür gesorgt, dass ich das in Berlin machen konnte. So haben wir erst einmal für ein halbes Jahr wieder zusammen gewohnt. Auch ich bin dann mal zu diesem Polytreffen gegangen und empfand es als sehr befreiend dort.

ROBERT: Ich war so oft wie möglich dort. Und ich lernte dort einen bisexuellen Mann kennen, mit dem ich eine gleichgeschlechtliche Affäre hatte. Das war total aufregend für mich, dass ich das erleben durfte, und mit neunundzwanzig entdeckte, dass ich mich auch für Männer interessiere. Ich fing an, den Spirit der Stadt in mich aufzunehmen, in der jeder seine Nische finden kann. Die vielen offenen Menschen, alles wirkte so unproblematisch. Das Schöne war außerdem, dass Jenny und ich uns nicht mehr getrennt bewegten und wir uns auch unmittelbar austauschen konnten, mit wem wir uns gerade getroffen haben, ohne Geheimnisse voreinander.

JENNY: Ich kann mich wirklich für ihn freuen, wenn Robert ein Erlebnis mit jemand Anderen hat. Als ich noch in Halberstadt war und wir telefoniert haben, hatte ich manchmal eine Spur von Eifersucht, wenn ich nicht genau wusste, was los ist, aber je mehr er mit erzählte, umso mehr konnte ich mich für ihn freuen. Ich bin dann noch mal schwanger geworden und hatte erst einmal kein Bedürfnis mehr nach einer Beziehung oder auch nur Sex anderen Menschen. Ein halbes Jahr nach der Geburt unserer zweiten Tochter bin ich mit Sören zusammen gekommen, den ich schon etwas länger kannte. Ich fand es super, dass er selbst Kinder hat, gleichzeitig mit einer anderen Frau zusammen lebt, die noch einen anderen Mann und Kinder hat. Da müsste das ja gut passen, dachte ich. Aber so einfach war es doch nicht. Seine Freundin hatte Probleme damit, dass wir beide uns anfangs so oft sahen und zusammen Zeit verbrachten. Das ist auch jetzt noch nicht ganz leicht. Sören sehe ich momentan ungefähr einmal die Woche. Ich darf mich auch nur hier bei uns mit ihm treffen und nicht bei ihnen. Das finde ich gerade ein bisschen problematisch.

ROBERT: Wir haben die Abmachung, dass wir uns mit anderen Partnern in unserer Wohnung treffen können, dafür ist sie groß genug. Hätten wir diese Einigung nicht, müssten sie sich im Hotel treffen. Ich habe mich auch mit meiner bisexuellen Affäre schon hier getroffen. Mich belastet es nur, wenn die beiden Probleme haben.

JENNY: Meist läuft es so, dass Sören erst zu mir kommt, wenn seine Kinder im Bett sind und geht, bevor sie wach werden. Das fühlt sich für mich an wie »wir treffen uns mal zum Sex und dann bin ich wieder weg«. Er redet mehr so, als hätten wir eine Beziehung und handelt aber anders. Ich höre gerade sehr in mich hinein, was ich möchte.

ROBERT: Ich bin zurzeit in Isabelle verliebt. Was es für sie gerade etwas schwierig macht, sich auf eine Beziehung mit mir einzulassen sind Konflikte zwischen ihr und ihrem Ehemann. Wir haben eine sehr intime Gesprächsebene, aber mehr kann sie sich gerade nicht vorstellen. Ihre kleine Tochter geht in den gleichen Kindergarten wie unsere Tochter. Die beiden sind auch befreundet und spielen öfter nachmittags zusammen. Auch zwischen Isabelle und Jenny ist es eine freundschaftliche Beziehung. Mehr geht leider im Moment nicht. Erst möchte sie die Beziehung mit ihrem Mann klären. Ich glaube schon, dass sie offen für das polyamore Beziehungskonzept ist. Was sich bei mir verändert hat, ist, dass ich viel geduldiger geworden bin. Früher hatte ich das Gefühl, dass ich Chancen sofort nutzen muss, wenn sie sich bieten. Das führte ja zu den geschilderten Konflikten. Heute nehme ich mich ein Stück zurück und warte auf den richtigen Moment. Und wenn er nicht kommt, bricht die Welt nicht gleich zusammen, irgendwann gibt es schon eine Chance. Das Gute ist, dass ich mit Jenny immer über alles reden kann und keine Lügengebäude errichten muss, um damit meine schlechte Laune oder auch meine Glücksgefühle zu tarnen. Das macht für uns auch den Kern der Polyamorie aus: Offenheit und Begleitung des anderen. Und deswegen möchten wir gern so leben und uns zugestehen, dass wir für andere Gefühle haben und uns auf alle Möglichkeiten, die das bietet, einlassen können. Aber das Wichtigste ist, dass wir beide zusammenbleiben und die Nummer Eins für einander sind. Auch durch die Kinder, die viel Zeit und Energie binden, ist es so, dass wir keine »gleichberechtigte« Beziehung zu anderen Partnern führen können und wollen, eher liebevolle Nebenbeziehungen.

JENNY: Irgendwann könnte ich mir schon vorstellen, dass diese Beziehungen ähnlich gleichgewichtig sind. Ganz praktisch könnte es sein, als eine Art Kommune zusammen zu ziehen.

ROBERT: Die Phasen, die wir leben, sind ja auch noch im Fluss. Mal sind wir monogam, dann haben wir eher nur Affären und in letzter Zeit kommt die Lust auf richtige Beziehungen mit anderen stärker zur Geltung. Wir wissen noch nicht, wohin die Reise letztendlich geht.

»DIE EHE MUSS KEIN
AUSSCHLUSS ANDERER SEIN«

Karin (47, arbeitslose Betriebswirtin),
Rainer (52, Projektleiter) und
Holger (30, Technischer Zeichner)*

KARIN ERZÄHLT: Ich bin in Stuttgart geboren und habe eine zwei Jahre jüngere Schwester. Für mich war lange Zeit prägend, dass ich aus einer ziemlich schwierigen Familiensituation komme, mit Missbrauch durch meinen Vater, Gewalt zwischen den Eltern und ganz vielen finsteren Familiengeheimnissen. Mein Vater starb, als ich acht Jahre alt war. Er hat zweimal versucht, meine Mutter umzubringen. Das wusste ich zwar damals nicht, aber ich habe die ganze Kindheit über geahnt, dass es irgendetwas Schreckliches gibt, das nicht ausgesprochen wird. Ich wusste, ich darf nicht fragen, ich kann das nicht ansprechen, weil ich es einerseits nicht ertragen würde und andererseits meine Mutter dann völlig zusammenbrechen würde. Und ich merke schon, dass mich das heute noch an manchen Stellen beeinflusst. Zum Beispiel kann ich keine Vorankündigungen leiden, wie »ich werde dir nachher etwas erzählen«, oder »ich frag dich morgen mal etwas«. Das ist für mich der Horror, das ist immer bedrohlich, ich kann das nicht entspannt sehen. Ich muss wissen, worum es geht, und dann ist das wieder in Ordnung.

Es war also eine Kindheit, die von permanenter Angst geprägt war. Die Missbrauchsgeschichte war sehr früh, ich hatte das verdrängt und habe nur in der Schule und im Kindergarten gemerkt,

---

* Karin, Rainer und Holger sind Teil eines ganzen Geflechts von Beziehungen, das unter anderem durch das »Polyamory-Netzwerk« entstand. Rainer und Holger sind dabei diejenigen, die Karin am nächsten stehen.

dass ich keinen Kontakt aufnehmen kann. Ich wusste nicht, wie die anderen das miteinander machen. Ich hatte das Gefühl, die machen etwas, was ich nicht verstehe. Zwar hatte ich auch Schulfreundinnen, aber das war immer irgendwie die Außenseiterfraktion. Als Ausgleich war ich viel in der Natur. Mit fünfzehn wusste ich, ich will Gärtnerin werden. Ganze Bibliotheken habe ich gelesen, nicht nur Kinderbücher. So hatte ich eine ganz eigene innere Welt. Meine Mutter hat das toleriert. Mir war bewusst, dass sie mich liebt, aber sie war auch mit dem ganzen Leben überfordert, war unglücklich und konnte sich keine Unterstützung holen, weil sie nie Freunde hatte. Da hatte ich immer das Gefühl, dass ich nicht zu viel wollen darf, damit ich sie nicht noch zusätzlich belaste.

Zum Glück hatte ich keine Schwierigkeiten in der Schule. Da war ich immer unter den zwei, drei Klassenbesten, ohne eigentlich wirklich etwas dafür zu tun. Aber meine Einsamkeit hat mir eben auch sehr wehgetan und das Gefühl, dass meine Mutter gerade so viel trägt, wie sie kann. Jedes Pfund mehr konnte für sie zu viel sein. Weder konnte sie sich um mich kümmern, noch wusste sie überhaupt, wie das geht. Anfangs war sie Hausfrau, nach dem Tod meines Vaters arbeitete sie dann halbtags bei Daimler, später voll. In der Pubertät wurde meine Hilflosigkeit noch größer. Ich wusste weder, wie ich mit anderen Kontakt aufnehmen kann, noch wusste ich, wie man sich Jungs nähert. Unglücklicherweise war ich auf einer Mädchenrealschule, so dass der Umgang mit dem anderen Geschlecht eine Art fremder Planet war. Meine jüngere Schwester konnte mir da auch keine Orientierung sein. Ich habe einfach weitergemacht, was ich immer gemacht hatte: viel gelesen und mich ganz allein beschäftigt. Dann machte ich eine Gärtnerlehre, konnte das aber gesundheitlich nicht fortsetzen, und anschließend eine Ausbildung zur Floristin.

Die Leute, mit denen ich zu der Zeit Kontakt hatte, waren eher älter. Ich habe mich nicht so für die alterstypischen Sachen interessiert und auch anders geredet, denn Mode oder irgendwelche Cliquen waren einfach nicht meine Themen. Ich war mehr draußen und mit Leuten zusammen, die dann mal im Freien ein Fest gemacht haben. Da konnte ich Kontakt finden. Mädchen lernen normalerweise Strategien, wie sie sich für Jungen als »Jagdobjekte« bei der Partnerwahl erreichbar machen. Und die hatte ich nicht gelernt. Wenn sich jemand für mich interessiert hat, war ich völlig hilflos. Einer in der Lehre hatte tatsächlich ein Auge auf mich geworfen, da war ich siebzehn. Miteinander reden, das ging ja noch, aber das Emotionale, Körperliche hat mich vollkommen verwirrt, es war eine Mischung aus Anziehung und Angst. Der Junge war absolut freundlich und klar, aber ich war völlig gefangen in meiner Hemmung und konnte nicht loslassen. Der Sex, den wir versucht hatten, war sehr verkrampft, und er hatte ja auch kaum Erfahrung. Nach einem Jahr hatte er dann eine andere Freundin, und es war ganz klar, das hatte ihn überfordert, war zu verwirrend und anstrengend für ihn. Das konnte ich damals schon verstehen, aber ich konnte weder mir noch ihm helfen. Ich war sehr traurig deswegen. Denn dieses Grundgefühl von Kontaktlosigkeit und Einsamkeit ist noch eine ganze Zeit länger geblieben.

Ich habe mich dann ganz auf die Floristik konzentriert, war auf öffentlichen Vorführungen mit anderen aus der Floristenvereinigung und alles mit der Perspektive, später mal den Meister zu machen und einen eigenen Laden zu haben. Ich wollte in einem richtig guten Laden arbeiten, habe mich von Stuttgart aus beworben und bin schließlich in Berlin gelandet, in einem Geschäft in der Nähe des Ku'damms. Da war ich zweiundzwanzig. Ich habe ein Jahr dort gearbeitet und gesehen, wie es sein kann, wenn man Meister ist. Mir wurde klar, dass ich das nicht mein Leben lang machen will, weil es mir einfach nicht reichte. Ich habe dann im zweiten Bildungsweg Abitur gemacht.

Kaum war ich in Berlin, da hat meine Mutter mir den Kontakt zu Regina, einer alten Schulfreundin, vermittelt. Ich wusste gar nicht, dass die auch in Berlin war. Sie war mit einem Mann zusammen, von dem sie total begeistert erzählt hat, wie toll der sei. Wir haben uns dann mal verabredet, um ihn von irgendwo abzuholen.

Er kommt zur Tür heraus, wir schauen uns an und es machte so richtig »womm« bei mir. Das hatte nun nicht zur Folge, dass ich das Gefühl gehabt habe, dass Regina weg sein soll, damit ich ihn allein haben kann, aber sie reagierte mehr auf die klassische Weise: »Wie kannst du nur, als meine Freundin ...« Es war aber bei den beiden sowieso schon einiges am Auseinandergehen, und sie hatte das Gefühl, dass ich den Bruch verursacht hätte. So war ich dann irgendwie auch »schuld«. Ich fand das aber ungerecht, denn ich fühlte nicht, dass es um mich ginge, wo es doch zwischen den beiden sowieso schon schwierig war. Das passte für mich alles nicht.

Wir hatten eine kurze, sehr heftige Affäre. Er war Musikstudent, studierte Flöte und Komposition und verstand sich mehr so als Mann von Welt, der überall schon gelebt hatte. Heute denke ich, dass er einfach nur beeindruckt war, weil ich mich so in ihn verliebt hatte, und dass das einen großen Teil seiner Gefühle ausgemacht hat. Aber auf Dauer war ich nicht wirklich interessant für ihn, da war ich doch zu unerfahren. Nach drei Monaten war das dann auseinander. Der Sex mit ihm war aber wirklich geil, da hatten wir beide viel Spaß und hinterher hatte ich das Gefühl, ja, das will ich jetzt, aber ich weiß immer noch nicht richtig, wie es geht. Vorher war das alles zugedeckt, aber jetzt ist es da, und es bleibt auch, und ich kann es nicht wieder zudecken.

Ungefähr zur gleichen Zeit habe ich Rainer kennengelernt, auf einer Vorlesungsreihe von Professor Bernd Senf über Wilhelm Reich und Bioenergetik, die gibt es wohl heute noch. Rainer bot mir dann an, in eine Diskussionsgruppe zu kommen. Dieses Klima des Austauschs fand ich total faszinierend. Es war so ein Gefühl von »Ja, da kann ich langgehen«. Ich kann nachdenken, ich kenne mich aus mit Sprache und kann das mit Gefühlen verbinden, wo ich doch bislang so hilflos war. Das war da so eine Mischung von Leuten, Alt-68er aus der Kommunebewegung, die versucht haben, die Zweierbeziehung aufzulösen und damit den inneren Menschen zu befreien. Es wurden viele Psychotexte gelesen, aber auch *Das Kapital* von Marx. Ich bin wahrscheinlich eine der wenigen, die

wirklich *Das Kapital* gelesen haben und nicht in der DDR aufgewachsen sind.

Man fragte nicht, ob man eine sexuelle Beziehung zueinander
haben wollte, sondern es war fast selbstverständlich, die Frage
war eher, warum nicht. Teils ging es nur um Sex, teils auch um
Beziehungen. Wer mit wem ins Bett ging, war da relativ schnell zu
klären, wie viel Liebe nun dabei war, das war schon schwerer zu
greifen. Also haben wir erst eine sexuelle Beziehung angefangen.
Und allein dadurch, dass sich da zwei Menschen aufeinander eingelassen haben, die das sonst nicht gemacht hätten, aus welchen
Gründen auch immer, ist schon die Chance da, dass jeder in sich
Teile entdeckt, die sonst in einer klassischen Verliebtheits-Zweier-
beziehung gar nicht hätten auftauchen können, weil es eben da
auch viel um Verdrängung und Vermeidung geht beim Verlieben
und Partner-Auswählen.

Für mich war klar, dass die Männer in der Gruppe eine sexuelle
Beziehung mit mir haben wollten, und es war dann ganz normal,
dass ich sechs bis acht Männer parallel hatte. Natürlich passte
es nicht immer wirklich, bei dem einen oder anderen hätte ich es
mir sicher sonst dreimal überlegt. Und natürlich waren mir einige
wichtiger als andere. Ich war acht Jahre in dieser Gruppe, und in
den ersten vier Jahren war ich dabei, mich richtig zu sättigen. Ich
konnte ganz viel ausprobieren. Aus meiner heutigen Sicht würden
mir die emotionale Nähe, der Kontakt, den wir damals hatten,
schon nicht mehr reichen. Aber damals wollte ich sehr viel körperliche Nähe und Sex und bekam auch viel. Ich konnte so viele Sex-
dates haben, wie ich wollte, auch drei oder fünf am Tag. Das war
eine reine Organisationsfrage. Wir haben nicht als Gruppe zusammengelebt, sondern in verschiedenen Wohnformen, schwerpunkt-
mäßig in Neukölln.

RAINER: Die WGs waren gleichgeschlechtlich, weil man der
Meinung war, dass die Männer-Frauen-Kontakte sich mehr auf
die sexuelle Ebene beschränken sollten. Denn Männer und Frauen
könnten sonst nicht viel miteinander anfangen, weil sie psychisch

so unterschiedlich seien. So würden sich dann Frauen und Männer untereinander besser kennenlernen.

KARIN: Meine Beziehung mit Rainer war da die beständigste für mich. Andere hielten ein paar Jahre oder auch mal nur ein paar Nächte lang. Die Dynamik in der Gruppe entwickelte sich so, dass die Strukturen immer härter, elitärer und autoritärer wurden. Sie brach innerhalb eines Jahres auseinander, da bin ich und sind auch viele andere weggegangen. Ich weiß nicht, was der Rest dann gemacht hat, denn wer weg war, der war ganz weg. Auch zu Rainer hatte ich ein Jahr fast keinen Kontakt mehr gehabt.

RAINER: Es gab eine Regel, die lautete: »Wer aus der Gruppe rausgeht, zu dem wird der Kontakt abgebrochen.« Aber daran hat sich Karin nicht so hundertprozentig gehalten. Und ich habe dann ja auch die Gruppe verlassen.

KARIN: Die Missbrauchsgeschichte hatte ich eine ganze Weile verdrängt. Ich hatte aber gemerkt, dass mich das Thema, wenn ich durch Filme oder Bücher damit konfrontiert wurde, auf eine ganz merkwürdige Weise geängstigt hat und zwar so, dass ich gedacht habe, ich muss rausgehen, wenn es im Fernsehen kam. Ich konnte das überhaupt nicht mehr aushalten. Damals war ich Bulimikerin und hatte da das Gefühl, dass der innere Druck dazu führte, dass es mir immer schlechter ging. Das war in den zwei Jahren nach den Kommunegruppen, also Anfang der neunziger Jahre, als ich BWL studierte und nebenbei jobbte. Ein guter Freund meinte, ich wäre ja mit allen Freunden im Clinch und fragte mich, was denn da los wäre. Ich musste ihm Recht geben. Ich habe dann eine Therapie angefangen, weil ich mit meiner Bulimie nicht klarkam und das vage Gefühl von Missbrauch in der Vergangenheit hatte, und hatte Glück, dass ich an einen guten Körpertherapeuten geriet.

Anderthalb Jahre hatte ich diese Therapie gemacht, da kamen langsam die verdrängten Bilder wieder hoch. Und dann gab es einen Punkt, von heute auf morgen, da konnte ich überhaupt keinen Sex mehr haben. Ich habe mich angezogen mit Rainer ins Bett gelegt, und es ging gerade mal so weit, dass er das Hemd ausgezogen hat – mehr ging echt nicht. Und das, nachdem wir schon acht Jahre eine Beziehung zueinander hatten. Das dauerte vier Monate, und dann ging es von mir aus so langsam wieder. Ich hatte einfach das Gefühl, dass ich deutlicher spüren wollte, dass Sex das ist, was ich gerade möchte, und dass das jetzt auch geachtet wird. Und nicht nur ein Film ist, der jetzt abläuft oder ein Ritual, auf das ich konditioniert bin. Dass es jetzt in Ordnung ist und dass ich auch Grenzen setzen kann. Rainer und mein anderer Lover Rudi haben mir geholfen, weil sie eben auch ganz vorsichtig und sanft sein konnten.

RAINER: Ich hatte damals den Eindruck, dass sexuelle Berührungen bei ihr sofort Panik auslösten. Sie wollte schon mit mir schlafen, aber sie hat mich eben gebeten, sofort aufzuhören, wenn diese Panik bei ihr entstand. Mit der Zeit hat sich das aber zum Glück wieder normalisiert.

KARIN: Bis auf das eine Jahr, wo wir kaum Kontakt hatten, hatten wir die ganze Zeit eine Beziehung. Aber es entstand für mich nie die Frage nach einer exklusiven Zweierbeziehung. Ich glaube, dass das daran liegt, dass ich so eine Art Beziehung nie als funktionierend erlebt hatte. Weder von meinen Eltern noch in der Nachbarschaft noch in der Verwandtschaft. Da schon gar nicht, das sind alles ganz grausige Verhältnisse. Ich hatte nirgends das Gefühl, da sind zwei Menschen einfach glücklich miteinander, sind sich nah, verstehen sich, und es geht den beiden gut damit. Das übliche Familienbild war für mich etwas ganz Abstraktes. Mir ist wichtig, dass ich für die Menschen, die ich liebe, wichtig bin. Aber es ist mehr ein Gefühl von »Ich will auch« und nicht ein »Die sollen nicht«. Ich habe auch nie verstanden, wenn ich mich für einen Mann interessiert habe, der mit einer anderen Frau zusammen war, warum dann regelmäßig die Frauen auf *mich* sauer waren. Das fand ich immer völlig absurd, als ob ich allein entscheide, dass ich von dem Mann etwas will, er damit gar nichts zu tun hat und ich ihn mir einfach nehmen kann. Ich kann doch gar nicht jemand jemandem wegnehmen. Zum Teil hatte ich ja zuerst zu den Frauen

Kontakt und wollte denen nichts Böses, aber ich wollte dann auch dem nachgehen, was zwischen dem Mann und mir war. Teilweise habe ich damals in einer WG gewohnt und dann wieder allein, und 1996 bin ich mit Rainer zusammengezogen – da waren wir seit fünfzehn Jahren zusammen. Ich wollte es ja schon mal am Anfang unserer Beziehung, aber da hat er sich nicht getraut.

RAINER: Nein, ich wollte auch nicht, weil ich mich am Anfang geweigert hatte, das überhaupt als Beziehung zu sehen. Es war einfach eine sexuelle Beziehung im Rahmen der Kommunegruppen. Und die Devise lautete ja: »Wir machen keine Zweierbeziehung.«

KARIN: Die Wohnung hier war eine richtige Baustelle. Ein Jahr später haben wir geheiratet, und ich hatte damals noch Rudi, meinen Dauerliebhaber, den ich ja nur drei Wochen kürzer kenne als Rainer. Der ist aber jetzt nicht mehr aktuell, denn das ist vor einem Jahr sehr unschön auseinandergegangen. Die Heirat haben wir beschlossen, weil da ein so starkes Gefühl entstanden war, dass wir immer mehr zusammengehören. Es war einfach eine ganz romantische Liebesheirat, und wir wollten das eben auch in eine neue Form bringen – dieses alte »Ja, wir leben zusammen« war irgendwie nicht mehr genug, um die Zusammengehörigkeit auszudrücken. Für mich gab es danach eben Rainer und Rudi. Mit Rudi habe ich mich einmal die Woche, manchmal auch seltener, für ein paar Stunden getroffen. Er war auch mal zum Kaffee hier, und wir haben zu viert Silvester mit seiner Freundin gefeiert. Für sie war die »offene Beziehung« zuerst total fremd, aber sie hatte so viel Interesse an Rudi, dass sie erst einmal geschaut hat, und dann hat sie wohl gemerkt, dass ihr dadurch, dass wir uns weiter treffen, nichts weggenommen wird. Die sind irgendwann auch zusammengezogen, und da hat sie dann ganz vorsichtig gewagt, mich kennenzulernen. Sie ist sogar zu unserer Hochzeit gekommen, das fand ich ja total mutig. Es war keine dicke Freundschaft, aber es war einfach sehr nett zusammen.

RAINER: Wobei ich mit Rudis Freundin nicht sehr viel anfangen konnte.

KARIN: Rudi und ich wussten schon lange, dass wir nicht so die richtige Liebesbeziehung zueinander haben würden. Wir mochten uns gern, es gab vieles, wo wir uns treffen konnten, und es war in Ordnung so. Auf dieser Ebene hat es eben lange gehalten. Nachdem ich mit Rainer zusammengezogen war, gab es nur die beiden, denn es war für mich total neu, in einer Beziehung zusammenzuwohnen. Das musste ich erst einmal ausprobieren. Da hatte ich für noch mehr Männer innerlich keinen Raum, es hat mich so völlig ausgefüllt. Wenn Rainer in der Zeit andere Beziehungen hatte, dann war es fast immer so, dass ich die Frauen kannte. Das war relativ unkompliziert.

Damals war es so, dass es Grenzen gab, die heute so nicht existieren. Für mich war wichtig, dass Rainer hier in der Wohnung mit anderen Frauen keinen Sex hat. Das war für mich so ein Gefühl wie: Ich habe dann kein Zuhause mehr. Und es war für mich eh schwierig genug, mich zuhause zu fühlen. Außerdem war es für mich auch schwierig, wenn er mal eine Nacht woanders schlafen wollte. Ich habe mich dann total verlassen gefühlt. Denn es ist mir ganz schwergefallen, daran zu glauben, dass Rainer und ich zusammenbleiben auf dieser nahen und intensiven Ebene. In dieser Hinsicht war es schon ein Stück Exklusivität, aber nicht die übliche. Ich wollte halt gern, dass er irgendwann nachts wieder zu mir kommt. Und meistens hat er das gemacht.

Ich glaube, es war zwischen uns ganz wichtig, dass Rainer gemerkt hat, dass es nicht darum ging, ihn zu tyrannisieren, sondern dass es wirklich die Grenze dessen war, was ich psychisch konnte. Trotzdem konnte ich seine anderen erotischen Kontakte aus vollem Herzen bejahen. Wenn er hier dann doch mal später, als das allmählich für mich möglich war, mit einer anderen Frau zusammen war, war mir wichtig, dass er hinterher das Bett neu bezieht. Aber das war auch die absolute Grenze. Rainer hat mich aber sehr darin unterstützt, die Beziehung mit ihm leben zu können – also ich wollte das nie grundsätzlich ändern. Mir war zum Beispiel wichtig, wenn er nun eines Nachts nicht oder aus anderen Gründen mal später nachhaus kommt, dass er mir irgendwie Bescheid gibt. Ich hatte sonst richtige Sorgen und die Befürchtung, dass irgendein Unfall passiert wäre, und ich erfahre es einfach nicht. Umgekehrt musste er sich daran gewöhnen, dass er mich einfach anrufen kann und nicht Angst haben muss, dass ich dann sauer bin, nur weil er noch was anderes vorhat.

RAINER: Ich musste mich auch erst daran gewöhnen, dass es mit Karin nicht wie bei anderen Frauen darum geht, dass sie mein Leben unter Kontrolle kriegen will.

KARIN: Etwas später hat Rainer dann ein Inserat aufgegeben. Da hat sich eine Frau gemeldet, und die beiden haben erst mal eine Weile E-Mails ausgetauscht. Sie wusste, dass ich die Mails mitlese und übrigens ihr Mann auch. Ich fand es sehr anziehend, wie sie schrieb, und nachdem die beiden sich kennengelernt hatten, habe ich mich dann auch mal mit Sabrina getroffen, und wir fanden uns beide total nett. Wir waren sehr angezogen voneinander, aber beide absolut hetero. Wir haben dann im Laufe der nächsten Zeit sehr viel zu dritt oder auch zu viert mit ihrem Mann gemacht, wobei er immer so ein bisschen emotional außerhalb blieb. Wir haben Ausflüge gemacht, Essen gekocht und solche Sachen. Nach ein paar Monaten musste ich feststellen, dass ich total verliebt bin in diese Frau. Ich war völlig aufgeregt und wusste gar nicht, was ich machen soll. Das war das erste Mal, dass ich mir Gefühle zu einer Frau eingestanden habe. Es gab früher so ein paar Momente, wo es heftig mit anderen Frauen geknistert hatte, aber das war es dann auch. Jedenfalls habe ich mich nie als bisexuell definiert.

Ich habe das Rainer erzählt und wusste gar nicht, was ich damit machen soll, weil ich auch Angst hatte, dass ich sie vertreibe. Er hat mich aber ermutigt, es ihr zu schreiben, und dann stellte sich heraus, dass sie auch in mich verliebt war. Sabrina und ich waren sowieso ein paar Tage später verabredet, und da sind wir halt im Bett gelandet. Rainer kam auch dazu, und dann war einfach alles nur noch total schön. Für ein paar Wochen wurde das eine richtige Dreierbeziehung, die einzige echte Dreierbeziehung, die ich hatte, im Sinne von Liebe und Sex zwischen allen dreien. Aber ihr Mann kam damit überhaupt nicht klar, er hatte das Gefühl, wir als Paar könnten Sabrina mehr bieten als er als einzelner Mann. Das war ihm zu gefährlich. Nur ich oder nur Rainer, das wäre gegangen, aber so hat sich das für ihn als Gefahr potenziert. Und so hat sie sich nach einigem Hin und Her sehr schmerzhaft von mir getrennt. Da war ich sehr unglücklich. Ich wollte auf jeden Fall, dass Rainer und Sabrina sich weiter treffen, und dann haben wir es eben ein paar Monate so gemacht, dass Sabrina und ich uns nicht begegnet sind. Dadurch habe ich aber gemerkt, ich will wieder mit einer Frau zusammen sein. Das war jetzt einfach da.

Nach einer gewissen Trauerabstandszeit habe ich eine Anzeige aufgegeben und habe auch sehr schnell eine Frau kennengelernt, die praktischerweise gleich um die Ecke wohnte. Sehr heiße Liebesgeschichte! Das war auch die Zeit, wo sich so langsam die Regeln zwischen Rainer und mir verändert haben. Ich wollte ja nicht so gern, dass er woanders übernachtet. Und mit Sarah, so hieß sie, war es dann so, dass ich bei ihr übernachten wollte. Nicht jedes Mal, aber ziemlich häufig. Das war eine ganz heftige leidenschaftliche Geschichte.

Wir haben uns dann zwei-, dreimal die Woche getroffen. Das war für Rainer auch nicht so leicht, denn er hatte sich die ganze Zeit verkniffen, sich mit anderen hier in der Wohnung zu treffen, und jetzt machte ich es selbst. Ich war schon sehr unsicher, ob das fair ist. Sarah wollte wiederum mit Rainer nicht so viel zu tun haben. Sie dachte, dass er und ich fast schon auseinander wären, und ich kam gar nicht darauf, dass sie auf so eine Idee kommen könnte. Nach einigen Wochen fragte sie mich im Bett, wann ich denn eigentlich mit Rainer zuletzt geschlafen hätte, und ich musste dann etwas nachdenken, weil ich nicht wusste, ob es gestern oder vorgestern war, aber sie war völlig schockiert, weil sie dachte, es wäre mindestens Monate her gewesen. Auf die Idee kam ich gar nicht, sonst hätte ich ihr das ja gesagt, und sie ist nicht darauf gekommen, dass es anders sein könnte. Das war wirklich ein völliger

Kommunikations-GAU. Sie dachte wohl, Frauen suchen Beziehungen zu Frauen, wenn sie mit Männern nicht mehr klarkommen. Das ging dann auch nach vier Monaten auseinander, weil sie nur Beziehungen leben kann, wo sie mehr ihrer Sehnsucht nachhängt und nicht so viel Erfüllung bekommt.

Als mir klar war, dass ich bisexuell bin, bin ich ins »Zentrum für bisexuelle Lebensweisen« gegangen, um mich auszutauschen. Ich hatte kein Problem damit, sondern wollte mit anderen zusammen sein, für die das auch normal ist. Rainer ist mitgekommen, weil es ihn interessiert hat. Das fand ich total schön.

RAINER: Mir ging es nicht um die Frage, ob ich vielleicht auch bisexuell wäre. Ich fand aber die Internetdarstellung des Zentrums ganz ansprechend. Mich hat interessiert, was da mit Karin eigentlich passiert. Ich hatte das Gefühl, es könnte eine Menge sein, und ich wollte an dieser Veränderung teilhaben, weil ich dachte, es könnte sonst anfangen uns zu trennen. Und die beste Möglichkeit war eben, da mit hinzugehen. Das hat sich auch bestätigt.

KARIN: Aus meiner Sicht auch. Ich habe da dann angefangen, diese Jahresgruppen zum Thema »Liebe und Wahrheit« mitzumachen. Da nehmen nicht nur bisexuelle Menschen dran teil. Dort lernte ich einen Mann kennen, der für mich sehr wichtig wurde, Andreas, das war im Sommer vor drei Jahren. Wir sind beide recht heftig aufeinandergestürzt. Er lebte in München, und wir haben uns dann eine Zeitlang mal hier, mal da getroffen, und er hatte sich gerade von seiner streng monogamen Freundin getrennt. Das ging für sie überhaupt nicht, weder dass er bi ist noch dass er andere Beziehungen hatte. Jetzt war er in einer Such- und Experimentierphase, was Männer- und Frauenbeziehungen betraf. Mir gegenüber hatte er einerseits einen Wunsch nach Nähe, Geborgenheit und Sicherheit, andererseits aber auch das Gefühl, dass das, was er wollte, Familie und Kinder, mit mir nicht geht, weil ich schon einen Mann habe. Am Anfang war es ja so: Rainer war ganz klar der Wichtigste, und es gab immer noch andere nebenbei. Andreas war aber der Erste, der *neben* Rainer mir fast genauso wichtig wurde.

Leider gab es dann eine sehr schmerzhafte Trennung, warum ist mir bis heute nicht richtig klar. Er kam von einer Indienreise zurück in einem sehr merkwürdigen Zustand und meinte, er wüsste jetzt, er will eine Frau, Familie und Kinder. Ich hatte das Gefühl, das stimmt nicht, das ist nicht die Wahrheit. Das ist nicht das, was er wirklich will, braucht und sucht. Der Ashram hatte ihm wohl nicht gutgetan. Er hat sich dann direkt von mir getrennt. Wir haben uns noch einige Male in dem Zentrum getroffen. Das war für mich wichtig, um zu sehen und zu verstehen, warum es nun nicht mehr miteinander geht. Vor allem musste ich es fühlen. Er konnte aber nicht gut über sich selbst sprechen und sagen, was in ihm passiert.

Der Sex mit ihm war richtig schön, und da habe ich schon bedauert, dass wir uns das nicht wenigstens erhalten konnten, schade. Aber als ich nach einem halben Jahr noch mal eine Nacht mit ihm verbracht habe, waren die Intensität, das Miteinander und die Erfüllung weg. Die Trennung war sehr hart für mich, vor allem, weil ich nie wirklich verstanden habe, was passiert ist. Bei Sarah war es leichter, sie konnte es zwar auch nicht sagen, aber ich konnte es immerhin selbst viel klarer sehen.

Kurz darauf lernte ich Simone kennen, auch in diesem Zentrum. Das wurde eine Fernbeziehung. Sie war aus Augsburg. Bei ihr war es so, dass der Raum, den sie für uns beide hatte, kleiner war als der, den ich gern mit ihr gehabt hätte. Das war ein Dreivierteljahr lang dann nicht so einfach. Sie ist eine sehr spannende Frau, und ich fand es toll, neben Rainer und Rudi wieder eine Frauenbeziehung zu haben. In größeren Abständen sehe ich sie heute noch.

Vor zweieinhalb Jahren habe ich mit Rainer einen Ausflug nach Hamburg gemacht, als verspätetes Geburtstagsgeschenk, weil er Modelleisenbahnfan ist. Es gibt da ja das »Miniatur Wunderland«. Ich hatte das alles ganz heimlich organisiert und eigentlich sollte Marianne, unsere Hamburger Freundin, die Fremdenführerin sein, aber sie konnte nicht. Und dann hat sie Holger gefragt, ob der dazu bereit wäre. Einfach so, wir kannten uns überhaupt nicht. Holger hat zugestimmt, und wir haben einen sehr schönen Tag in Hamburg verbracht. Für mich war das mit Holger erst einmal nicht mehr. Wir waren zu der Zeit schon in der Polyamory-Mailingliste. Damals hatte ein Paar aus Bonn das erste bundesweite Poly-Treffen organisiert. Da sind Rainer und ich hingefahren, Holger ist auch gekommen und andere aus Hamburg. Es war ein wunderschöner warmer Sommerabend, ein total romantischer Hof, alle saßen in einer Runde um einen großen Tisch. Viele kannten sich noch nicht, aber es entstand eine schöne Nähe, alles war sehr vertrauensvoll. Holger machte immer wieder Scherze zwischendurch, und ich hatte dabei das Gefühl, das nimmt die Tiefe aus den Gesprächen. Für mich persönlich war es störend und bremsend. Ich habe ihn dann zum Spaziergang eingeladen und ihm gesagt, wie es mir dabei geht, und war total überrascht, dass er darauf eingegangen ist, es genauer wissen und auch hören wollte. Das hatte ich überhaupt nicht erwartet. Ich dachte, es gibt jetzt eine Art Gezerre. Und das hat mich dann auch angezogen und Holger für mich attraktiv gemacht.

HOLGER: Es war überraschend für dich, dass ich zugehört und auf deine Änderungswünsche reagiert habe, indem ich einfach sagte: »Ja, okay, mache ich.« Karin meinte, sie wollte mich nicht überreden. Aber ich fühlte mich gar nicht überredet.

KARIN: Das Wochenende war dann vorbei. Holger und ich hatten noch ein bisschen Mailkontakt. Und dann nahm ich mal an einem Biodanza-Seminar in Hamburg teil. Ich habe Holger gefragt, ob ich bei ihm übernachten kann. Es war total lieb, dass Holger mich vom Bahnhof abholte, zu dem Tagungsort brachte, dort wieder abholte und abends zu sich nachhaus gebracht hat. Und ich musste mich um nichts kümmern. Da haben wir dann mehr miteinander geredet und tatsächlich ganz brav nebeneinander übernachtet. Es war eine sehr schöne Atmosphäre, auch mit Marianne, die am nächsten Tag noch dazukam. Aber mehr als einen Kuss haben wir uns da noch nicht gegeben.

HOLGER: *(lachend)* Wenn du mir einen Kuss gegeben hättest, hätten wir auch Sex gehabt.

KARIN: Wir haben dann intensiver gemalt. Dabei ist sehr viel Nähe entstanden. Ich war wieder überrascht, dass Holger sich intensiv mit dem, was ich schreibe, auseinandersetzt und auch Fragen stellt, sehr offen, sehr nah und sehr interessiert. Mehr als ich erwartet hatte. Es gab also eine weitere Annäherung zwischen uns über die Mails. Richtig lange Mails. Ich habe Rainer dann bei einem Spaziergang gesagt, dass ich große Lust hätte, Holger mal einzuladen, und ihn gefragt, was er davon hält. Er war einverstanden. Wir kamen dann nachhaus, und da war eine Mail von Holger gekommen, in der er schrieb, er würde uns gern mal besuchen. Das war richtig so wie: »Ja! Das Universum sagt ja!« Gleich am folgenden Wochenende hat es dann geklappt.

HOLGER: Als ich die Mail schrieb, dass ich dich besuchen will, spürte ich schon, oh, jetzt fühlt es sich an wie Liebe. Und das habe ich auch gleich in die Mail mit hineingeschrieben. Und außerdem wollte ich wissen, ob sich das auch so anfühlt, wenn wir uns gegenüberstehen.

KARIN: Da war auf der einen Ebene eine große Nähe per Mail und übers Sprechen, auf der anderen Ebene waren wir so entfernt. Und so wollte ich wissen, woran ich bin. Ich habe dann darüber mit Rainer gesprochen. Und da ist er ja total süß, das ist so einfach mit ihm, sich in solchen Fragen zu verständigen. Holger kam Freitagabend und hat erst mal allein übernachtet. Es war eine schöne Atmosphäre zu dritt, mit vielen Gesprächen und Frühstück. Und dann hatte ich mit Rainer besprochen, dass er am Samstagabend zu einer Freundin geht, davon wusste Holger aber nichts, das habe ich ganz heimlich so arrangiert.

Abends waren wir dann beide fürchterlich aufgeregt. Irgendwie hatte ich so eine Vorstellung von einer ganz vorsichtigen Annäherung, aber es war überhaupt nicht vorsichtig, so heftig sind wir übereinander hergefallen. Das war ein sehr intensives, aber auch anstrengendes Wochenende, weil es Rainer doch an die Nieren ging, die Heftigkeit der Gefühle zwischen Holger und mir mit anzusehen.

RAINER: Ich konnte mich im gesamten Beckenbereich nicht mehr entspannen, so dass ich nicht pinkeln konnte und ins Krankenhaus musste. Ich hatte das Gefühl von ständiger Beobachtung. Die beiden waren aber ganz lieb und sind mit mir ins Krankenhaus gelaufen, das ist hier gleich in der Nähe. Da bin ich katheterisiert worden. Das hat sich dann zum Glück nie wiederholt.

HOLGER: Ich glaube, ein Auslöser war, dass wir Sex miteinander hatten, während du hier auch in der Wohnung warst.

RAINER: Da hatten wir ja bisher die Regel, dass das nicht stattfindet, und Karin hat mir die Hölle heiß gemacht, als sie mich mal mit einer Frau im Bett überrascht hat.

KARIN: Ich war nicht sauer, weil er mit einer anderen im Bett war, sondern dass er nicht Bescheid gesagt hatte und ich dann völlig unvorbereitet in der Tür stand.

RAINER: Ich hatte alles von der Küche aus gehört, und das hat mich sehr getroffen. Da hatte ich das Gefühl, ich kann mich auf nichts verlassen. Ich hatte den Eindruck, dass Karin sehr darauf bedacht war, dass ihre Grenzen gewahrt blieben, aber meine spielten für sie offenbar keine Rolle. Für mich war es aber so: Wenn wir nicht ausdrücklich vereinbart hatten, dass Regeln unterschiedlich gehandhabt werden, dann gelten sie für uns beide auf Gegenseitigkeit. Aber wir hatten nicht explizit darüber geredet. Und das war eben der Fehler. Es wäre für mich ganz anders gewesen, wenn Karin mich gefragt hätte, ob sie hier mit Holger Sex haben kann, während ich in der Wohnung bin. Dann hätte ich mich dazustellen können. So hatte ich aber gar keine Chance.

Diese Verunsicherung hat den Blasenkrampf ausgelöst. Gleichzeitig dachte ich: »Aha, so ist das jetzt also.« Ich habe auch eine Seite, die sehr beobachtend ist, wo ich quasi außerhalb von mir stehe und mich als Forschungsobjekt sehe. Ich bin dann Versuchskaninchen und Forscher in Personalunion. Das finde ich eigentlich ganz spannend, es ist auch eine gewisse Lust darin, mich selbst so zu beobachten und zu schauen, wie das Objekt jetzt reagiert. Diese Ebene war auch dabei. Und aus der Beobachterebene heraus fand ich das alles wieder ganz spannend. Als ich hier mit dem Katheter saß, hatte das auch etwas Experimentelles, Lustiges.

KARIN: Ich glaube, geholfen hat, dass ihr euch beide damals schon sehr gemocht habt.

HOLGER: Und du tatest mir auch total leid, mit dem Beutel zwischen den Beinen.

RAINER: Ich habe ja dann gemerkt, dass da nichts gegen mich gerichtet war. Dazu kam noch, ich war auch ein paar Mal in Versuchung, hier mit anderen Frauen Sex zu haben, und habe es Karin zuliebe nicht gemacht. Ich konnte ihre Situation von daher schon nachvollziehen.

KARIN: Ich habe Holger ein paar Tage später in Hamburg besucht, da hatten wir dann ganz viel Zeit für uns. Holger hatte damals noch eine Freundin, mit der wir uns auch getroffen haben. Die wusste, dass er in mehreren Beziehungen leben möchte, und unter dieser Voraussetzung waren die beiden zusammengekommen. Am Anfang hatten wir noch relativ wenig Zeit miteinander verbracht, so ein paar Tage im Monat. Aber das wurde mehr, in dem Rahmen, wie die Beziehung auch wichtiger und größer wurde. Jetzt ist es so, dass ich zirka die Hälfte des Monats in Hamburg bin, seit einem guten Jahr. Ich empfinde es so, dass ich ganz klar mit beiden verheiratet bin. Holger und ich haben beide eine Kette mit einem Ring um den Hals. Es gab auch eine ganz eigene Form von Hochzeit.

HOLGER: Ich dachte immer, an sich wäre die Ehe ein Ausschluss. Aber da hat man ja bei Rainer und Karin gesehen, dass das nicht so ist. Sie sind verheiratet und die Ehe ist offen, deswegen hat sich diese Bedeutung für mich allmählich aufgelöst. Die Ehe muss kein Ausschluss anderer sein. Das sind zwei verschiedene Sachen, Ehe und Ausschluss.

KARIN: Holger wird in ein paar Monaten hierherziehen, und dann müssen wir noch einmal neu schauen, wie wir alles organisiert kriegen. Wir werden aber nicht zu dritt in einer Wohnung leben. Auf dieser WG-Ebene ist das ganz wunderbar, wenn es um gemeinsames Kochen geht, aber es ist in dieser Konstellation nicht so ganz leicht, weil Holger und ich zusammen SM leben und für Rainer geht das, wenn überhaupt, nur sehr begrenzt. Ich kann mir nicht vorstellen, mit Holger diese Art von Sex auszuleben, und Rainer befindet sich zwei Zimmer weiter. Da kann ich nicht loslassen, und ich bin sicher, dass sich Rainer da nicht wohlfühlt. Wir brauchen einfach eine akustische Grenze. Und manchmal leben wir drei miteinander wunderschönen Sex, den wir alle genießen.

RAINER ERZÄHLT: Ich bin jetzt 52 Jahre alt und stamme aus Bremerhaven. Die einzige Ausbildung, die ich abgeschlossen habe, ist als Erzieher, aber in dem Beruf arbeite ich schon ewig nicht mehr. Zurzeit bin ich koordinierend im Winterdienst einer Privatfirma tätig. Ich arbeite auch nur im Winterhalbjahr und habe im Sommer die Freiheit, gar nichts zu tun. Finanziell reicht das für das ganze Jahr, nicht für uns beide, aber für mich allein. Was mich von Kindheit her geprägt hat, war, dass meine Eltern nach außen hin eine »heile Welt« gelebt haben, eine funktionierende Familie mit drei Kindern und einem Einfamilienhaus mit sonnenbeschienener Terrasse, auf der man frühstücken konnte. Aber es gab natürlich Brüche: Mein Vater war nicht glücklich in dieser Ehe, er war vorher schon mal verheiratet, und da stammt auch ein Sohn aus dieser Ehe, mein Halbbruder, vierzehn Jahre älter als ich. Den habe ich kaum mitbekommen. Meine Mutter war auch nicht glücklich, aber keiner wusste so richtig, warum. Sie dachte immer, sie wäre eine schlechte Ehefrau, eine schlechte Mutter, so dass immer alle beschwichtigend reagiert haben und sich, wenn wirklich mal etwas zu kritisieren war, keiner mehr getraut hat, etwas zu sagen.

Das hat mich schon sehr geprägt, dass meine Eltern eigentlich nicht glücklich miteinander waren. Geholfen hat mir in dieser Situation, dass meine Oma auch mit im Haus gelebt hat, und mit der habe ich mich gut verstanden. Die hat dann auch immer mal etwas aus dem Schrank geholt, einen Bausatz, und dann haben wir ein Segelschiff zusammen gebaut. Sie war gelernte Technische

Zeichnerin, sehr ungewöhnlich für eine Frau, die 1896 geboren war. Aber sie war eine sehr starke Frau, die genau wusste, was sie wollte. Von ihr habe ich mitbekommen, sehr genau zu schauen, was ich eigentlich will, und mich nicht danach zu richten, was jemand vorgegeben hat. So wie sie den Beruf gegen ihren strengen, konservativen Vater durchgesetzt hat. Unter fünfhundert Mitstudenten war sie die einzige Frau, die Technische Zeichnerin wurde. Das hat mich sehr beeindruckt. Sie war auch später so, sie hat immer eine ganz eigene Meinung gehabt. Meine Eltern waren strikte CDU-Wähler, dagegen meine Oma absoluter Brandt-Fan, und ich habe dann später folgerichtig auch SPD gewählt. Komischerweise fanden meine Geschwister meine Oma sehr streng, sie hat ihnen auch sehr reingeredet. Nur ich fand das gar nicht, ich fand sie absolut lieb.

Diese Konstellation hat mich sehr geprägt. Und später, als ich älter wurde, hat mir mein Vater auch erzählt, dass er sexuell unglücklich ist, dass er mit seiner ersten Frau viel glücklicher war, und wie ich das später alles mit den Frauen machen soll. Dabei wollte ich das gar nicht wissen. Ich dachte, ich werde das schon selbst herauskriegen. Aber mir hat leidgetan, dass er so unglücklich war. Ich hatte das Gefühl, ich muss mich um ihn kümmern, weil er fast gar nicht klarkam. Und gleichzeitig tat mir meine Mutter leid, weil ich bemerkt hatte, wie es sie bekümmert, das alles mitzukriegen. Ich fand das nicht fair. Eigentlich hatte ich gedacht, ich würde mal genau so leben wie meine Eltern, Frau, Kinder, Einfamilienhaus, aber ich dachte auch, ich mache das viel besser. Ich würde genauer wissen wollen, was meine Frau eigentlich will, und genauer prüfen, ob wir überhaupt zusammenpassen. Das waren für mich die wichtigen Fragen.

Der Garten zuhause, umgeben von einer hohen Mauer, war für mich sinnbildlich das Paradies. Meine Eltern waren sehr religiös, und ich hatte viel gelesen. Meine Oma hat mir vor der Schule das Lesen beigebracht, und ich las damals schon in der Bibel. Und in der Nachbarschaft gab es viele Kinder, die alle nicht so einen schönen Garten hatten. In den fünfziger Jahren waren die Gärten oft Nutzgärten, weil man da Gemüse gezogen hat, denn es gab ja noch nicht alles zu kaufen. Bei uns war das nicht so, der Garten war so groß, dass es auch viel Rasenfläche gab. Deswegen kamen die alle zum Spielen zu mir. Ich brauchte also nur zu warten, bis es klingelt, und dann waren die anderen alle da. Das war sehr praktisch.

Ich habe später oft gedacht, dass ich so eine Grundfertigkeit erworben habe – wenn ich so etwas machen will, also eine Spielwiese, dann brauch ich mich nur hinzustellen und die Tür offenhalten. Auch wenn ich später viele gegensätzliche Erfahrungen gemacht habe, war diese Grundsicherheit einfach da. Das Universum funktioniert so. Auf irgendeiner Ebene ist es da. Später sind wir in ein eigenes, selbstgebautes Haus gezogen, worauf mein Vater sehr stolz war, und da hat das alles plötzlich nicht mehr funktioniert. In der Schule war ich plötzlich eher Außenseiter, und ich wusste nie, warum. Die anderen Jungs haben sich gehauen, und ich mochte das nicht. Da habe ich halt nicht mitgemacht. Es gab viele Kinder in der Nachbarschaft, aber plötzlich hatten alle eigene Gärten. Denn jetzt gab es keine Nutzgärten mehr, man durfte nun in allen Gärten spielen. Und mein System hat nicht mehr funktioniert. Das war ein großer Bruch für mich.

Der nächste Bruch entstand, als ich nach der vierten Klasse ins Gymnasium sollte, weil mein Vater den Ehrgeiz hatte, dass ich eine akademische Laufbahn einschlagen sollte, die ihm verwehrt war. Er wurde zwar Jurist und wollte eigentlich Richter werden, ist aber Finanzbeamter geworden. Das hat er nie verwunden. Und ich sollte dann ganz groß herauskommen. Deswegen hat er mich in einem Elitegymnasium angemeldet, aber ich habe mich überhaupt nicht als Elite gefühlt. Die Lehrer waren übriggebliebene Faschisten, die man anderswo im Schuldienst nicht mehr haben wollte. Die waren auf diesem Gymnasium, weil die Eltern der Schüler dort so etwas noch zu schätzen wussten. Zucht, Ordnung und solche Tugenden. Mein Vater fand das auch alles ganz wichtig und wollte, dass ich mich bei den Lehrern einschleime. Ich habe mich dann bei den anderen Schülern sehr unbeliebt gemacht, weil ich das anfangs auch versucht habe, und war schnell bei ihnen völlig unten durch. Ich hatte erst die Rolle des Prügelknaben. Später habe ich die Rolle des Klassenkaspers übernommen und so lange nur Blödsinn gemacht, bis ich von der Schule geflogen bin, mit denkbar schlechten Leistungen, einem Zeugnis mit zwei Sechsen und fünf Fünfen.

Ich kam auf ein neusprachliches Gymnasium, wo mehr die linken Ideen Beachtung fanden. Das war so etwa 1967. Dort ging es mir schlagartig besser, plötzlich hatte ich ein Zeugnis mit lauter Dreien. Ich hatte auch nicht mehr die Rolle des Klassenkaspers, sondern es gab einen anderen als Prügelknaben, und ich habe mich um den gekümmert. Da war ich dann plötzlich der Beschützer der Außenseiter in der Klasse. Das war zwar auch eine Außenseiterrolle, aber nicht ganz so stark. Es gab immer zwei, drei Mitschüler, und wir haben uns zusammengeschlossen, mit der Folge, dass man uns in Ruhe gelassen hat. Ich war sozusagen der Chef dieser Außenseitergruppe. Und damit bin ich bis zum Abi durchgekommen. Meine Leistungen wurden immer besser, so dass ich einen knapp überdurchschnittlichen Abschluss machte.

Mit den Mädels war das ein Riesenproblem. Mit fünfzehn fing ich an, da etwas zu wollen, und wusste gar nicht, wie ich an die herankommen sollte. Das war noch alles sehr fremd. Vor allem hatte ich das Gefühl, die größten Idioten in der Klasse haben es am leichtesten bei den Mädels. Aber ich wollte nicht so ein Idiot sein. Das war mir zu dämlich. Dieses ganze Imponiergehabe mit Saufen und Prahlen lag mir nicht. Ich habe versuchsweise ein bisschen mitgeprahlt, aber ich fand das eigentlich nur doof und habe das bald wieder sein lassen. Ich habe es dann so versucht, dass ich den Mädchen irgendwelche technischen Zusammenhänge erklärt habe, bis mal einer kam, der behauptete, dass ich nur Unsinn rede. Das hat mir keine Ruhe gelassen, und ich habe so lange nachgelesen, bis ich feststellen musste, dass der ja Recht hat. Seitdem interessiere ich mich für technische und elektronische Zusammenhänge. Das hatte zur Folge, dass ich beim Abi in Physik eine Eins hatte. Ursprünglich war mein Motiv, Frauen zu beeindrucken, aber es wurde dann zum Selbstgänger, weil ich es auch unabhängig davon interessant fand. Ich hatte wieder mit anderen zu tun, die auch, was Mädchenkontakte betraf, eher außen vor waren. Aber sie waren bei »Jugend forscht«, wo ich auch mitgemacht habe. Wir haben uns nach der Schule in den Physikräumen getroffen und da unsere Versuchsaufbauten gemacht.

Dann hieß es mal, wir sollen zur Tanzschule. Ich bin anstandshalber mit hingedackelt und habe mich da ganz unwohl gefühlt. Da war ich aber nicht der Einzige. Wir haben vor der Tanzschule gestanden und uns was erzählt und sind wieder nachhaus gefahren. Irgendwann sind wir überhaupt nicht mehr hingefahren. Deswegen kann ich bis heute nicht tanzen.

Irgendwann war die Schule beendet und zum Thema Mädels hatte ich viele Fantasien, hatte viel gelesen über Sexualität, ich war auch neugierig, wusste theoretisch ganz viel, aber praktisch hatte ich null Erfahrung. Da war ich zwanzig, weil ich ein Jahr an der Schule wiederholen musste und auch einen Unfall hatte. Ich war ein ziemlicher Eigenbrötler. Nach dem Abi hatte ich noch ein halbes Jahr Zeit bis zum Studienbeginn. Ich wollte Architektur studieren, und da war dann dieser Leerlauf. Ich wusste nicht, was ich mit diesem halben Jahr anfangen sollte. Meine Schwester wollte mit ihrer Freundin zelten fahren. Die Freundin war aber erst vierzehn und durfte nur zelten fahren, wenn Erwachsene mitkommen. Damals wurde gerade die Volljährigkeit auf achtzehn herabgesetzt, und mit einem Mal war ich also mit zwanzig Jahren volljährig, und die beiden Mädels konnten den Eltern sagen: »Ja, es kommt ein Erwachsener mit, wir haben einen gefunden.« Die wollten aber den Erwachsenen kennenlernen, und dann kam ich an. Das war nun nicht gerade das, was sie sich vorgestellt hatten. Aber wir hatten die besseren Argumente, so dass sie nicht mehr »nein« sagen konnten. Wir sind dann zelten gefahren, und diese vierzehn Tage waren total schön mit den beiden Mädels. Das war einfach nur klasse. Die waren beide absolut witzig. Ich dagegen eher ernst, aber ich konnte plötzlich auch ganz witzig sein. Die haben mich im Schlafsack eingenäht, und ich habe so getan, als ob ich nichts merke. Dann habe ich ihnen den Gefallen getan und bin über den ganzen Zeltplatz gekullert. Da haben sie sich halbtot gelacht. Irgendwann holten sie mich wieder heraus. Das hat mich alles irgendwie befreit. Vorher hatte ich nur Kontaktängste. Ich konnte nicht auf Leute zugehen. Es gab da einen Kaufladen und ich habe mir vorgenommen, ich gehe da jetzt hin und spreche einen wildfremden Menschen an und verwickele den in ein Gespräch. Und das habe ich tatsächlich geschafft. Ich empfand es wie einen inneren Meilenstein: »Oh, ich kann das.« Das war das Verdienst der beiden Mädels, die haben durch die gelöste Atmosphäre geschafft, dass ich das überhaupt machen konnte.

Wir kamen aus den Ferien wieder, ich fuhr mit meinem Bruder und anderen Schülern nach Hamburg in den Tierpark Hagenbeck. Da lernte ich aus seiner Parallelklasse ein Mädchen kennen, die wurde dann meine erste Freundin. Das war so richtig typisch für mich, wir sind da herumgelaufen, und da sie mir gefallen hat, habe ich ihr einen Literaturvortrag über Arno Schmidt gehalten, dass er mir gefällt und dass ich auch gern so schreiben können würde. Auf der Rückfahrt hat sie mich im Bus mit Kirschen gefüttert, und als wir wieder in Bremerhaven waren, habe ich mich endlich getraut, ihr einen Kuss zu geben. Babette hieß sie. Zuhause habe ich mich hingesetzt und habe die Erlebnisse des ganzen Tages im Stil von Arno Schmidt aufgeschrieben. Dann habe ich ihr das in den Briefkasten gesteckt und dachte, na mal sehen, was jetzt passiert. Am Abend hat sie mich angerufen, lag in der Badewanne, hat das gelesen und war ganz gerührt, konnte das gar nicht fassen, dass jemand das so widerspiegelt. Und ich konnte gar nicht fassen, dass es eine Frau gibt, die das toll findet. Ich war richtig verliebt in Babette. Sie war ein lustiger Püppchen-Typ, eine Frau, die alles das konnte, was ich nicht konnte – tanzen, Kontakt mit tausend Leuten haben. Ich kam mir immer etwas dröge daneben vor und wusste gar nicht, womit ich sie verdient hatte. Aber sie wollte mich ja. Doch nach drei Monaten hatte ich meinen Studienplatz in Berlin, und sie war erst sechzehn und ging noch zur Schule. Da war es klar, dass das dann auch eine Trennung für uns ist. Richtig Sex hatten wir nicht, denn wir hatten beide keine Ahnung von Verhütung, und sie hat sich nicht getraut, mit ihrer strengen Mutter zu reden. Die hatte immer Angst, dass sie sich zu früh bindet. Aber sie fand, dass ich einen beruhigenden Einfluss auf ihre Tochter hätte. Immerhin hatten wir viel Petting und auch Orgasmen. Sie war erstaunt, dass ich das so gut beherrschte, dabei hatte ich das ja jahrelang in allen möglichen Lexika und bei Kinsey gelesen. Ich war völlig begeistert, dass ich das mal ausprobieren konnte. Es war alles so, wie es in den Büchern stand. Das freute mich, und sie war froh, dass da einer war, der wusste, was er macht.

Ich kam dann nach Berlin und traf eine interessante Frau, die ich gern kennenlernen wollte. Und ich kriegte überhaupt nicht auf die Reihe, wie ich das machen sollte, wo ich doch auf der anderen Seite noch mit meiner Freundin in Bremerhaven zusammen war. Das hat mich so lange innerlich umgetrieben, bis ich ihr geschrieben habe. Aber sie fand das gar nicht weiter schlimm und meinte, dass ich ja jetzt woanders wäre und ein neues Leben anfinge. Ich bekam Angst, dass sie, wenn sie das so locker sieht, womöglich in Bremerhaven längst einen anderen Freund hat, und das war dann auch so. So haben wir uns nach einem halben Jahr getrennt. Ich bin erst mal richtig in ein tiefes Loch gefallen und hatte immer mehr das Gefühl, ich will auch nicht studieren, fühlte mich fehl am Platz, so dass ich dann einfach nicht mehr in die Uni gegangen bin und depressiv in der Ecke herumhing.

Ein Jahr später verliebte ich mich in ein anderes Mädchen, die aber nichts von mir wollte. Da war für mich der Ofen aus. Ich dachte, das klappt alles nicht, ich bringe mich jetzt um. Ich habe das dann auch versucht, drei Röhrchen Schlaftabletten geschluckt und noch ein Glas Whisky hinterher. Ich legte mich hin, wurde müde, Taubheitsgefühle setzten ein, ich hörte Musik vom Rekorder, war mit mir im Reinen und dachte, das war's jetzt. Durch einen Zufall überlebte ich das. Denn in einem der Röhrchen war Gelonida, und die enthalten Koffein, also das Gegenteil von Schlafmitteln. Nach drei Tagen wachte ich mit dickem Schädel wieder auf. In der Zeit hatte auch niemand nach mir gesehen. Bewegungslos lag ich einen halben Tag da, nichts ging, alles war noch taub. Bis ich aufstand und alles saubermachen musste, schließlich hatte ich ja ins Bett gemacht. Und es war ein möbliertes Zimmer, meine Wirtin durfte da nichts mitkriegen. Dann kam die Reni, in die ich so verliebt war, und wollte mich sehen, denn sie hatte so ein komisches Gefühl, dass ich mir etwas angetan haben könnte. Aber sie kam erst nach drei Tagen auf die Idee, obwohl es sie die ganze Zeit beschäftigt hatte. Da war ich schon überrascht, dass sie das überhaupt mitgekriegt hatte. Aber eine Beziehung wurde es trotzdem nicht. Ich dachte dann, ich habe das überlebt, schlimmer kann es eigentlich nicht kommen, jetzt kann ich alles loslassen und praktisch von vorn anfangen. Ich bin dann in ein Studentenwohnheim gezogen. Eine Bekannte hatte über eines der ersten computerbasierten Partnersuchprogramme an der TU einen Mann kennengelernt. Der kannte einen Haufen Leute, und so kam ich in seine Clique. Parallel wollte ich auch selbst üben, Leute kennenzulernen. Also bin ich abends in die Kneipen gegangen, hab mich da hingesetzt mit dem Vorsatz: Ich lerne jetzt hier Leute kennen. Ich habe dann irgendjemanden angesprochen, und das hat auch geklappt. Immer aus dem Gefühl, sonst bringe ich mich wieder um und schlimmer kann es nicht werden, also habe ich nichts zu verlieren.

Mit dem Mann, Uwe hieß der, den ich durch die Bekannte kennengelernt hatte, habe ich auch über Mehrfachbeziehungen gesprochen. Das war aber reine Theorie. Denn weder er noch ich hatten überhaupt eine Freundin. Ich habe dann selbst eine Anzeige aufgegeben. Es kamen dann Zuschriften, und ich habe mich mit einigen Frauen getroffen, aber bevor es dazu kam, war ich auf einer Abschlussfete von Krankengymnastinnen, wo mich eine Frau einfach abgeschleppt hat. Sie war die erste Frau, mit der ich wirklich geschlafen hatte. Und das war total schön. Sie nahm auch die Pille und hatte keine Angst, schwanger zu werden. Ich habe vor Glück richtig geheult. Sie fuhr aber am nächsten Tag in den Urlaub nach Griechenland, und so war ich sie auch gleich wieder los.

Zum Glück gab es ja noch die anderen Frauen, die auf die Annonce geschrieben hatten. Da hatte ich ein paar Tage lang zwei Beziehungen, auch mit Sex, und dann verliebte ich mich in die Dritte. So hatte ich eine Beziehung, bevor die erste Frau wieder aus dem Urlaub zurückkam. Plötzlich ging alles flott. Sibylle hieß sie und war meine zweite Liebe. Das ging mit ihr ein Dreivierteljahr lang, aber es war sehr schwierig mit uns, weil sie häufig den Sex ablehnte, ich aber ganz viel nachzuholen hatte. Gleichzeitig sagte sie, dass ich der Einzige wäre, mit dem es überhaupt ginge. Sie könnte sonst gar nicht mit Männern Sex haben und wüsste nicht, warum. Lesbisch war sie aber auch nicht. Sie war, bevor wir uns kennenlernten, zweimal vergewaltigt worden, und dann war völlig der Ofen aus. Das hat sie mir auch erst nach einer Weile erzählt. Mich hat das sehr betroffen gemacht, und ich habe ihre Schwierigkeiten darauf zurückgeführt. Ich verhielt mich dann rücksichtsvoller und redete viel mit ihr. Sie gab zu, dass sie mit mir den ersten Orgasmus überhaupt hatte. Ich habe sie ermutigt, mehr zu experimentieren, habe ihr meine vielen Bücher angeschleppt. Die hat sie gelesen und versuchte, sich selbst zu befriedigen. Als ich sie fragte, wie es gewesen wäre, meinte sie: »Aufregend!« Danach ging es auch mit uns beiden besser.

Ich bin immer wieder in so eine Position gekommen, Frauen gegenüber eine Helferrolle einzunehmen. Und ich habe mir damit selbst geholfen. Denn eigentlich habe ich selbst Hilfe gebraucht und habe so die Frauen befähigt, sie mir zu geben. Das haben sie auch getan. Da ich kein BAföG mehr bekommen habe, dachte ich dann, ich müsste jetzt mal irgendwo arbeiten. Denn ich hatte ja nicht mehr studiert. Ich traf eine Sozialarbeiterin, die hat in einem Heim für Trebegänger gearbeitet. Einige Kids wollten aber nicht in das Heim, weil sie die Erzieher so doof fanden, meinten aber, wenn wir dort arbeiten würden, würden sie vielleicht wieder in das

Heim gehen. Wir sind mit den Kids in das Heim gegangen, haben unsere Lage geschildert. Dann haben die vom Heim gesagt, okay, wir haben diese Kinder sowieso schon abgeschrieben, aber wenn ihr das machen wollt, macht es einfach, wir bezahlen euch dafür. So war beiden Seiten geholfen. Die Kinder hatten eine Unterkunft, und wir hatten einen Job.

Auf diese Weise bin ich Erzieher geworden. Die Ausbildung habe ich später nachgeholt, erst einmal habe ich anderthalb Jahre als Erziehungshelfer gearbeitet. Dabei habe ich mich in eine andere Erzieherin verliebt. Als ich das Sibylle erzählt habe, machte sie völlig dicht und meinte, wenn da nur irgendetwas mit der anderen läuft, ist für sie Schluss. Das wollte ich nicht, und darum habe ich mich zurückgehalten. Aber ich sah das eigentlich nicht ein. Später gab es dann noch einmal eine Frau, die ich ganz nett fand. Daraufhin hat sich Sibylle sexuell verschlossen. Und ich dachte, das macht alles keinen Sinn mehr. Ich will etwas anderes. Ich bin dann weg von ihr, hatte aber das dumme Gefühl, sie bringt sich um. Deshalb habe ich ihren Bruder angerufen und ihn gebeten, mal bei ihr vorbeizuschauen. Er ist zu ihr gefahren und hat geklingelt. Niemand öffnete, so dass er die Tür aufgebrochen hat. Sie lag dann da, völlig blutüberströmt und hatte sich den Bauch aufgeschnitten. Wenn er nicht gekommen wäre, wäre sie verblutet. Als ich später mit ihr darüber sprach, sagte sie, sie hätte damals vor dem Spiegel gestanden und kam sich ganz fremd vor. Sie hatte das Gefühl, sie müsse sich aufschneiden, um in sich nachzugucken, wer sie eigentlich sei, und das hat sie dann gemacht. Ich fand das nachvollziehbar, es hat mich eigentlich nicht überrascht. Und gleichzeitig fand ich es auch irgendwie gruselig, obwohl ich das Gefühl verstehen konnte, wie jemand so denken kann. Auf der einen Seite hat es mich betroffen gemacht, auf der anderen Seite fühlte ich mich in einer Beziehung zu dieser Frau überfordert. Bei ihr zu bleiben, hätte niemandem von uns beiden geholfen. Sie war dann lange in der Psychiatrie. Da hat sie sich völlig verändert. Sie wurde sehr dick und auch sehr lethargisch in allem, was ja auf die Medikamente zurückzuführen war. Wir haben den Kontakt zueinander verloren. Denn das war nicht mehr die Frau, in die ich ursprünglich verliebt war.

Ich hatte mich in die Psychologin des Heimes verliebt. Gleichzeitig begann ich eine Brieffreundschaft mit der Freundin eines Bekannten, Paula, die damals im Krankenhaus lag. Und dann habe ich mich auch in die verliebt. Als ich das Irene, der Psychologin, erzählte, war sie ganz konsterniert. Sie meinte, dass sie ja sowieso etwas Festes wollte, eine Familie aufbauen, und sie hätte das Gefühl, dass ich das nicht will. Da musste ich ihr Recht geben. Das war überhaupt nicht mein Thema. Damit war klar, es geht auseinander, obwohl ich es mir auch mit beiden Frauen gleichzeitig vorstellen konnte. Paula und ich, wir haben dann geheiratet. Mit dem Argument, man trennt sich sonst zu leicht. Wir dachten, irgendwie gehen die Beziehungen immer auseinander, und man weiß eigentlich nicht, warum. »Weißt du, dann heiraten wir einfach, und dann können wir uns nicht so leicht trennen«, meinte ich damals. Paula war die erste Frau, mit der ich zusammengelebt habe. Ich wollte richtig ernsthaft eine Beziehung führen, aber ich war nicht verliebt. Ich dachte auch, das hat nichts miteinander zu tun, das geht auch gar nicht: verliebt sein und Beziehung. Gleichzeitig habe ich aber darunter gelitten, nicht verliebt zu sein, ich hatte das so als inneres Bild, dass es wichtig sei. Mir fielen meine Eltern ein, wo mein Vater ja auch gesagt hat, er sei in meine Mutter nicht verliebt. Mir fiel ein, wie meine Mutter darunter gelitten hat, und ich dachte dann, nein, so will ich das nicht wiederholen.

Ich habe mir Bücher von Sigmund Freud vorgenommen und auch Wilhelm Reich entdeckt. Als ich Wilhelm Reich las, kam ich mir langsam selbst auf die Spur: Was konnte da passiert sein, mit meinem Selbstmordversuch, mit Sibylle? Das hatte ja alles eine Vorgeschichte. Ich versuchte, bei Freud und Reich die Antworten zu finden, habe aber nicht viel verstanden. Aber ich hatte schon bemerkt, die beschreiben Welten, die ähnlich schräg waren wie meine. Neben sich zu stehen, kein Gefühl zu sich zu haben, aber zu bemerken, es passiert irgendetwas. Ich dachte dann, vielleicht verliebe ich mich in Frauen, die so schräg drauf sind, weil man mit denen auch keine Beziehung führen kann. Ich war jetzt vierundzwanzig und verliebte mich in Frauen an der Erzieherschule, was sehr leicht war, denn auf dreißig Frauen kam da nur ein Mann. Dabei hatte ich ein tierisch schlechtes Gewissen, denn ich dachte, das darf nicht sein, ich darf nicht fremdgehen. Aber es hat auch sehr viel Spaß gemacht.

Ich glaubte, ich kann eben nicht treu sein, ich bin beziehungsunfähig. Paula war verzweifelt deswegen und hat sich betrogen gefühlt. Ich wollte es aber nicht heimlich machen, und habe es ihr daher immer erzählt. Eigentlich wollte ich, dass sich die Frauen auch kennenlernen, denn mein Idealbild war, dass sie sich verstehen. Das war aber leider nicht so. Bis auf eine Ausnahme: Da war eine Frau, die war eigentlich lesbisch, und der habe ich gesagt, dass ich sie ganz nett finde, und irgendwann waren wir auch im Bett miteinander. Als ich das Paula erzählte, meinte die: »Jetzt verstehe ich gar nichts mehr, ich denke, sie ist lesbisch?« Ich meinte daraufhin, das habe ich auch gedacht. Aber was man halt so denkt. Letztlich ist es so, wie es ist. Paula sagte, die will ich jetzt mal kennenlernen. Und die Frau wollte das auch. Dann haben sie sich getroffen, konnten sich gut leiden, ich wollte aber nicht dabei sein, ich dachte, ich störe da nur. Aber ich war aufgeregt. Als ich wiederkam, war Paula ganz anders, nicht eifersüchtig, nicht böse, sie war in einer sehr schönen, gelösten Stimmung und meinte: »Ich kann dich gut verstehen, das ist eine tolle Frau.« Da dachte ich, vielleicht war das jetzt ja ein Anfang. Aber leider meinte die andere Frau, sie wolle Paula den Mann nicht wegnehmen und hat das dann beendet. Paula war doch ganz erleichtert, dass sie nun nichts mehr von mir wollte. Aber sie hat mir diesen Seitensprung nicht übelgenommen. Das Thema war damit noch nicht beendet. Ich habe für mich gesehen, das stimmt so nicht, ich will anders leben. Ich verspreche immer Treue und kann doch nicht treu sein und war über mich auch ganz verzweifelt. Aber alle meine Wunschträume gingen in eine bestimmte Richtung: Am liebsten, dachte ich, will ich zwei Beziehungen haben, und ich will, dass sich die Frauen gut verstehen. Sie müssen nicht Freundinnen sein, aber sie sollen damit einverstanden sein, wie ich leben will.

Von der 68er-Bewegung habe ich übrigens nicht viel mitbekommen, das Einzige, was ich noch erlebt habe, waren an der Uni Überreste der KPD/ML[*], diese wandelnden Tonbandgeräte, die man immer sagen hörte: »Schon Lenin hat gesagt ...« Das fand ich eher gruselig und abschreckend. Die Kommunen haben mich nicht berührt, aber ich hatte schon gespürt, dass ich etwas mit Leuten zusammen machen möchte, die gemeinschaftsorientiert waren. Und so traf ich Leute, die ein Ökodorf gründen wollten. Das war ursprünglich auf dem Lande geplant, ließ sich aber nur in Berlin verwirklichen. Ich war auch in der Anti-AKW-Bewegung, habe aber gemerkt, dass mich das alles nicht wirklich interessiert. Ich hab das eher mitgemacht, um mit Menschen zusammen zu sein, mit denen ich irgendwas anfangen konnte. Und um potentiell interessante Frauen zu treffen. Paula war später auch mit dabei. So war ich einerseits in diesen Kreisen und andererseits auf der Erzieherschule.

Ich traf dann Uwe wieder und diskutierte mit ihm über Mehrfachbeziehungen. Er war auch dafür, aber seine Freundin nicht, die genau wie Paula dagegen war. Aber sie hatte mitgekriegt, wie ich das lebe, und dass das nicht heißen muss, dass ich mich trenne. Uwe und ich haben mit Paula geredet, haben viel argumentiert, konnten sie aber nicht überzeugen. Mein heimlicher Gedanke war, dass sie was mit Uwe anfängt, damit ich dann mehr Ruhe habe. Aber sie wollte nicht. Wahrscheinlich hat sie uns durchschaut. Gleichzeitig war ich aber mit Uwe so befreundet, dass er mich dazugeholt hat, wenn er Schwierigkeiten mit einer Frau bekam, weil ich doch so viel Psychologie gelesen hatte. Und schließlich kam ich, habe versucht, etwas Kluges zu sagen mit meinem ganzen theoretischen Wissen, mit dem Ergebnis, dass ich dann mit der Frau im Bett lag,

---

[*] Kommunistische Partei Deutschlands / Marxisten-Leninisten.

während Uwe in der Küche saß. Es gab also schon Experimente, die so ausgingen, dass wir uns Frauen geteilt haben. Nur Paula saß immer zuhause, hat brav auf mich gewartet und war dann eifersüchtig.

An der Schule gab es die Psychoanalyse-AG. Das war eine Gründung durch interessierte Leute, die schon öfter über Mehrfachbeziehungen geredet haben. Da gab es einen Dozenten, der diese AG unbedingt leiten wollte. Offene Beziehungen waren dann das Thema. Warum ist es so schwierig, das zu leben, was ist Bindung, warum verliebt man sich in bestimmte Menschen, welche Muster führen da wen zusammen und so weiter. Ich habe auch angefangen, mir über meine Eltern Gedanken zu machen, und bestimmte Zusammenhänge besser verstanden. Nach der Erzieherausbildung haben wir versucht, uns weiter zu treffen. Es fingen auch sexuelle Beziehungen untereinander an, aber noch sehr neigungsorientiert.

Wir haben schnell gemerkt, wir verlieren uns zu sehr in Beliebigkeit. Wir brauchen jemanden, der ein Konzept hat. Jemand, der uns sagt, was wir machen müssen, und den theoretischen Überbau zur Verfügung stellt. Da bekamen wir Kontakt zu den Kommunegruppen, von denen Karin erzählt hat. Ich fand die klasse, ich fand das Konzept gut, bekam mit, dass Mehrfachbeziehungen hier auch gelebt werden, allerdings war ich noch sehr zurückhaltend und habe mich noch nicht getraut. Gleichzeitig wollte ich dann auch bei Paula ausziehen, ohne mich formell von ihr zu trennen. Es gab ja die Hausbesetzer-Bewegung. Da hatten wir, als ich in Frankreich mit einem Freund war, zwei Frauen kennengelernt, die aus dieser Szene kamen. Bei der Gelegenheit war ich auch auf der Demo, als damals Klaus-Jürgen Rattay von einem BVG-Bus überfahren wurde. Als ich den Innensenator Lummer habe reden hören, ist bei mir innerlich vor Wut ein Faden gerissen. Ich dachte, mir ist jetzt alles scheißegal, und wenn ich hier draufgehe. Da gab es auch einen Bruch in mir mit diesem scheindemokratischen System. Ich fühlte mich wie in einer Bananenrepublik und dachte, das hier ist nicht mehr mein Land. Aber ich wollte konsequent sein und etwas tun. Für meine Ideale kämpfen. Deswegen bin ich auf die Demo gegangen und habe mich in einer festen Kette mit anderen eingehakt. Dabei musste ich natürlich den Pflasterstein loslassen, den ich schon in der Hand hatte. Wir gerieten in einen Polizeikessel, und dann flogen die Fetzen. Es gingen auch Fensterscheiben zu Bruch. Gummiknüppel flogen.

Carmen, die ich aus Frankreich kannte, und ihre Freundin waren auch dabei. Da bekam ich Beschützergefühle und habe beiden klargemacht, dass wir jetzt gehen sollten, habe einen Polizisten angesprochen, ob wir hier mal rauskönnen, wir wollten hier nämlich eigentlich gar nicht sein. Er hat die Kette einfach aufgemacht, und wir sind gegangen. Für mich war klar, ich ziehe in ein besetztes Haus, zu Carmen, die war auch einverstanden. Inzwischen hatte Paula aber selbst ein besetztes Haus aufgetan und gesagt, sie möchte jetzt, dass wir dort einziehen. Und das habe ich dann gemacht.

In diesem besetzten Haus habe ich sofort das Thema mit den Mehrfachbeziehungen angesprochen. Denn da war eine Frau, in die ich mich gleich verliebte. Sie war so eine Alt-Achtundsechzigerin, die früher mal in der K1[*] gewohnt hatte, und war auch für Mehrfachbeziehungen. Diese Situation hat das ganze Haus gespalten, die eine Hälfte der Bewohner war dafür, die andere dagegen. Lauter Paare wohnten in dem Haus. Der Riss ging quer durch die Paarbeziehungen – einer war dafür, der andere dagegen. Innerhalb der Beziehungen waren entweder die Männer dagegen oder die Frauen. Diejenigen, die dafür waren, haben das auch eifrig gelebt, und die anderen hatten ein Problem. Diese gespaltene Situation hat natürlich dazu geführt, dass das ganze Projekt nach einem Sommer geplatzt ist. Die, die dagegen waren, sind gegangen, die anderen, ich auch, sind geblieben. Da war ja noch der Kontakt zu den Kommunegruppen, und jetzt, nachdem das Projekt Hausbesetzung für mich gescheitert war, begann ich, mich da mehr drauf einzulassen. ier endlich hatte ich einen Rahmen, in dem ich meine Vorstellun-

---

[*] K1, Abkürzung für »Kommune 1«, ein Kommuneprojekt der 68er-Bewegung in Berlin.

gen leben konnte, und so blieb das auch die nächsten zehn Jahre. In dieser Zeit wollte Paula die Scheidung von mir: Sie hatte einen anderen Mann kennengelernt, mit dem sie ein Kind haben wollte. Und uns war beiden klar, dass »Kleinfamilie mit Kind« nicht meine Zukunftsvorstellung war. Für mich war es die erste Beziehung in meinem Leben, die aus für mich deutlich nachvollziehbaren Gründen auseinanderging. Allein schon dafür hat sich in meinen Augen das Projekt Ehe gelohnt: Selbstfindung. Die Scheidung war wenige Wochen später und fast nur noch eine Formalität.

Nach anderthalb Jahren in den Kommunegruppen hat Heinz, ein Mitbewohner, gesagt, es sei jetzt eigentlich Zeit, die Rollen zu wechseln. Wir sollten nicht nur Konsumenten unseres Lebensstils sein, sondern diesen auch als Macher nach außen vertreten. Und das hieß: Sucht euch Leute von außerhalb und baut eine neue Gruppe auf. Ich dachte, das kann ich im Leben nicht. Und deswegen bin ich dann zu dem Seminar von Professor Bernd Senf gegangen, der Vorlesungen über Wilhelm Reich hielt, denn es hieß, dort fände man interessierte Leute. Man müsste sie nur in der Pause ansprechen. Genau das war aber meine Schwierigkeit. Über eine Bekannte ergab sich ein Kontakt zu Peter, der auch Lust auf dieses Projekt hatte. Ich meinte dann, jetzt fehlten eigentlich nur zwei Frauen, darauf er: »Kein Problem, ich besorge die.« Ja und da hat er Karin und ihre Freundin angesprochen. Er kam mit ihnen im Schlepptau zurück, und ich habe von meiner Idee erzählt.

Wir haben uns in der Folge wöchentlich zu viert, später zu fünft und sechst als Gruppe getroffen und über Mehrfachbeziehungen diskutiert. Schon bald war ich in Karins Freundin verliebt, die auch an mir Interesse hatte. Nach einigen Wochen habe ich ihr erzählt, dass ich auch von Karin etwas will. Wir wollten ja eine offene Beziehung leben. Karin habe ich gesagt, ich würde auch mit ihr eine Beziehung eingehen, wenn sie das wollte, ihre Freundin wäre einverstanden. Aber mir sei wichtig zu wissen, dass Karin weiß, dass ich nicht in sie verliebt bin, sondern in ihre Freundin. Und Karin wollte es trotzdem, da habe ich mich gefreut. Das war dann ganz toll im Bett, ich war überrascht, denn ich hatte das nicht erwartet. Einmal sah ich ihr aus dem Fenster nach, als sie früher ging, da hat mich irgendetwas stark berührt. Es hatte so etwas von Einsamkeit und Tapferkeit, wie Karin so durch das Leben ging. Aber ich war nicht verliebt in sie. Peter kam dann mit der Struktur, dass einer die Gruppe leitet, nicht klar. Er hat immer wieder Punkte gesucht, an denen er einen Streit vom Zaun brechen kann. Bis er gesagt hat, er macht eine eigene Gruppe auf, und wer sich nicht so dominieren lassen will, der soll doch mitkommen. Bis auf Karin sind dann alle mitgegangen. Karin hat gesagt, sie fände die Leute einfach nur albern, die darauf reinfallen. Ich selbst war ziemlich betroffen, weil alles auseinandergebrochen war. Sie hat mir aber durch ihre Art damals einen unheimlichen Halt gegeben. So etwas hatte ich noch nie erfahren. Ich hatte es noch nie annehmen können, dass eine Frau mich in dem, was ich will, unterstützt, ohne dass ich kämpfen muss. Ich war richtig froh. Und dieses Gefühl blieb.

Immer, wenn es mir nicht gutging, wusste ich, ich konnte zu Karin gehen und mir wieder Kraft holen. Und das ist in der Folgezeit auch so geblieben. Wenn ich Beziehungen hatte, die auseinandergingen, war sie für mich da. Gleichzeitig konnte ich mir aber eine Beziehung mit ihr lange nicht vorstellen. Zum einen, weil ich sowieso dagegen war, eine Beziehung zu leben, denn der Gedanke an Beziehung war für mich mit dem Ende von Freiheit verbunden, und zum anderen, weil ich immer noch nicht in sie verliebt war. Und die Art von Bindung, die wir aneinander hatten, der auch etwas sehr Stabiles anhaftete, war für mich keine Beziehung. Ich habe damals eigentlich keinen wirklichen Begriff dafür gehabt.

Irgendwann bin ich aus diesen Gruppen rausgegangen, weil mir alles zu starr und sektenmäßig wurde. Zusammen mit Jana, in die ich mich verliebt hatte und der das mit mir auch so ging. Das war so: Wir hatten eine sexuelle Beziehung angefangen, aber ihr Freund war total eifersüchtig und meinte, er erträgt das nicht. Daraufhin hatten wir ein Jahr lang keinen Kontakt zueinander. Wir haben uns dann wieder getroffen, nachdem sie mit ihrem Freund geredet und ihm klargemacht hatte, dass er ausziehen solle, wenn er das nicht erträgt. Sie fragte mich, ob ich mir das unter diesen Bedingungen vorstellen kann. Ich konnte es mir nicht nur gut vorstellen, sondern mir passte es auch gut in den Kram. Ich war ganz froh, dass sie die Beziehung zu ihrem Freund weiterführen wollte. Denn für mich gab es ja noch Karin, und ich wollte mich mit ihr auch weiter treffen. Jana und ich sind dann aus einer Stimmung heraus mal nach Mallorca geflogen. Und das war für die Gruppe ein Affront. So einen Zweierbeziehungs-Urlaub, so etwas macht man nicht! Ohne Absprache und gegen alle Normen. Ich kam wieder, habe auch mit einigen dort geredet, aber ich fand, dass es für mich dort nicht mehr stimmte. Ich habe die Gruppe danach verlassen. Das ist mir nicht leicht gefallen, ich habe geheult und hatte auch das Gefühl, dass ich mein Zuhause verlasse, um etwas Neues anzufangen, wovon ich noch nicht wusste, ob das gutgeht. Das Neue war, mit Jana zu leben. Ich bin dann bei ihr eingezogen, und wir haben fünf Jahre zusammengelebt.

KARIN: Ich habe Jana ein paar Mal getroffen, aber ich persönlich konnte mit ihr nicht so sehr viel anfangen. Das hatte aber nichts damit zu tun, dass sie mit Rainer zusammen war, wir hätten uns auch sonst nicht angefreundet. Ich habe da keine Herzlichkeit und keine Verbindung gespürt und konnte gar nicht fühlen, wer sie ist.

RAINER: Jana war sehr jung damals, sie war zweiundzwanzig und ich siebenunddreißig. Ich empfand sie auch als schwierig. Sie hatte Angstzustände, und ich war jemand, der ihr die Angst nehmen konnte. Ich war immer wieder mal mit solchen schwierigen Menschen zusammen, und ich hatte den Eindruck, dass andere vor denen Angst hatten. Mir haben diese Zustände nie Angst gemacht. Ich finde es im Gegenteil faszinierend. Es berührt mich sehr, und ich weiß, dass man damit fertig werden kann. Das hat dann dazu geführt, dass diese Bindung sehr eng war, aber auch eine Ähnlichkeit mit einer Vater-Tochter-Beziehung hatte. Nach und nach habe ich mich mit dieser Beschützerrolle aber immer unwohler gefühlt, denn meine eigenen Bedürfnisse wurden gar nicht wahrgenommen. Gleichzeitig tauchte das Thema »andere Frauen« wieder auf. Jana ist einmal für mehrere Monate nach China gefahren. In dieser Zeit habe ich gezielt nach einer Freundin gesucht und traf eine, die so eine Art Borderline-Typ war. Diese Frauen sind schon spannend. Aber als Jana wiederkam, ging das einfach nicht mehr, und ich habe mich von dieser Frau getrennt. Jana wollte, dass ich mich auch von den anderen Frauen trenne, denn ihr voriger Freund, mit dem sie ja die ganze Zeit noch zusammen war, hatte sich wegen einer anderen Frau von ihr getrennt. Das war wie ein Dominoeffekt, sie wollte das nicht, er wollte das nicht, und dann wollte Jana nicht mehr, dass ich das lebe.

Ich bin Jana entgegengekommen, außer in meiner Beziehung zu Karin. Die Beziehung ging dann noch anderthalb Jahre, mit unheimlichen Eifersuchtsszenen. Bis ich gesagt habe, ich halte das nicht mehr aus. Ich suchte mir eine eigene Wohnung, und das war diese hier, die ich heute noch habe. Eigentlich war es mit Jana eine sehr schöne Beziehung, ich fand es nur schade, dass sie am Ende gesagt hat, dass sie meinetwegen wichtige Zeit ihres Lebens verschenkt hätte. Karin meinte dazu: »Die spinnt ja, da ist doch auch eine Menge passiert in dieser Zeit.« Ich fand es schade, dass sie das so sieht, aber es hat mich auch nicht verletzt. Denn für mich war wichtig, mit ihr zusammen gewesen zu sein.

Als Karin sagte, dass sie nun zu mir ziehen wolle, habe ich Schiss gekriegt. Ausgerechnet Karin, meine einzige Bastion, die einzige Frau, die die ganze Zeit zu mir gehalten hat. Ich dachte, wenn ich mich darauf einlasse, dann kriege ich mit ihr den gleichen Ärger, den ich mit Jana gehabt habe. Und die fünf Jahre mit ihr waren meine bis dahin längste Beziehung. Ich habe Karin dann erst mal gesagt, dass ich das nicht will, dass ich nicht vom Regen in die Traufe kommen will, dass ich mehrere Beziehungen parallel leben wollte und wüsste, dass ich auch die Frauen dafür finde, wenn ich lange genug suche. Ich wollte nicht, dass das dann mit Karin kaputtgeht, weil es vielleicht doch nicht funktioniert. Vielleicht kann man ja nicht zusammen in einer Wohnung leben, dachte ich, und gleichzeitig mehrere Beziehungen haben, das tut dem anderen jeweils zu weh, die Probleme werden zu groß. Jedenfalls auf Seiten der Frauen. Das war meine Erfahrung bis dahin. Karin meinte aber, nein, für sie wäre das in Ordnung.

Ich habe nachgedacht und nach einer Weile geantwortet, okay, wir probieren es. Ich hatte mir ein Jahr zuvor ein Motorboot gekauft, das war recht klein, aber groß genug, dass man darauf wohnen konnte, sogar mit Toilette und Küche, und ich habe zu Karin gesagt, lass uns doch mal drei Wochen mit diesem Boot verreisen und sehen, ob wir uns dann noch vertragen. Das haben wir schließlich gemacht, und es hat funktioniert. Anfangs hatte ich Bedenken, denn in der ersten Nacht hat es ein heftiges Gewitter gegeben.

KARIN: Es hat fürchterlich gekracht und das Boot schwankte, und ich wusste nicht, was am Ende dieser Nacht sein würde. Ich glaube, das war das heftigste Gewitter, das ich je auf einem Boot erlebt habe.

RAINER: Und ich dachte mir, eine Frau, die so etwas mitgemacht hat und dann immer noch mit mir in den Urlaub fahren will, die kann nicht ganz verkehrt sein. Ja, und als wir zurück waren, war eigentlich klar, sie zieht bei mir ein. Das hat super funktioniert, wir haben uns total wohlgefühlt. Ich hatte damals keine andere Freundin, aber Karin hatte Rudi, und ich habe sie eigentlich sehr darum beneidet, besonders um diese Stabilität zwischen den beiden. Denn das ging schon so lange wie mit mir, damals waren es fünfzehn Jahre. Ich dachte, eigentlich hätte ich auch gern eine Freundin, mit der ich eine so stabile Beziehung haben kann.

Ich habe dann annonciert, dass ich danach suche, und es war das erste Mal, dass ich das nicht vor meiner Partnerin verheimlicht habe. Bei Jana war es so, dass ich annonciert habe, als sie in China war. Ich habe mich dafür geschämt, offen zuzugeben, dass ich mit einer Frau zusammenlebe, aber noch eine weitere suche. Und auch aktiv dafür etwas tue. Mit ihr konnte ich darüber nie reden, mit Karin aber schon. Ich habe dann auch eine kennengelernt, aber das war eine reine Bettgeschichte. Die Frau war Anfang fünfzig, und sie meinte, sie brauche in ihrem Leben keinen Mann, aber manchmal fehlt ihr eben einer im Bett. Auf dieser Basis haben wir uns einmal in der Woche getroffen, haben Kaffee getrunken, sind miteinander ins Bett gegangen, und das ging vier Jahre lang so.

In dieser Zeit haben Karin und ich geheiratet, und diese Frau meinte dann irgendwann, ihr ginge es nicht gut, das geht alles so nicht mehr, sie brauche mal Abstand, und für mich bedeutete das, sie zieht sich zurück. Ich saß da mit Karin und Rudi zusammen und meinte, irgendwie ist mir meine Freundin abhanden gekommen, ich suche eine neue, weißt du nicht eine für mich, du kennst doch so viele. Rudi wusste eine, meinte aber, er wüsste nicht, ob sie sich darauf einlassen würde. Dann hat er mir die Telefonnummer gegeben. Die kennst du übrigens, meinte er, das ist Ellen, vor zwei Jahren hat sie beim Umzug mitgeholfen. Als ich sie anrief, erinnerte sie sich sogar an mich. Und daraus wurde dann auch was. Karin allerdings mochte diese Frau nicht. Die beiden haben sich mal getroffen, und Ellen meinte, Karin wäre total abweisend zu ihr gewesen, während Karin meinte, sie hätte das Gefühl, Ellen wolle gar nichts mit ihr zu tun haben. Ich stand dazwischen und fragte mich, ob ich jetzt vermitteln soll, aber ich habe das dann gelassen. Das war die Zeit, wo wir diese Grenzen-Diskussion miteinander hatten, wo Ellen wollte, dass ich bei ihr übernachte, Karin das nicht zulassen wollte und ich mich kontrolliert fühlte. Aber letztlich haben wir es doch gemacht, Karin hat nachgegeben, und ich fühlte mich nicht mehr kontrolliert.

Ellen hatte nicht so viel gegen die Form unserer Beziehung einzuwenden gehabt, wie ich befürchtet hatte. Doch sie wollte dann, dass ich immer häufiger bei ihr bin. Ich aber gar nicht. Mir war klar, dass ich mit Karin zusammen war und Ellen den Status der Geliebten hat, aber mehr war da nicht möglich. Bei Ellen tauchten immer mehr Vorstellungen auf, bei denen ich das Gefühl hatte, ich sollte zu ihr ziehen. Ich würde mich ja so gut mit ihrer Tochter verstehen, das wäre ja bei den anderen Freunden vorher nicht so gewesen. So hatte ich mit einem Mal den Eindruck, sie wollte mich aus der Ehe mit Karin herausziehen. Karin meinte dann, sie hätte dieses Gefühl von Anfang an gehabt. Einerseits hat Ellen gesagt, nein, sie wolle das nicht, aber sie hat sich anders verhalten. Als ich mir schließlich erlaubt habe, einmal nicht zu ihrem Geburtstag zu kommen, obwohl es technisch möglich gewesen wäre, hat sie sich von mir getrennt. Im Nachhinein hat sie zugegeben, dass sie mich für sich allein haben wollte. Ich fand es etwas enttäuschend, dass sie das nicht früher offener mitgeteilt hatte, und war gleichzeitig sehr traurig, dass es mit ihr zu Ende gegangen war. Ich mag sie auch heute noch, wir sehen uns manchmal. Es ist keine Beziehung mehr, aber eine Freundschaft ist geblieben.

Wenn sie Beziehungsprobleme hat, fragt sie mich komischerweise immer, ob ich die lösen kann. Sie lebt jetzt eine monogame Zweierbeziehung. Zwar mit der Fantasie, hin und wieder auch umgesetzt, fremdzugehen, aber heimlich, und ich habe ihr dann gesagt, wenn du die Beziehung nicht gefährden willst, mach es wenigstens offen. Du kannst mit dem Mann nicht so umgehen, das ist ein ganz lieber, der kommt damit nicht klar. Und dann hat sie das getan, hat mit ihm geredet, gehofft, dass sie jetzt keinen Fehler gemacht hat, aber er fand es super, weil sie ihm wohl auch gesagt hat, dass ich ihr dazu geraten habe. Also, eine Beziehung habe ich nicht mehr mit ihr, aber wir sehen uns noch. Manchmal fühle ich mich wie in einer Beraterfunktion.

Ich habe dann wieder annonciert und lernte Sabrina kennen. Karin hat ja schon von ihr erzählt. Sabrina und ihr Mann Jürgen hatten schon immer eine Offene Ehe geführt. Seit über zwanzig Jahren waren sie zusammen, sie waren in der DDR aufgewachsen. Ihre Kinder waren schon erwachsen. In der DDR fing es im Urlaub an. Da war man in einem Ferienheim. Dort gab es ein anderes Ehepaar, und dann hat man mal nach einem feucht-fröhlichen Abend Partnertausch gemacht. Sie hatten das Gefühl, dass das ja richtig Spaß macht, und so haben sie das des Öfteren wiederholt. Mit Sabrina entstand wieder eine große Liebesgeschichte. Ich hatte mich Hals über Kopf verliebt, zum Glück war es bei ihr auch so. Karin und ich waren viel mit ihr zu dritt zusammen und haben uns in dieser Zeit sehr miteinander verbunden gefühlt. Ich hatte mit beiden Frauen eine Art Cliquen-Gefühl, aber mit einer starken erotischen Komponente. Ich war stolz, dass ich so etwas erleben konnte, denn es war klar, dass das jetzt etwas ganz Besonderes ist. Und als das dann wirklich eine Dreierbeziehung wurde, die ja mehr von den beiden Frauen ausging, indem sie mich einfach ins Bett geholt hatten, da war ich ziemlich fassungslos. Besonders über die Leichtigkeit, mit der das ging.

Ich habe dann gemerkt, wenn in einer Dreierbeziehung einer fehlt, dann ist es so, als wenn in einer Zweierbeziehung der Partner abwesend ist. Und mir war nach der ersten Nacht schon klar, dass wir damit Probleme kriegen könnten. Ich habe das Sabrina gesagt, aber sie hat es erst mal nicht geglaubt. Sie dachte, es wäre ganz einfach, Jürgen davon zu erzählen. Das hielt ich aber für unwahrscheinlich. Und es gab schließlich auch massive Probleme. Schade fand ich, dass Jürgen meinte, mit zwei Frauen zusammen zu sein, das wäre gerade sein Traum gewesen, aber dass ich das jetzt erreicht hätte, als sein Nebenbuhler, das ertrüge er nicht. Die beiden Frauen entgegneten, das kann er haben, das könnten wir mit ihm auch machen. So wollte er das aber nicht. Dabei stellte sich heraus, dass er den Wunsch hatte, dass sich beide Frauen nur auf ihn beziehen. Ich war aber eher berührt davon, dass sich beide Frauen aufeinander bezogen hatten. Und erst dann hatten sie sich auf mich bezogen. Ich denke, dass Jürgen mehr eine Art Swingermentalität hatte. Sex, aber nicht mehr, und dass er da ganz klare Grenzen zog.

Die Beziehung mit Sabrina ging dann Knall auf Fall in die Brüche, als Marianne aufgetaucht ist. Marianne habe ich über das Zentrum für bisexuelle Lebensweisen kennengelernt. Ich hatte ihr erzählt, wie ich lebe, und sie meinte dann, sie glaubt nicht, dass das funktionieren könnte, aber ihr Freund will auch so leben. Als Marianne auf einer Fete Karin mit einem anderen Mann knutschen sah, wusste sie, aha, so läuft das hier. An der Bar stellte sich heraus, dass Marianne plötzlich ganz interessiert an diesem Konzept mit den Mehrfachbeziehungen war. Wir haben Telefonnummern und E-Mail-Adressen ausgetauscht und sind in Kontakt geblieben.

Einen Monat später wurde daraus auch eine Beziehung. Das war vor drei Jahren. Sabrina hat das nicht ertragen. Sie meinte: »Nach mir noch eine Frau, da komme ich mir so beliebig vor, das ertrage ich nicht, da gehe ich weg. Ich war immer die *eine* Geliebte und in dieser Funktion war ich wichtig.« Ich war todtraurig darüber, dass sie deswegen weggegangen ist. Es hat mich unheimlich verletzt. Ich wäre liebend gern mit ihr zusammengeblieben. Für sie war aber ganz klar, dass das nicht geht. Heute würde ich sagen, Sabrina gingen die Grenzen verloren. Sie hatte immer gesagt, sie hätte drei Lebensbereiche: ihre Ehe, ihre Geliebten und ihre Arbeit. Die muss sie trennen. Wenn sie das nicht tut, gibt es ein einziges Chaos. Und sie hatte das Gefühl, dass ich das nicht trenne, sondern in unserem entstehenden Beziehungsnetz nur Chaos produziere. Sabrina war schier entsetzt über die vielen Nebenbeziehungen, die wir noch so zu laufen hatten. Da gingen ihr einfach ihre klaren Aufteilungen verloren. So war das mit Sabrina tatsächlich zu Ende.

Ich lernte dann Marianne besser kennen, sie wohnte in Hamburg. Es war schön mit ihr, aber wir sahen uns nicht so häufig. Das war aber von Anfang an klar, sie arbeitete ja dort auch und hatte einen richtigen Vollzeitjob. Daher konnte sie höchstens mal am Wochenende herkommen. Und von ihr hatte ich dann den Tipp mit dem Polyamory-Netzwerk. Ich habe mir die Homepage angesehen und mich in der Mailingliste eingetragen. Bei dieser Liste hatte ich zum ersten Mal den Eindruck, das sind Leute, die wissen, wovon ich rede. Die verstehen, was ich will, und ich verstehe, was sie wollen. Und da habe ich sehr viel in dieser Liste geschrieben. Ich war dann mal mit Karin auf dem Boot im Urlaub, und es war verabredet, dass Karin, die nicht so lange Zeit hatte, nach einer Woche nachhause fährt und Marianne dazukommt. Wir tranken noch einen Abschiedskaffee zu dritt, und anschließend war Marianne auf dem Boot. Es war einfach und selbstverständlich, so habe ich mir das eigentlich immer gewünscht. Als ich wieder zuhause war, las ich in der Mailingliste, dass jemand ein deutschlandweites Treffen anbietet, von allen, die in der Liste waren. Das war in der

Nähe von Bonn. Karin und ich beschlossen, dass wir da hinfahren. Als wir dort waren, hatte ich noch viel stärker das Gefühl, dass da Leute waren, denen es so geht wie mir.

Holger war auch da, den hatten wir ja vorher schon privat in Hamburg kennengelernt. Ich fand ihn einfach total nett, weil er sich so rührend um uns gekümmert hatte. Danach hatten wir uns ja bis zu diesem Treffen nicht mehr gesehen. Bei manchen Leuten hatten wir allerdings den Eindruck, dass sie nicht wirklich Kontakt wollten, obwohl sie sich in der Liste sehr engagiert hatten. Und ich wollte damals nicht tiefer auf Kontakte eingehen, wenn die Frauen zu weit weg wohnten. Die Frau des Gastgebers, die eigentlich zunächst meinte, dass sie mit dem Thema nichts zu tun hätte, es wäre nur das Thema ihres Freundes, blieb dann aber doch in der Gruppe. Nach drei Tagen riskierte ich es, ihr zu sagen, dass sie mir sehr gefiele. Sie meinte, dass es ihr mit mir auch so ginge. Wir haben kurz überlegt, was wir damit machen, und dann entschieden, dass wir es dabei belassen wollten. Aber beim nächsten Treffen, das wusste ich einfach, würde es kein Halten mehr geben. So war es dann auch, und seitdem habe ich dort noch eine Beziehung, Margit heißt sie. Wir sehen uns ungefähr alle sechs Wochen. Meistens im Sommer, wenn ich auch mehr Zeit habe, fahre ich schon mal für zwei Wochen zu ihr. Sie ist natürlich noch mit ihrem Freund zusammen, hat auch zwei Kinder, und für sie ist jetzt klar, dass sie so leben will.

Es sind so Kleinigkeiten, an denen ich merke, dass diese Art zu leben für mich immer normaler wird. Obwohl ich es ja nicht anders wollte, habe ich immer so eine gewisse Scheu gehabt, gerade auch Karin mitzuteilen, wenn mir etwas fehlt. Zum Beispiel ihr zu sagen, ich würde jetzt gern Marianne sehen, die fehlt mir. Das hat sich inzwischen geändert. Es ist nichts Besonderes mehr, ich kann das einfach tun. Ich kann mit Margit telefonieren, Karin sitzt daneben, ich habe nicht mehr das Gefühl, ich müsste ins Nachbarzimmer gehen. Das Thema Eifersucht gibt es nicht mehr in der Form, wie man es im Allgemeinen kennt. Aber es gibt Situationen, da pikt etwas in mir. Wenn Karin zum Beispiel zu Holger voller

Inbrunst in meiner Gegenwart sagt: »Ich liebe dich!«, und ich das Gefühl habe, das höre ich eigentlich von Karin recht wenig. Ich sehe auch, dass Holger viel körperlicher ist als ich, viel emotionaler. Wenn ich mich mit ihm vergleiche, dann weiß ich, dass ich Nähe nicht so gut aushalte. Ich mag Nähe sehr gern, sie reicht mir aber auch sehr schnell. Dann ziehe ich mich eher mal zurück. Das heißt aber nicht, dass da keine Gefühle sind.

Manchmal komme ich auf die Idee zu denken, ich müsste mich verändern, um begehrenswerter zu sein. Obwohl der Anschein dagegen spricht, glaube ich gelegentlich, ich wäre nicht begehrenswert. Es ist ein komischer Widerspruch, der mir vom Kopf her bewusst ist, der mich aber auf der emotionalen Ebene nicht erreicht. Fast wie die schönen Frauen, die vorm Spiegel stehen und ständig etwas an sich auszusetzen haben.

Zu der Liebeserklärung Holger gegenüber sagte Karin mir dann, dass er das ja auch oft zu ihr sagt, dass das aber nicht heißt, dass sie mich weniger liebt, nur entspräche es mehr dem Charakter der Begegnung zwischen den beiden. Und ich musste sehen, dass ich ja Karin gegenüber auch nicht so oft »Ich liebe dich« sage, so dass zwischen uns die Bilanz eigentlich ausgeglichen ist. Aber zu dritt tritt plötzlich ein Ungleichgewicht in Erscheinung. Daran habe ich zu knabbern.

Meine Art, mit Eifersucht umzugehen, ist, darüber nachzudenken, wie das alles zusammenhängt. Ansonsten wird das Gefühl destruktiv. Dadurch kann ich einsehen, dass wir einfach nur unterschiedliche Menschen sind, und es keinen Sinn macht, blinde Vergleiche anzustellen. Tue ich das nicht, kann es passieren, dass ich mich als Opfer sehe. Ich bin aber für mein Handeln und Fühlen selbst verantwortlich. Ich könnte Karin ja öfter sagen, dass ich sie liebe. Vielleicht würde sie es dann auch tun. Und schon wäre das Ungleichgewicht weg. Es gibt unterschiedliche Gefühle zu unterschiedlichen Menschen, aber es gibt auch eine Bewertung dieser Gefühle. Und da hat jeder von uns seine Wertmaßstäbe. Man wird leicht eifersüchtig, wenn man sich vorstellt, der andere hätte den gleichen Wertmaßstab wie ich, wenn er zum Beispiel sagt: »Ich liebe dich.« Für mich muss da ganz viel passiert sein, bevor ich das sage. Übertrage ich das aber auf Karin oder Holger, muss ich annehmen, dass da viel passiert ist, woran ich keinen Anteil habe. Und schon bin ich eifersüchtig. Und mir ist gar nicht klar, dass meine Bewertung dahintersteht. Darüber zu reflektieren, ist mir total wichtig.

Wenn wir miteinander reden, stellt sich auch die Realität für mich wieder her: Was bilde ich mir nur ein und was ist wirklich so. Das sind Alltagssituationen, das passiert mir mehrere Male am Tag. Wichtig ist, darüber zu reden, denn sonst verselbstständigt sich die eigene Fantasie, und man entfernt sich immer weiter von der Realität. Das ist etwas, was ich über die Jahre Schritt für Schritt gelernt habe. Nur wenige Menschen können das von Anfang an. Auf dieser Ebene lerne ich viel von Holger. Das gab es eigentlich bisher noch nie, dass ich das Gefühl hatte, ich könnte etwas von einem Mann lernen. Er reagiert oft ganz anders, obwohl wir beide die gleichen Informationen haben. Und ich frage mich dann, wieso ich nicht darauf gekommen bin.

HOLGER ERZÄHLT: Ich bin jetzt dreißig Jahre alt, habe mein Hobby zum Beruf gemacht und arbeite als Technischer Zeichner. So kann ich den ganzen Tag am Computer spielen und 3-D-Modelle bauen. Das ist interessant, spannend, wenn auch nicht sehr kreativ, aber ich bin gerade erst dabei, meine kreative Seite zu entdecken. Es macht mir Spaß, etwas so genau wie möglich zu erfassen und im Computer darzustellen. Ich bin in Norderstedt aufgewachsen, das ist eine Vorstadt von Hamburg, in der früher noch die Kühe auf der Weide standen. Sozial bin ich eigentlich immer ein bisschen der Außenseiter gewesen und konnte mich nicht so richtig in der Schule in die Klasse integrieren.

Ich habe auch einen Bruder, anderthalb Jahre älter. Im Kindergarten war das ein Problem, denn ich wollte lieber mit ihm zusammen sein. Er war mein Halt, denn ihn kannte ich. Oft bin ich abgehauen, nur um mit meinem Bruder zusammen zu sein, und habe nie kapiert, wie man sich in einer Gruppe verhalten muss. Wenn ich mit einer Gruppe von mindestens sechs Leuten zusammen bin, dann halte ich mich erst mal an den Leuten fest, die ich gut kenne. Den Rest der Gruppe empfinde ich als potenziell gefährlich, weil ich zunächst immer ganz viele Angriffe erwarte. So war es, als ich einmal von der Grundschule nachhause ging. Ein großer Teil der Klasse ist mir einfach gefolgt, sie haben mich aufgehalten, mich rückwärts an eine Wand gedrängt, einer hat mich verspottet und verprügelt, die anderen haben einfach nur zugeschaut. Das war für mich ein prägendes Erlebnis.

Selbst wenn ich von jedem Einzelnen in einer Gruppe sagen kann, der ist offen, und ich ihm allein gegenüber keine Angst habe, ändert sich das sofort in einer Gruppensituation. Die Einzelnen verlieren ihr individuelles Gesicht, und ich bekomme Angst. Ich habe also kein Sozialverhalten, keine Muster entwickelt, wie ich mich in einer Gruppe verhalten soll: Wann muss ich mich unterordnen, welche Verhaltensmuster muss ich über meine eigenen Wünsche hinaus annehmen, welche meiner Wünsche werden von der Gruppe nicht akzeptiert, und wie muss ich mich anpassen, um gut klarzukommen. Das habe ich nicht gelernt. Von daher hatte ich aber auch eine große Freiheit, meine eigenen Wünsche zu betrachten. Zu spüren, was ich möchte, und dem in meiner Freizeit nachzugehen. In der Pubertät wollten mich die Mädchen natürlich nicht, weil ich nicht integriert war. Ich habe aber darüber philosophiert und nachgedacht, wie ich mir die Liebe vorstelle.

Ich hatte viel Freiraum, um mir das auszumalen, und erinnere mich daran, dass ich dachte, es würde mir nichts ausmachen, wenn meine Freundin noch einen anderen Freund hätte. Im Nachhinein vermute ich, dass die Ursache dafür der Wunsch war, nicht in einer Beziehung gefangen zu sein, sondern auch in der Partnerschaft meinen eigenen Wünschen nachgehen zu können. Ich dachte, dass das auch die Frauen wollen. Und ich wollte sie dann natürlich nicht einengen. Ich selbst würde selbstverständlich treu sein, sie brauchte es aber nicht. Treue, dachte ich, wäre in den meisten Beziehungen eine grausame Anstrengung. Entweder zwingt sie jeder seinem Partner auf, oder jeder zwingt sie sich selbst auf. Ich hatte damals schon die klare Vorstellung, dass das keiner will. Keiner will selbst treu sein, es wollen nur alle, dass der andere treu ist. Und mir war klar, dass ich das nicht verlangen will. Meine Freundin ist ja nicht mein Besitz. Sie ist ein freier Mensch, und ich möchte mit ihr leben. Also stelle ich mich nicht über sie und schreibe ihr vor, was sie darf und was nicht. Als ich das dachte, war ich etwa fünfzehn Jahre alt.

Es gab noch ein Erlebnis, bei dem ich das Gefühl hatte, dass es mich sehr frei gemacht hat. Mein Vater war leicht cholerisch veranlagt, und so sah ich mich als jemand, der Befehle ausführen muss. Er hat sich immer als etwas Höheres dargestellt, auch wenn es Momente gab, in denen er ganz liebevoll mit uns gespielt hat. Aber bei der niedlichsten Rangelei war es nicht möglich, dass wir Kinder mal gewinnen. Ich habe ihn oft als Tyrann empfunden. Meine Mutter hat gearbeitet, und mein Vater war Hausmann. Sie war immer erst spätabends zuhaus und war dann völlig erschöpft und in der Regel nicht mehr ansprechbar. Auch in der Schule bekam ich ganz klar Aufgaben zugeteilt. Ich erlebte einen großen Widerspruch zu meinen eigenen Wünschen und sah keine Möglichkeit, diese zu leben. Außer es verlangte zufällig gerade keiner etwas von mir. Die Regeln meiner Umwelt erschienen mir hart und unverrückbar. Wenn mir jemand etwas auftrug, musste es genau so geschehen. Dadurch blieb nur wenig Zeit für meine eigenen Wünsche. Ich hatte auch nicht annähernd das Gefühl, dass ich in der Schule für mich lerne, sondern ich habe immer nur für die Lehrer gelernt. Dieser Konflikt zwischen der Pflicht und dem Wunsch nach Selbstverwirklichung führte dann mit achtzehn Jahren dazu, dass ich meinem Leben ein Ende setzen wollte. Ich ging zu einer Autobahnbrücke, um hinunterzuspringen. Innerlich begann ich von allem Abschied zu nehmen, sowohl von dem, was ich gut fand, als auch von dem, was ich hasste. In diesem Moment veränderte sich mein Eindruck. Jetzt plötzlich spürte ich eine ungeahnte Souveränität. Es gab nun keine Konsequenzen mehr, mit denen mir jemand drohen konnte. Ich hatte hier mein Reich: diese Brücke und die Autobahn darunter. Hier ist meine Macht, niemand kann mich abhalten. Endlich hatte ich das Gefühl, meiner selbst mächtig zu sein. Nicht mehr ohnmächtig ausgeliefert. Es wurde sehr still in mir. Allen Stimmen, die etwas von mir wollten, konnte ich etwas entgegensetzen.

Ich bin nicht gesprungen. Ich habe eine Weile in mich hineingespürt und bin nachhause gegangen. Dann habe ich angefangen, Stück für Stück zu ergründen, was eigentlich passiert ist, und das, was ich verstanden habe, in mein Leben zu integrieren. Ich konnte die Angst vor Strafe loslassen. Die Angst, dass diese Strafe unendlich groß ist. Die Strafe, die mir droht, wenn ich meine Pflichten nicht erfülle. Ich fing an, das alles auf die Probe zu stellen und alle Regeln zu hinterfragen. Was passiert als wirkliche Konsequenz, wenn ich dies oder das jetzt *nicht* mache? Was passiert als wirkliche Konsequenz, *wenn* ich es mache? Welche Alternativen gibt es? Was kann ich abändern? Oder auch nur: Warum wird das jetzt von mir verlangt, und was muss ich tatsächlich tun, um dem Wunsch zu entsprechen? Diese Art zu denken und zu handeln hat sich für mich bis heute als Grundprinzip erhalten. Nämlich alles, was mir von außen angeboten wird, zu prüfen und zu hinterfragen: Ist das wirklich so? Oder nur manchmal? Muss das so sein? Könnte es auch anders gehen? Wie könnte man es verändern, damit der gleiche Zweck erreicht wird? Und damit habe ich auch soziale Einstellungen hinterfragt. Zum Beispiel, muss man treu sein in einer Beziehung? Ich konnte das dann so beantworten, dass das von der jeweiligen Partnerin abhängig ist. Und wenn sie möchte, dass ich ihr treu bin, kann ich mir das anschauen und entscheiden, ob ich diese Beziehung mit ihr möchte. Wenn ja, wäre ich auch ganz klar treu.

Meine erste Freundin hatte ich mit vierundzwanzig. Das war natürlich vergleichsweise sehr spät. Sex hatte ich vorher schon. Sogar in der Sandkastenzeit, wo ich mal mit einem Mädchen probiert habe, wie sich das anfühlt, wenn wir das so machen wie die Erwachsenen. Und obwohl ich noch gar nicht zeugungsfähig war, hatte ich hinterher Angst, sie könnte jetzt schwanger werden. In der frühen Pubertät habe ich mich mit einem Jungen aus der Nachbarschaft getroffen und mit ihm sexuell ausprobiert, was man so machen kann. So mit Anschauen und dran riechen, auch Küssen haben wir probiert, aber das hat uns dann nicht so gefallen. Doch es hat uns gefallen, uns gegenseitig am Schwanz anzufassen und uns zu stimulieren. Wir haben uns über die Jahre hinweg, bis ich Anfang zwanzig war und er wegzog, immer mal wieder heimlich getroffen. Weil alle das verabscheuten, durfte das natürlich niemand wissen. Vielleicht war das so eine Art von Überbrückung, bis hin zu der Zeit, in der ich meine erste Freundin haben würde. Aber ich hatte auch Spaß daran. Doch mehr als Sex bekam ich da nicht, auch wenn ich mehr gewollt habe.

Meine Eltern haben mich sehr aktiv sexuell aufgeklärt. Aktiv in dem Sinne, dass mir mein Vater bestimmte Heftchen, Bücher und Filme aus seinem Schrank zur Verfügung gestellt hat. Und wenn keiner weiter in der Wohnung war, durfte ich mir so einen Videofilm ansehen. Meine Eltern haben das so begründet: Wenn man als Jugendlicher im Fernsehen ansehen darf, wie Menschen umgebracht werden, dann soll man auch sehen können, wie Menschen gemacht werden. Ihnen war das Fernsehen viel zu gewaltlastig. So bekam ich erst mal überhaupt eine vage Vorstellung von Sex. Natürlich habe ich mich sehr nach einer Freundin gesehnt, aber bei den Mädchen hatte ich keine Chancen, weil ich kein interessanter Junge war. Jedenfalls fühlte ich das so.

Ich bin damals mit Rollenspielen in Kontakt gekommen. Da setzte man sich zu mehreren an einen Tisch. Jemand erzählte etwas. Die anderen Teilnehmer waren Figuren in der Geschichte und jeder bestimmte, was seine Figur innerhalb der Geschichte machte. Anfangs hat das mein Vater geleitet, später habe ich die Aufgabe übernommen, denn die anderen wollten sie nicht. Durch das Spiel hatte ich die Chance, mich in einer verantwortlichen sozialen Situation gegenüber einer Gruppe zu erleben. Ich habe also den Geschichtenerzähler gespielt und glaube, dass ich darüber viel in sozialer Wahrnehmung gelernt habe. Zum Beispiel aus dem Benehmen eines Menschen auf die dahinterliegende Geschichte zu schließen. Oder andersherum: Etwas ist passiert, wie muss sich meine Figur jetzt verhalten, um authentisch zu wirken. Dieses Rollenspiel habe ich über sehr viele Jahre gespielt. Was ich daraus gelernt habe, hat meine soziale Kompetenz wesentlich erhöht. Was passiert, wenn ich den unterschiedlichen Gefühlen, Wut, Liebe, Hass, freien Raum lasse, welche Konsequenzen hat das? Ich konnte sozusagen im Modellbaukasten ausprobieren, wie andere auf diese verschiedenen Emotionen reagieren. Ohne dass es für mich real gefährlich wurde. Meistens waren das reine Jungsgruppen, denn denjenigen, die eine Freundin hatten, blieb keine Zeit mehr für so etwas. Wenn aber ein Mädchen dabei war, dann wurde es natürlich von allen angebaggert. Einmal wurde es dann wirklich kompliziert. Ich habe sie angemacht, was ihr auch gefallen hat. Aber ihr Freund war mit da, und da wollte sie das nicht so offen zeigen. Zum Glück wurden wir beide relativ schnell müde, und da wir sowieso grundsätzlich dort übernachtet haben, sind wir beide ins Schlafzimmer gegangen und lagen da zu zweit im Bett. Aber auch dann wollte sie ihre Lust nicht offen zeigen und hat so getan, als ob sie schläft. Ich habe sie nur berührt, gestreichelt, und sie hat es sich gefallen lassen.

Mit sechzehn habe ich mal bei diesem Paar zu dritt im Bett übernachtet. Sie und ich, wir haben uns nachts berührt, ihr Freund hat direkt daneben geschlafen, da hatte ich schon ein schlechtes Gewissen. Aber der Reiz war so groß; aus dem Gefühl heraus, dass ich keine Möglichkeiten bei den Frauen hätte, glaubte ich, jede Chance nutzen zu müssen. Auch heute spüre ich manchmal noch diesen Druck. Jedenfalls haben wir herumgefingert, während er daneben geschlafen hat. Hinterher haben wir ihm das gestanden, und er fragte nur, wieso wir ihn nicht geweckt haben, dann hätte er doch mitgemacht. Da bin ich erst mal aus allen Wolken gefallen. So etwas konnte ich mir damals noch gar nicht vorstellen. Denn er hatte sehr auf Treue gepocht, aber das bedeutete nur, dass er dabei sein wollte. Wir haben uns dann zu dritt ein paar Mal getroffen und ein bisschen experimentiert. Als es zwischen den beiden auseinandergegangen ist, hatte sich das allerdings ganz erledigt. Er hatte wie ich bisexuelle Ambitionen, so dass ich auch mit ihm sexuellen Kontakt hatte.

Ich habe dann die Realschule abgeschlossen und Werkzeugmacher gelernt, obwohl ich damals eigentlich schon Technischer Zeichner werden wollte. Aber bei der Berufsberatung hat man mir geraten, vorher etwas Handwerkliches zu lernen und von da aus eine Weiterbildung zu machen. In dieser Zeit war ich kontinuierlich Single. Die Ausbildung zum Technischen Zeichner war eine schulische Lehre. In der Klasse gab es ein Mädchen, das mich mehr interessiert hatte als die anderen. Sie war so eine versteckte Schönheit, sehr in Grau, hochgeschlagener Kragen, blonde Haare, aber zusammengebunden. So alt wie ich, aber genauso ein Außenseiter. Daher konnte ich schnell einen Draht zu ihr gewinnen. Zu der Zeit war ich überzeugt, dass ich sexuell nichts zu bieten hätte, was irgendjemanden interessiert. Gleichzeitig wollte ich ihr aber nahe sein. Ohnehin glaubte ich, dass Frauen nur an Liebe interessiert sind und die Männer nur an Sex. Die Männer wollen nur das Eine, aber ich will eine Frau als Mensch. So dachte ich damals. Und Frauen wollen sowieso keinen Sex, sondern Sex ist etwas, das sie den Männern als Belohnung anbieten, ohne selbst davon irgendeinen Nutzen zu haben. Ich dachte auch, dass Mädchen ohnehin nur selten Lust erleben würden. Von daher näherte ich mich ihr nicht sexuell, sondern freundschaftlich. Ich wollte einfach nur in ihrer Nähe sein, mich mit ihr unterhalten. Mehr hatte ich mich auch nicht getraut, und ich konnte mir mehr auch noch nicht vorstellen.

Ich habe ihr dann in Elektrotechnik Nachhilfe gegeben. Daher trafen wir uns nach der Schule. Auch da blieb es platonisch, wir haben uns angeschaut, und es war klar, dass es nicht um Sex geht. Sie kann keinen Sex wollen, dachte ich. Irgendwann war ich bei ihr zuhaus, es war spät geworden, da meinte sie, wenn ich noch nachhause gehen wolle, dann sollte ich es ihr sagen. Wenn ich aber bleiben wolle, dann würde es ihr nichts ausmachen. Als es dann auf Mitternacht zuging, saßen wir beide auf dem Bett. Wir hatten längst nichts mehr zu erzählen. Irgendwann sagte sie: »Wir tun uns ganz schön schwer, was?« Damit war das Eis gebrochen. Ganz langsam und im Schneckentempo, über die Fingerspitzen, die Hände hinauf, haben wir angefangen, uns zu berühren, bis wir uns schließlich geküsst haben. Das war ein total romantischer Abend. Als wir dann so weit waren, dass wir offen für Sex gewesen wären, war es drei Uhr nachts, und wir waren viel zu müde. Wir sind dann nur noch zu zweit kuschelnd eingeschlafen.

Am Morgen haben wir den Sex nachgeholt. Es war jetzt für uns beide klar: Wir haben eine Beziehung, und wir sind zusammen. Ab sofort haben wir uns öfter getroffen und in der Klasse zusammengesessen, aber wir haben es nicht an die große Glocke gehängt, denn sie hatte auch Angst vor der Gruppe. Das war mir so ganz recht. Erst langsam löste sich diese Befangenheit, so dass wir anfingen, auch mal Hand in Hand zu laufen und uns zu küssen. Diese Beziehung hielt ungefähr so lange, wie die Ausbildung dauerte. Wir hatten das Gefühl, dass es nur Ärger in der Klasse geben würde, wenn wir uns einfach wieder trennen. So fand die Trennung am Ende statt. Was mir in der Zeit bewusst wurde, war, dass ich trotzdem immer noch Lust auf Männer hatte und es nicht nur mal eine kurze Phase war. Für mich habe ich es so ausgedrückt: »Ich bin heterosexuell, aber ich kann auch mit Männern etwas anfangen.« Ich konnte mir zu dieser Zeit keinen Mann vorstellen, mit dem ich eine Beziehung hätte haben wollen. Mein Interesse an Männern war rein erotisch. Dass ich da weitergehen und einen Mann lieben könnte, diese Vorstellung habe ich erst viel später entwickelt.

In der Zeit mit der ersten Freundin hatte ich noch etwas anderes gelernt: Ich hatte nämlich Schwierigkeiten beim Sex. Zu Anfang ging es gut, dann wurde es komplizierter. Ich hatte immer mehr das Gefühl von Leistungsdruck, dass ich etwas »machen« müsste, was ich gar nicht kann, und dass es immer schlechter klappte. Ich hatte Potenz- und Erektionsprobleme, und wenn es klappte, habe ich ziemlich früh abgespritzt. Das hat sich immer mehr gesteigert, so dass ich im Laufe der Zeit immer mehr Schwierigkeiten bekam. Und irgendwann hat sie mich zur Therapie geschickt. Da habe ich dann einmal vorbeigeschaut, habe eine Stunde Therapie gemacht, meine Probleme geschildert. Die Therapeutin hat das auch ganz klar mit mir aufgeschlüsselt. Das habe ich sehr unterstützend gefunden. Hauptsächlich hat sie mir ein Buch mitgegeben, das nicht nur eine technische, sondern auch eine emotionale Aufklärung beinhaltete. Den technischen Teil kannte ich ja schon aus den Pornofilmen, das Emotionale aber war da natürlich nicht vorhanden. Ich hatte große Ängste, dass mein Schwanz zu klein wäre, denn in den Filmen hatten die immer solche Riesendinger und konnten stundenlang herumvögeln, und die Frauen haben ständig nur lustvoll geschrien. Ich hatte also völlig übersteigerte Vorstellungen, was ich da für eine Leistung erbringen müsste, um befriedigenden Sex zu haben. Wenn es nicht so passierte wie in den Filmen, dann war es auch kein Sex, sondern irgendetwas Minderwertiges.

Dieses Buch hat mir geholfen, diese Irrtümer aufzulösen und mir anzuschauen, was ist denn überhaupt die Realität? Zu verstehen, dass es nicht darum geht, eine bestimmte Leistung zu erbringen, sondern darum, dass es sich für beide gut anfühlt. Aber unsere Beziehung hat dieser Erkenntnisgewinn doch nicht mehr gerettet. Sie ist aber auch daran gescheitert, dass ich eine offene Beziehung wollte. Ich wollte mich nach außen bewegen können und zum Beispiel meine Lust mit einem Mann ausleben. Die Freundin war ihrerseits ebenfalls bi, lebte es aber immer nacheinander. Immer wenn eine Beziehung zu Ende war, war sie offen für einen männlichen oder weiblichen Partner. Und wenn sich daraus eine Beziehung ergab, war sie wieder monogam.

Nach der Trennung und dem Ende der Lehre habe ich Kontakt zur Schwulenszene in Hamburg gesucht. Ich musste mich da erst einmal orientieren und habe mir ein entsprechendes Szeneblatt besorgt, wo alles genau aufgeschlüsselt war. Ich hatte das Gefühl, ich will das jetzt erleben, ich will jetzt Sex. Wie kriege ich das hin? Ich fand dann eine Anzeige, die warb für eine »Naked Sex Party«. Ah, dachte ich, da sind sicher nackte Tänzer, und wahrscheinlich sind die alle so aufgeladen, dass mich jemand mit zu sich nachhause nimmt. Ich bin da hingegangen, durch eine ganz dunkle Seitentür, so wie man sich das vorstellt, kam an einen Empfangstresen mit einem ekligen älteren Typen. Der hatte nur ein Unterhemd an, das auch noch schmutzig war und ein Loch hatte. Da war ich dann schon unsicher, ob ich da noch rein will. Hinter einem Durchgang sah ich, dass da Leute herumliefen, die nackt waren. Erst dachte ich, das wären die Stripper, aber plötzlich wurde mir bewusst, dass da alle nackt waren. Der hinter dem Tresen hatte wirklich auch nur das Hemd an. Erst einmal war ich völlig erschlagen: Wo bin ich hier eigentlich? So hatte ich mir das überhaupt nicht vorgestellt, und mir ging fast der Mut verloren. Fünf bis zehn Minuten habe ich dagestanden, geschluckt und noch mal geschluckt und musste erst mal darüber nachdenken, ob ich da jetzt reinwill. Aber wenn ich wieder nachhause fahre und in der Zeitschrift nach Alternativen suche, ist der Abend gelaufen. Da lohnt es sich auch nicht mehr, wieder in die Stadt zu fahren. Also gab ich mir einen Ruck und ging hinein, zog mich nackt aus und lief zwischen anderen nackten Männern herum. Dann habe ich mir Mut angetrunken und bin zu meiner Überraschung auch angebaggert worden. Ich hatte Sex, mittendrin, mit – ich weiß nicht mehr wie vielen – Männern. Ich war völlig platt und dachte, ich bin auf einem anderen Planeten, das kann alles gar nicht sein. Total aufgedreht bin ich wieder nachhaus gefahren und war glücklich, diesen Club gefunden zu haben. Damit war die Schwulenszene für mich aufgeschlossen. Ich dachte, schlimmer kann es auch nicht mehr kommen, an einem Abend hatte ich alles gesehen, was es gibt.

Ich habe mir eine »Coming-out-Gruppe« gesucht und war im Schwulenzentrum bei einem Berater, der mich fragte, ob ich überhaupt schwul sei. Ich räumte ein, dass ich bi wäre. Darauf schlug er vor, dass ich dann ja gleich in die Bi-Gruppe gehen könnte. Ich war völlig überwältigt, dass es so viele von meiner Sorte gibt, dass es für eine Gruppe reicht. Das war die nächste fremde Welt. Da waren so etwa zehn Leute, bei denen habe ich mich total zuhause gefühlt. Endlich, hier sind noch mehr, die so fühlen wie ich. Weil es aber so eine große Gruppe war, habe ich erst einmal nur zugehört. Ein älterer Herr, Anton, beruhigte mich, es ginge hier eigentlich nur darum, sich auszutauschen. Es ginge auch nicht um schnellen Sex, sondern Beziehungen wären das eigentlich Interessante. Und dann könne man sich mit dem Sex sowieso mehr Zeit lassen. Er hat mich anschließend nachhause gefahren. Als wir ankamen, haben wir noch sehr viel Zeit auf dem Parkplatz verbracht und bei der Gelegenheit hatten wir Sex im Auto. So heftig, dass die Scheiben beschlagen waren. Eine eigene Wohnung hatte ich noch nicht, es war die Übergangzeit nach der Ausbildung, und ich wohnte noch bei meinen Eltern, allerdings war ich dabei, eine Wohnung und Arbeit zu suchen. Ich fing mit dem Anton eine Beziehung an. Wir trafen uns einige Male, hatten aber erst dann einen richtigen Platz dafür, als ich eine eigene Wohnung hatte. Aber so richtig gut haben wir uns nicht verstanden.

Ich habe bald noch mit einer Frau aus dieser Gruppe etwas angefangen. Das hat aber nur sehr kurz gehalten und ist mit einem großen Knall auseinandergegangen, weil sie die Vorstellung hatte, dass man nur *eine* Beziehung zu *einem* Mann und *einer* Frau gleichzeitig haben könne und als ich dann mit einer anderen, Margit, herumgeknutscht habe, ist alles in die Brüche gegangen. Ich dagegen dachte, wenn ich schon zu einem Mann *und* einer Frau je eine Beziehung habe, dann sind das von Natur aus offene Beziehungen und ich bin frei für weitere Kontakte. Diese Frau hat auch Einfluss auf Anton genommen, so dass er anfing, sich von mir zurückzuziehen. Es begann dann eine Beziehung mit Margit, die etwa zweieinhalb Jahre hielt. Ich hatte ihr zu Anfang gleich gesagt, dass ich eine offene Beziehung will, und sie war zunächst einverstanden. Allerdings hat sie nach sehr kurzer Zeit und unter Tränen gestanden, dass das für sie nicht geht, wenn ich mit einer anderen Frau herumflirte. Ich war ganz betroffen und habe ihr dann zugestanden, treu zu sein – und wieder war ich in der gleichen dummen Masche gefangen, dass ich eine monogame Beziehung hatte.

Immerhin war ihr egal, was ich mit Männern mache, Hauptsache, ich habe keine andere Frau. Das war das, was ihr Angst gemacht hatte. Als ich merkte, dass ich das aber nicht aushalte, war es der Grund, die Beziehung zu beenden, als ich mich ein zweites Mal in eine andere Frau verliebte. Das war Marianne. Denn Margit forderte ultimativ, dass ich keinen Kontakt zu Marianne haben dürfte. Aber das war für mich unmöglich. Jetzt war klar: Ich trenne mich von Margit, und ab sofort lebe ich nur noch Mehrfachbeziehungen, nichts anderes kommt mehr in Frage. Für Marianne war das selbstverständlich, allerdings hatte sie auch noch nicht so richtig Erfahrungen damit. Nur hat sich Marianne von Margit völlig an die Wand reden lassen und wollte dann letztlich doch keine Beziehung mit mir. Wir flirten und knutschen zwar miteinander, aber zwischen ihr und mir ist es, als wäre eine Mauer gebaut. Die heißt immer noch Margit, denn die beiden sind miteinander befreundet.

Danach hatte ich eine Beziehung mit Birgit. Das war eine offene Beziehung, wie ich sie mir wünsche. Von da aus war es auch möglich, dass ich mit Karin anbändeln und mich in sie verlieben durfte. Dass da überhaupt eine Verbindung entstehen durfte. Allerdings bin ich mit Birgit nicht mehr zusammen. Die Gründe kann ich gar nicht richtig benennen, da kamen mehrere Sachen zusammen, ohne dass ich sagen könnte, das wäre nun der Trennungsgrund gewesen. Ein Teil war vielleicht, dass ich durch Karin und Rainer erst einmal gelernt habe, meine Gefühle klar auszudrücken. Das war bei Birgit nicht möglich. Ein anderer Aspekt ist wohl der, dass ich mehr in den Tag hineinlebe und spontan das tue, wozu ich Lust habe, während Birgit mehr eine ist, die einen genauen Zeitplan braucht. Ihre Einstellung ist, dass man auch dann zu einer Verabredung geht, wenn man inzwischen keine Lust mehr hat. Einfach um die Dauerhaftigkeit zu stärken. Ich denke dagegen, wenn mir jemand wichtig ist, habe ich auch Lust, mich mit ihm zu treffen, und das ist dann das, was mich trägt. Ich halte keine Verbindung aufrecht, auf die ich keine Lust habe. Und andersrum ist es für mich auch okay, wenn jemand eine Verabredung mit mir absagt.

Inzwischen gibt es noch Claudine, die habe ich in einer bisexuellen Gruppe kennengelernt. Sie ist da sehr engagiert. Wir wollten eigentlich nur spontan Sex miteinander haben, fanden das dann aber so schön und innig, das wir daraufhin gleich einen ganzen Tag miteinander erlebt haben. Wir sind auf einer so tiefen Ebene zusammengekommen, dass gleich eine Beziehung daraus geworden ist, obwohl sie weit weg in Hessen wohnt. Wir besuchen uns des Öfteren gegenseitig. Zwischen Karin und Claudine war das Verhältnis am Anfang sehr offen. Sie ist auch in Karins Alter.

KARIN: Wir kannten uns schon, wir haben uns mal auf irgendeinem Treffen gesehen.

HOLGER: Übrigens sind fast alle Frauen, mit denen ich näher zu tun hatte, deutlich älter gewesen als ich. Das sind einfach Menschen, mit denen ich mich besser unterhalten kann, weil bei ihnen diese Schnelllebigkeit schon vorbei ist.

KARIN: Ich selbst erlebe Holger emotional gar nicht als jünger. Das macht sich nur manchmal bemerkbar, wenn es um Dinge geht, die er noch gar nicht so erlebt haben kann wie wir. Frühere Moden zum Beispiel.

RAINER: Ich glaube nicht, dass ich von Holger etwas lernen könnte, wenn ich ihn als zwanzig Jahre jünger empfinden würde. Ich liebe Holger, aber nicht sexuell. Wir haben trotzdem auch Sex zu dritt mit Karin. Ohne Berührungsängste, aber ich bin nicht bisexuell. Am Anfang hatte ich schon Angst, dass Holger da Grenzen überschreiten könnte. Aber er hat mir versichert, dass er das respektiert, und ich weiß jetzt auch, dass er das wirklich so meint. Und ich habe ihm auch klargemacht, dass er sicher sein kann, dass mich nicht irgendwelche Konventionen davon abhalten, sondern dass ganz klar die einzige Frage ist, was für mich stimmt. Ich war überrascht, als Holger mal sagte, dass er mit mir eine innigere Bindung hat als mit vielen, mit denen er Sex gehabt hat.

HOLGER: Wir berühren uns auf einer so tiefen emotionalen Ebene, wie ich das mit anderen Männern kaum kenne. Wir haben keinen Sex miteinander. Wenn wir Sex zu dritt haben, haben wir beide Sex mit Karin. Wir zeigen uns voreinander nackt, wir streicheln uns gegenseitig, aber nicht sexuell, sondern freundschaftlich in einem gemeinsamen Gefühl von gegenseitiger Liebe. Ich finde es aber schwer, dieses Wort »Liebe« Rainer gegenüber zu verwenden. Ebenso wie ich es schwierig finde zu sagen: »Wir lieben uns.« Es ist irgendetwas dazwischen.

KARIN: Zum Glück war das relativ schnell so. Dass ihr euch gleich gemocht habt, hat uns über viele Hürden hinweggetragen.

RAINER: Das hat viele Grenzen, die vorher in Blick auf andere Beziehungen bestanden haben, gesprengt. Der zeitliche Rahmen war zum Beispiel eine klare Grenze. Über viele Jahre fand Sex mit anderen nur stundenweise und tagsüber statt. Erst in den letzten vier Jahren kam es auch zu Übernachtungen bei anderen.

KARIN: Ich war mal ein Wochenende lang in Hamburg und das war so okay. Dann wurde es allmählich immer mehr. Und schließlich kam hinzu, dass Holger und ich SM nicht nur für uns entdeckt, sondern auch entwickelt haben. Ich glaube, das passierte über recht heftigen Sex.

HOLGER: Ich hatte Erfahrungen mit einer Frau, die Lust darauf hatte, so ein bisschen, ganz vorsichtig, gefesselt zu sein und festgehalten zu werden. Sie wollte wohl spüren, dass sie wirklich gewollt wird. Bei Karin war es so, dass ich gleich wusste, sie will mich auch. Deswegen hatte ich den Mut, sie richtig anzufassen und nicht nur ganz vorsichtig zu streicheln. Und sie hat dann so heftig darauf reagiert, dass ich mich getraut habe, sie noch kräftiger anzupacken und richtig festzuhalten. Das war sicher noch kein SM, aber eben die Vorstufe.

KARIN: Es hat sich dann so entwickelt, dass wir beide sowohl die dominante als auch die submissive Rolle ausleben, also wir switchen. Wir sind beide sehr experimentierfreudig damit und haben es gut auf die Reihe bekommen, immer wieder zu reden, Grenzen abzuklären und dabei Sicherheit und Geborgenheit zu spüren.

RAINER: Als Karin mir das erzählt hat und mich dann auch noch animieren wollte, dass ich da mitmache, hat mich das erst einmal sehr verunsichert. Ich kannte Karins Missbrauchgeschichte, außerdem hatte ich erfahren, dass meine Schwester von meinem Vater missbraucht wurde. Ich fragte mich, wo ist da die Grenze? Oder geht es nur darum, diesen Missbrauch zu wiederholen? Karin hat mir dann zu erklären versucht, dass es einen Unterschied zwischen Unterwerfungsfantasien und wirklicher Unterwerfung gibt. Beziehungsweise zwischen gespielter und wirklicher Gewalt. Ich erinnerte mich auch an frühere Diskussionen mit Feministinnen, die die These vertraten: »Alle Männer sind Vergewaltiger«, wo ich dann immer meinte: »Aber ich doch nicht.« Ich hatte den Eindruck, dass diese Frauen sich mehr mit negativen Gewaltfantasien beschäftigten als mit dem, was real ist. Ich habe immer mal wieder bestätigt bekommen, dass sie für diese Fantasien einen realen Aufhänger gesucht und beim Sex Gewalt geradezu provoziert haben, so dass ich mich gefragt habe, was läuft denn hier eigentlich ab?

Später, als ich älter und sicherer war, kam heraus, dass manche auch die Fantasie hatten, dass man gewalttätig sein soll. Die Frauen haben aber gesagt, es sei ein Unterschied, ob sie diese Fantasien hätten oder dem dann tatsächlich begegnen würden und keinen Einfluss mehr darauf hätten. Als ich diesen Unterschied begriffen hatte, war es für mich einfacher, damit umzugehen. Dazu kommt noch: Ich kann mir von einer Frau nichts nehmen. Mir ist zum Beispiel völlig unklar, wie eine Vergewaltigung funktioniert, nicht moralisch, sonder physisch und psychisch. Ich würde gar keinen hochkriegen, wenn mir klar ist, dass die Frau nicht will. Mir geht es eher umgekehrt, und das empfinde ich mittlerweile auch schon als Problem: Ich muss sicher sein, dass die Frau unbedingt Sex mit mir will. Und dann kann ich auch. Bei Frauen, die die männliche Initiative brauchen, damit sie Lust bekommen, habe ich Probleme. Also bei Frauen, die mit mir ins Bett gehen, weil ich das will, dann aber passiv bleiben.

KARIN: Das ist etwas, was zwischen Holger und mir immer klar war: Es gab niemals Gewalt. Es gab schon sehr heftigen SM in verschiedenen Varianten, aber niemals Gewalt. Auch nicht auf der psychischen Ebene. Sondern im Gegenteil ganz viel Achtsamkeit, Schauen, Sprechen.

RAINER: Es gab schon Frauen, die sagten: »Ja, mit dir ist es ja ganz nett im Bett, aber ich suche jemanden, der mich richtig rannehmen kann. Und das kannst du nicht.« Ich hab das damals nicht verstanden. Karin war sofort klar, was diese Frauen meinten. Und daran habe ich mich erinnert, als ich erfuhr, dass Holger und Karin SM-Sex haben. Aber dann hatte ich auch etwas Angst, dass ich sie verliere, weil ich ihr nicht genügen könnte.

KARIN: Für mich ist einfach wichtig: Ich liebe beide, so unterschiedlich sie auch sind. Ich finde es berührend, wie viel Achtung und Aufmerksamkeit wir in jeder dieser Dreierkonstellationen füreinander aufbringen. Und ich will mit beiden für immer zusammen sein. Es ist fast so ideal, wie ich es mir vorstellen könnte, und teilweise sogar sehr viel besser.

RAINER: Dem kann ich mich nur anschließen. Aber da ist noch das Thema »Männer«. Ich war nie so ein Typ, der mit Kumpels in Kneipen zusammengehockt hat. Ich war eigentlich immer mehr mit Frauen zusammen. Hatte also kaum Kontakt mit Männern. Insofern genieße ich das jetzt mit Holger total.

HOLGER: Ich bin mit den beiden vor allem eine Familie. Hier darf ich alles aussprechen und alles sein, ohne dass etwas Negatives für mich daraus erwächst. Bei allen anderen Menschen war das bisher anders. Früher oder später kommt immer jemand und sagt: »Ja, aber das oder das ist nicht in Ordnung an dir.« Bei Karin und Rainer finde ich ein ganz besonderes Angenommensein. Ich folge ja nicht spontan allen Impulsen, aber wenn ich ausspreche, was ich fühle, dann bekomme ich sofort Verständnis.

ZUM WEITERLESEN

Sie haben bis hierher gelesen und haben nun Fragen? Vielleicht suchen Sie auch eine Beratung oder Kontakte zu Menschen, die so oder ähnlich wie die Interviewpartner im Buch leben? Die folgende Liste von Links, die keinen Anspruch auf Vollständigkeit erhebt, kann Ihnen weiterhelfen. Es wurden solche Webadressen weggelassen, die auf rein erotische Kontaktmöglichkeiten abzielen, denn diese sind ohnehin bekannt oder leicht zu finden.

www.polyamor.de	Die Poly-Fibel. Eine ansprechende Aufklärungsseite.
www.polyamory.ch	Die älteste deutschsprachige Seite zum Thema Mehrfachbeziehungen
www.polyliebe.de	Polyamore Kontaktbörse
www.polyamorie.de	Seite zum Thema Mehrfachbeziehungen / Beziehungsöffnung
www.krisenloesen.de	Die Krisenberatungs-Seite des Autors Felix Ihlefeldt
www.joyclub.de	Auf dieser großen Erotikplattform findet man eine mitgliederstarke Polyamorie-Gruppe, in der man sich rege miteinander austauscht.

DER AUTOR

Felix Ihlefeldt ist Sozialtherapeut und lebt in Berlin. Sein Interesse gilt unter anderem den Themen Sexualität und Partnerschaft. So etwa den Fragen nach dem Zusammenhang zwischen Gewalt und nicht gelebter Lust, nach der Freiheit in der Liebe und nach besonderen Spielformen der Sexualität. Bei Schwarzkopf & Schwarzkopf erschien von ihm bereits *Abenteuer Hure – Prostitution als heimliches Hobby. Frauen erzählen über Lust, Selbstbestimmung und Geld.*

Felix Ihlefeldt
WENN MAN MEHR ALS EINEN LIEBT
Polyamorie und andere Formen, Beziehungen freier zu leben –
Frauen und Männer erzählen
ISBN 978-3-86265-189-4
© Schwarzkopf & Schwarzkopf Verlag GmbH, Berlin 2008, 2012

Lektorat: Ulrike Fischer | Titelbild: © freshprince – photocase.com | Alle Rechte vorbehalten.

KATALOG
Wir senden Ihnen gern kostenlos unseren Katalog.
Schwarzkopf & Schwarzkopf Verlag, Kastanienallee 32, 10435 Berlin
Telefon: 030 – 44 33 63 00 | Fax: 030 – 44 33 63 044

INTERNET | E-MAIL
www.schwarzkopf-schwarzkopf.de | info@schwarzkopf-schwarzkopf.de